Tradizioni italiane

116

Quinta edizione in questa collana: marzo 2013
© 2007 Newton Compton editori s.r.l.
Roma, Casella postale 6214

ISBN 978-88-541-2399-1

www.newtoncompton.com

Testi di Gianni Nosenghi per PAS editoria&comunicazione, Genova

Realizzazione a cura di Corpotre, Roma
Stampato nel marzo 2013 da Puntoweb s.r.l., Ariccia (Roma)
su carta prodotta con cellulose senza cloro gas provenienti
da foreste controllate, nel rispetto delle normative ambientali vigenti

Gianni Nosenghi

Il grande libro dei misteri di Venezia risolti e irrisolti

Segreti scoperti o mai svelati, leggende e misfatti, curiosità
e fatti storici della città più suggestiva ed enigmatica d'Italia

Newton Compton editori

RINGRAZIAMENTI

Si ringraziano per la collaborazione: Sara Gadducci, Tiziana Gaggino, Mizio Ferraris, Laura Francolini, Monica Lanfranco, Alessandra Schiaffino.

Introduzione

Capii perché così tante storie ambientate a Venezia sono gialli. È facile che gli ombrosi canali minori e i passaggi labirintici, dove persino gli iniziati perdono la strada, evochino umori sinistri. Riflessi, specchi e maschere suggeriscono che le cose non sono come sembrano. Giardini nascosti, finestre con le imposte chiuse e voci non viste parlano di segreti e rendono possibile l'occulto. Gli archi in stile moresco ricordano che in fondo l'insondabile mente orientale ha avuto la sua parte in tutto ciò.

Perché tentare di scrivere meglio, in una prefazione, ciò che è stato già scritto ed è capace di esprimere in maniera così chiara e immediata il nostro pensiero?

Le parole che J. Berendt scrisse nel suo *Dove cadono gli angeli* sembrano le più appropriate per introdurre un volume dedicato ai misteri di Venezia: quelli che ho raccolto in una panoramica spazio-temporale sul filo della memoria, fossero risolti o meno, storici o leggendari, consolanti o inquietanti, di ieri o di oggi.

Il mio scopo non è certamente stato quello di comporre un'opera esaustiva, né tantomeno quello di mettere in ordine "cronologico o alfabetico" fatti ed avvenimenti misteriosi legati alla storia, al territorio o alle glorie veneziane.

Tra le varie storie del mistero raccontate su Venezia, ho pensato di soffermarmi sulle più intriganti, nella ricerca di quei fatti meno noti, oppure irrinunciabili, che potessero dare uno spettro di tutte le coloriture di questa città dai mille volti.

Sfogliando la storia ho riscontrato che, fino alla scomparsa della Repubblica, esistono una ricchissima documentazione e una diffusa conoscenza dei fatti storici che si rivelano anche nell'ampia produzione di leggende e racconti straordinari.

Nel periodo successivo vi è un numero minore di personaggi illustri come di episodi significativi, che si manifestano anche in una ridotta capacità inventiva dell'immaginario popolare, corrispondente alla decadenza della città: dalla fine del Settecento, infatti, Venezia, da protagonista qual era, diviene una semplice comparsa sulla scena italiana. A partire dall'occupazione straniera, prima napoleonica e poi austriaca, la città vive nell'ombra fino agli anni della Belle Epoque in cui sembrano, in qualche misura, finalmente rivivere i fasti del passato.

Ho quindi diviso il volume in più sezioni: la prima parte, quella delle "memorie", ci introduce nel nostro percorso ideale con le "parole della città", i *nizioleti* e le pietre, e con le maschere, la metafora tipicamente veneziana che si presta in modo ottimale a raccontare il tema del doppio e quindi del mistero.

Il mistero ha tante sfaccettature, dalla realtà dei crimini e dei misfatti all'immaginario della leggenda e delle storie straordinarie. Nella seconda parte, attraverso la fioca luce della lanterna del *códega*, racconto fatti reali, che talora sconfinano nel leggendario ma che hanno una parte preponderante documentata.

Ci traghetta verso la parte dedicata alle leggende una rapida rassegna delle credenze popolari legate alla superstizione o alle tradizioni religiose. Leggende e storie straordinarie si sono sviluppate in misura rilevante sia nei luoghi della città, ovvero calli e campielli, sia nel più ampio raggio della laguna: una grande fioritura che mi ha costretto ad una scelta certamente arbitraria.

Nella nuova realtà del Novecento, Venezia si trasforma ancora fino a raggiungere l'attuale notorietà internazionale, che la fa vivere condizionata dall'aggressione del turismo di massa. Una notorietà, o forse un asservimento, che spengono il desiderio di "raccontarsi" e quindi di riscrivere la storia attraverso la leggenda.

L'ultima parte, dedicata ai grandi misteri dell'oggi, non racconta la città o l'animo della sua gente. I fatti che ho esposto sono emblematici del nostro tempo, ma hanno solo casualmente investito Venezia, tranne gli ultimi misteri che sono invece strettamente connessi alla città e alla sua dipendenza dalla laguna e sanciscono la preoccupante rottura dell'equilibrio tra uomo e natura.

Mi è piaciuto però narrarli, nella convinzione che si tratti di misteri che troveranno una prossima soluzione: misteri risolti insomma.

L'amore per la poesia delle leggende, il fascino della storia, ossia la solidità di una memoria condivisa, non significano per me rimpianto: ho raccontato con passione il passato, guardando con fiducia al futuro.

GIANNI NOSENGHI

Memorie

Le origini di Venezia rappresentano da sempre un enigma che ancora oggi affascina ricercatori e studiosi: è questo dunque il primo dei misteri che racconteremo nelle pagine di questo capitolo assieme alle memorie che i guardiani muti della città – le pietre scolpite come pure i candidi nizioleti, *disegnati sui muri – sanno narrare, facendo così rivivere le storie che testimoniano.*

Sarà poi la volta dell'emblema per eccellenza del mistero: la maschera. Ne parleremo privilegiando la sua funzione di celare chi la porta, consentendo di assumere diverse personalità e identità. Parlando di maschere e considerando lo spazio che hanno avuto nella tradizione popolare non potevamo non dedicare alcune pagine al gioco d'azzardo, con un preciso riferimento al Ridotto che tante storie e figure ha visto apparire e scomparire nelle sue stanze sempre sovraffollate.

Il mistero delle origini dei Veneti

Il problema delle origini dei Veneti, ossia dell'etnia originaria, non è di facile soluzione e rappresenta il primo più grande mistero della terra veneta.

Il nome, o *ethnicum*, è presente infatti, con qualche variante, in diverse aree del Mediterraneo, lontane fra loro: in Asia Minore (Troia), nella Penisola Balcanica (gli Eneti illirici), nell'Europa settentrionale e centrale (regione sarmatica e Bretagna), nel Lazio e infine nell'Adriatico settentrionale. Come hanno accertato gli studi linguistici, in particolare quelli di Giacomo Devoto, il nome è di origine indoeuropea: l'etnico indoeuropeo *wenet* avrebbe il significato di "conquistatori, organizzatori, realizzatori". Secondo lo studioso «dovunque si trova attestata la parola *Veneti*, ivi si sono affermati rappresentanti di una organizzazione di tradizione linguistica indoeuropea, meritevole di essere definita e riconosciuta in confronto delle altre come quella sostanzialmente dei vittoriosi». Per A.L. Prosdocimi il termine sarebbe direttamente sinonimo di "Indoeuropei", e cioè i Veneti sarebbero un filone di Indoeuropei «il cui etnico era appunto o era avviato a divenirlo».

Quanto agli scrittori della tradizione classica greca e latina, essi erano concordi nell'attestare una provenienza orientale dei Veneti. Alla base di questa tradizione vi è un passo dell'*Iliade* di Omero in cui si parla di un gruppo di Paflagoni, alleati dei Troiani e guidati da Pilemene, provenienti dalla regione degli Eneti, popolata da muli selvatici: «Guidava i Paflagoni Pilemene, cuore maschio, dalla regione degli Eneti, dov'è la razza delle mule selvagge» (*Il.* II, 851-852). Il luogo citato da Omero è identificato con la Paflagonia, regione lungo le sponde meridionali del Mar Nero.

Questa tradizione è seguita anche dagli autori successivi, greci e latini (Euripide, Teopompo, Catone e Cornelio Nepote) e viene codificata ufficialmente in età augustea (27 a.C.-14 d.C.) da Livio e Virgilio, che ricollegano entrambi i Veneti ad Antenore, eroe scampato alla distruzione di Troia e mitico fondatore di Padova.

Tito Livio racconta che morto Pilemene a Troia, gli Eneti, già cacciati dalla Paflagonia e senza una patria e una guida, si rivolsero ad Antenore (Liv. I, 2-3). Questi li guidò, insieme ad un gruppo di Troiani, nella parte più interna dell'Adriatico. Qui essi cacciarono gli Euganei, che abitavano «fra il mare e le Alpi», e ne occuparono le terre. L'intera gente prese quindi il nome di "Veneti". Gli Euganei, popolazione dell'Italia preistorica, di incerta origine e stirpe, stanziata originariamente nel territorio tra le Alpi orientali, l'Adriatico ed il Po, con centro nella zona di Verona, furono costretti, sotto la pressione dei Veneti, a ritirarsi verso la Rezia nell'VIII secolo a.C. (Camuni) e lungo le rive del Lago di Garda, dove nel II secolo a.C. saranno sottomessi dai Romani.

Sostanzialmente concorde, ma in un contesto ancora più leggendario, appare il racconto dell'arrivo dei Veneti nell'*Eneide* di Virgilio, quando Venere, angosciata per il lungo peregrinare del figlio Enea, contrappone al suo destino quello assai più felice di Antenore, il quale, sfuggito dalle mani degli Achei, si era addentrato nelle insenature dell'Illiria, fino al regno dei Liburni. Qui, superata la fonte del Timavo, aveva fondato la città di Padova e stabilito la sede dei Troiani (Virg. *Aen.*, I, 242-249).

La tradizione ufficiale augustea sembra nascere da un preciso intento «politico», ossia quello di legittimare sulla base di una comune origine etnica la secolare *amicitia* dei Veneti con Roma, che, secondo quanto racconta Polibio, risaliva ai tempi della guerra gallica del 225-222 a.C. In quella circostanza i Veneti avevano appunto scelto di stare dalla parte dei Romani: «Veneti e Cenomani, cui i Romani avevano inviato un'ambasceria, preferirono allearsi con questi ultimi; perciò i re dei Celti furono costretti a lasciare una parte delle loro forze a difendere il paese dalla minaccia costituita da costoro» (Pol. II, 23, 2-3). Anche durante il precedente sacco di Roma ad opera dei Galli nel 390 a.C. i Veneti avevano aiutato i Romani con un'azione «trasversale»: «[i Celti...] presero la stessa Roma, tranne il Campidoglio... avendo i Veneti invaso il loro territorio, conclusero un trattato con i Romani, restituirono loro la città e ritornarono in patria» (Pol. II, 18, 2-3), notizia interpretata da alcuni studiosi come una proiezione nel passato dell'alleanza veneto-romana del 225 a.C.

Ma la tradizione dell'origine troiana dei Veneti si era radicata già da tempo nella cultura storica romana: Plinio il Vecchio, che scrive nella successiva età dei Flavi (seconda metà del I secolo d.C.), ignorando vo-

Un antico re italico seduto sul trono, incisione ottocentesca.

lutamente gli autori «ufficiali» della propaganda augustea Livio e Virgilio, preferisce citare il più antico Catone il Censore, vissuto nel III secolo a.C., che nella sua opera perduta sulle *Origini* dei popoli italici, aveva parlato anche lui di «Veneti di stirpe troiana» (Plin. *Nat. Hist.* III, 130).

Ai Veneti era anche associato l'eroe Diomede, che secondo la tradizione avrebbe fondato Adria e Spina, come ricorda Plinio il Vecchio (Pl. *Nat. Hist.* III, 120). Strabone, confermando la tradizione, afferma che a Diomede, eroe fondatore divinizzato, «i Veneti offrivano i bianchi cavalli alle foci del Timavo» (Strab. V, 1, 9 C 215). Anche Diomede era di provenienza orientale.

L'epoca di questa tradizionale migrazione dei Veneti coincide del resto con quel generale fenomeno migratorio che si verificò fra il II e il I millennio a.C., quando, caduta la potenza micenea nel Mediterraneo, si cominciano a delineare i primi nuclei etnici che configureranno la protostoria d'Italia. Omero e altri scrittori classici continueranno a citare gli Eneti nei loro *nostoi*, i poemi dei ritorni o rientri da Troia, quali l'*Odissea* e anche l'*Eneide*. Queste fonti attestano anche che le vie di arrivo dall'Asia Minore all'Adriatico erano una marittima ed una terrestre, e che una parte dei gruppi arrivati via terra attraverso l'Illiria continuarono il loro cammino a nord della catena delle Alpi, e attraverso la Svizzera (il lago di Costanza era chiamato, un tempo, *lacus Venetus*) e la Gallia si attestarono in Bretagna, sulle sponde dell'Oceano Atlantico, con centro

Darioritum (oggi Vannes). Tutto ciò trova conferma anche nel *De Bello Gallico* di Cesare, che cita appunto una popolazione di Veneti stanziati in quelle terre.

Secondo studi moderni, i popoli attestati nella regione veneta vi giunsero alla fine del II millennio a.C. attraverso i Balcani ed i corsi dei fiumi Danubio, Sava e Drava, portando con sé la cultura del ferro, allora sconosciuto.

Se nel più recente passato la critica storica era orientata a considerare leggendaria questa antica tradizione orientale sull'origine dei Veneti, le ricerche archeologiche sembrano invece confermarla, almeno per grandi linee, delineando un Veneto crocevia di scambi come tanti altri punti del Mediterraneo agli albori della civiltà greca. Metalli, sale, ambra, vino e ceramiche di provenienza egea fecero di questa terra un luogo di accoglienza e di sincretismi di civiltà fra Etruschi, Greci, Celti e poi Romani.

Il territorio euganeo-veneto era certamente già abitato dalla preistoria e la conferma ci viene data da innumerevoli reperti e moltissimi ritrovamenti, ultimo dei quali quello straordinario dell'Uomo di Similaun, risalente a circa seimila anni fa. Resti di utensili, armi ed ossa lavorate di *Ursus spelaeus* (caverna di Pocala, presso Aurisina, Trieste) risalgono all'ultimo periodo Würmiano. I cacciatori di orsi avevano un modesto strumentario di pietra levigata; successivamente si hanno resti di età neolitica con molte sedi di civiltà trogloditica (abitazione in caverne, agricoltura, pesca).

In seguito sono attestati resti di civiltà protovillanoviana nei pressi di Franzine (Verona) e importanti necropoli protovenete in Alpago, Cavarzano, Pozzale, Lozzo (Belluno), a Montebelluna e Biordo d'Asolo (Treviso), ad Altino e San Vito al Tagliamento (Venezia), in tutti i Colli Euganei e Berici e sulle sponde del Garda. Innumerevoli sono gli abitati protoveneti in tutto il Veneto e il Friuli.

I Veneti nell'età del Ferro. La civiltà atestina

Le prime e forse più interessanti scoperte sono state però quelle riguardanti la civiltà atestina. Nel 1876, durante occasionali lavori agricoli nei pressi della stazione ferroviaria di Este, emersero due tombe a incinerazione dotate di un ricco corredo di vasi, fra cui due esemplari di bronzo elegantemente istoriati con animali fantastici e figure umane. Furono quindi avviate delle campagne di scavo, a cura del conservatore del piccolo Museo di Este, Alessandro Prosdocimi, che tra il 1876 e il 1882 portò alla luce centinaia di sepolture con ricchi corredi funerari, testimonianza di un'antica civiltà atestina connessa con la protostoria dei Veneti. Per la prima volta si potevano avere prove certe dell'esistenza di una civiltà veneta preromana, fino ad allora lasciata alle intuizioni degli studiosi e alle incerte voci letterarie del passato. Nella relazione degli scavi, che Prosdocimi pubblicò nel 1882, solo sei anni dopo il primo ritrovamento, egli delineava un quadro di sintesi giudicato valido ancora oggi, suddividendo i vari ritrovamenti, e conseguentemente lo svolgimento della cultura veneta preromana, in quattro periodi, a partire dalle prime testimonianze tra IX e VIII secolo a.C. fino alla graduale romanizzazione tra II e I secolo a.C.

A questa civiltà, che si inquadrava nel più vasto ambito delle civiltà italiche del Ferro, venne dato il nome di "atestina", dall'antico nome Ateste della città di Este.

Studi e ricerche successivi appurarono che la cosiddetta civiltà era estesa in realtà in un ambito geografico più vasto, dal crinale alpino fino al Lago di Garda e al fiume Mincio a occidente, al fiume Po a mezzogiorno e ad oriente fino al Livenza e al Tagliamento e oltre, fino alla necropoli di Santa Lucia di Tolmino, scoperta alla fine dell'Ottocento da Carlo Marchesetti. A questa cultura venne attribuito il nome di "paleoveneta", più ampio del primitivo "atestina", e a quel popolo la denominazione di "Paleoveneti", per non creare equivoci con i Veneti moderni.

Moderni indirizzi di studio sono però propensi oggi a recuperare la storicità del nome "Veneti", ben documentata, come si è detto, nelle fonti letterarie, e ad usare quindi questo nome per indicare il complesso delle popolazioni preromane dell'area.

È infatti concordemente accertato che in questo ampio territorio si sviluppò nel corso del I millennio a.C. una cultura dai caratteri unitari, anche se con peculiarità proprie nei diversi centri, come dimostrano i reperti archeologici, di cui il Museo di Este offre una buona campionatura.

I centri atestini, o veneti, si addensano lungo i grandi fiumi Adige, Brenta e Piave, che «assieme agli itinerari terrestri aprivano la regione su tre fronti di primario interesse: il Mare Adriatico, con conseguente apertura al commercio greco; l'Italia centrale e tirrenica, con conseguente apertura all'area di cultura etrusca; l'Europa continentale transalpina, con possibilità di accesso alle sue ricche risorse minerarie» (L. Capuis).

Già il geografo ellenistico Strabone (63 a.C.-20 d.C.) aveva definito i centri veneti «città simili ad isole», circondati com'erano dall'acqua dei grandi fiumi: città d'acqua, quindi, e legate al territorio dall'acqua. I fiumi determinarono anche le differenze culturali fra un centro e l'altro, come dimostrano i casi di Este e Padova, l'una sull'Adige e l'altra sul Brenta, l'una legata più all'Italia etrusca, da Bologna ai centri del Tirreno, l'altra gravitante sul sistema Brenta-Piave e connessa con le culture centro-europee di Hallstatt.

Oltre alle possibilità offerte dalla presenza dei grandi fiumi, si aggiungevano quelle di una fertile pianura, dove i Veneti potevano esercitare agricoltura e allevamento, oltre alla pesca e alla caccia. È anche ben documentata un'attività commerciale su vasto raggio, sui due versanti tirrenico e adriatico, che comprova l'esistenza di una produzione in eccedenza, e quindi di una florida economia.

«Per buona parte del primo millennio le abitazioni continuarono ad essere realizzate in materiale deperibile: le capanne, delle quali solo raramente si è potuta ricavare una pianta completa, dovevano essere per lo più di tipo quadrangolare con perimetro costituito da pali, il pavimento era in battuto d'argilla, l'alzato in pali, il graticcio di canne e ramaglie, l'intonaco in argilla, infine il tetto in paglia e frasche» (L. Capuis). È una struttura molto semplice, diffusa allora un po' in tutta l'Italia, con le capanne circondate da orti, spazi per il modesto allevamento familiare e intorno terreni per lo sfruttamento comune (campi e boschi) e la prateria per l'allevamento dei cavalli, per i quali i Veneti erano famosi nelle fonti antiche. Il poeta greco Alcmane (metà del VII secolo a.C.) infatti, riprendendo la notizia omerica del paese delle «mule selvagge», parla di «un cavallo vigoroso corsiero [...] Enetico» e dei «puledri Enetidi [...] dalla Enetide, regione dell'Adriatico» (Alcman. fr. 1, 46-51; 172 = Voltan 4-5). Si creò così il *topos* dell'eccellenza dei cavalli veneti, riportato da molte altre fonti antiche. Si ricorda il caso del *regulus* dei Galli transalpini Cincibilo, che nel 171 a.C. inviò un'ambasceria a Roma insieme a rappresentanti dei Carni, dei Giapidi e degli Istri, per lamentarsi del console Caio Cassio Longino, che aveva intrapreso una spedizione verso la Macedonia via terra dopo avere ottenuto la loro collaborazione (probabilmente in base ai patti) e li aveva trattati poi come nemici saccheggiando i loro territori. Il Senato romano, dopo avere deprecato il comportamento del console, che fu richiamato a Roma, inviò ambasciatori al di là delle Alpi con doni per i *reguli*; in occasione della medesima ambasceria i legati gallici chiesero il permesso ai Romani di acquistare dai Veneti fino ad un massimo di dieci cavalli di razza a testa per esportarli nel Norico (l'attuale Austria).

Nell'VIII secolo a.C. al popolamento antico subentrò la nascita di nuovi centri, che sorsero in aree nuove oppure si spostarono in aree limitrofe, con poli principali in Este e Padova (Veneto euganeo), mentre i centri del Veneto orientale persero importanza.

Nel VI secolo a.C. si registrarono altre trasformazioni nel quadro degli insediamenti, con la nascita di nuovi poli d'attrazione, come Vicenza, Altino, Adria.

Nella seconda età del Ferro (V-II secolo a.C.) si assistette alla nascita di una produzione locale a imitazione dei tradizionali manufatti fittili di importazione attica ed etrusco-padana, con la produzione di tipi indigeni, come la ceramica fine da mensa in argilla semidepurata e grigia.

Le sepolture ci offrono altre informazioni su questa antica civiltà. I Veneti cremavano i cadaveri e ne raccoglievano i resti in urne-ossari che venivano sepolti con un corredo più o meno ricco a seconda dello status del morto: oggetti personali del defunto o doni offerti dai parenti, utensili e materiali connessi all'attività che aveva svolto da vivo, oltre a contenitori, vasi, coppe, bicchieri e porzioni di cibo, legati alla credenza di un utilizzo nell'aldilà. Le tombe maschili, piuttosto sobrie, contengono in genere pochi oggetti di abbigliamento e utensili come rasoi, grossi coltelli da caccia, asce, armi spezzate ritualmente, morsi ed elementi di bardatura equina. Le tombe femminili sono più ricche secondo un codice-tipo comune a tutto il mondo antico, essendo compito della donna palesare il rango della famiglia: numerose fibule, bracciali, collane, cinturoni da parata. Fusaiole e rocchetti alludono all'attività artigianale femminile di filatura/tessitura che può anche diventare elitario *status symbol*. Frequenti anche le tombe di coppia, contenenti cioè i resti di marito e moglie, segno, secondo le interpretazioni archeologiche, dell'integrazione della donna nel corpo sociale. Come nel mondo aristocratico di influenza etrusco-greca, a partire dal V secolo nei corredi funerari si diffusero oggetti allusivi al consumo di vino, bene suntuario, al banchetto e all'arrostimento delle carni (alari, spiedi, coltelli di ferro o modellini).

L'oggetto più caratteristico e rivelatore di un alto livello artistico e di perizia tecnica è però la *situla*, il vaso a forma di secchia ottenuto da una lamina di bronzo lavorata a sbalzo e cesello. La stessa tecnica era usata anche per cinturoni, foderi di pugnale, laminette votive e vari altri oggetti. Alle origini di questo artigianato artistico vi è la famosa situla Benvenuti della fine del VII secolo a.C., il cui linguaggio formale rivela apporti etruschi, italici, centro-europei e orientali, rielaborati con gusto e vivacità locali.

«Questa produzione figurativa, particolarmente ricca tra i materiali provenienti dai luoghi di culto, è tra l'altro di estremo interesse per recuperare l'aspetto esteriore dei nostri antenati. Uomini avvolti in ampi mantelli di stoffa pesante e bitorzoluta, con calzari a punta, con ampi cappelli a larghe tese o semplici baschetti; donne in elaborato abbigliamento, con una lunga veste, scialle, cinturone, stivali; infine scene di caccia» (L. Capius, *I Veneti*). Gli abiti si differenziavano, oltre che nei colori e nei modelli, anche nel numero e nel tipo dei monili e nella foggia della cintura. Il costume variava in base all'occasione pubblica in cui veniva indossato e secondo il rango sociale.

L'indagine archeologica ha permesso di avere anche qualche conoscenza circa le credenze religose dei Veneti dell'età del Ferro. In numerose iscrizioni di Este compare il nome di una divinità femminile, *Pora-Reitia*, spesso accompagnata dall'epiteto *Sainati* e dai molteplici attributi: signora della natura, della fecondità, della vita, dello scorrere delle stagioni, delle nascite, dell'educazione dei giovani, dea guaritrice e protettrice dei commerci. La sua immagine compare forse su quattro dischi bronzei provenienti da Montebelluna. È una figura femminile riccamente vestita, tra due animali, uno di terra e uno d'aria, e con in mano una chiave, interpretata come la facoltà di aprire e chiudere il ciclo della natura e della vita.

Nel principale santuario di Este sono stati rinvenuti anche molti stili (asticelle appuntite per la scrittura) e tavolette alfabetiche con dediche femminili, a dimostrazione della sacralità attribuita alla scrittura e del ruolo non subordinato della donna anche in questo campo.

Un altro importante elemento di unitarietà della cultura antico-veneta è l'uso di una lingua comune. Gli antichi Veneti parlavano una lingua chiamata dagli studiosi moderni "venetico", per differenziarla dagli odierni dialetti della regione. Il venetico risulta attestato nel Veneto centrale e meridionale (Este, Padova, Vicenza, Adria), nell'area dolomitica cadorina (Lagole di Calalzo, Belluno), nella valle della Gail (Würmlach, Gurina) e nel Veneto orientale (Montebelluna, Altino, Oderzo); più sporadiche le testimonianze nella zona orientale friulana.

Questa lingua, che presenta affinità con il latino, è conosciuta attraverso circa quattrocento iscrizioni, redatte in un alfabeto di derivazione etrusca adattato alle esigenze fonologiche della lingua venetica. Le testimonianze epigrafiche giungono in maggior numero da Este, ma anche da Padova, Vicenza, dalla valle del Piave, da Trieste e dalla Carinzia. Esse ci permettono di conoscere alcune caratteristiche della lingua e della scrittura

Gli antichi Veneti in un'illustrazione da «Storia del costume dei popoli attraverso i secoli» di Paolo Lorenzini (1934).

venetica. Una caratteristica della scrittura venetica è l'uso della puntuazione: le lettere sono precedute e seguite da punti, secondo regole piuttosto complesse, quando si trovano in posizioni particolari. Le iscrizioni più antiche sono prive di puntuazione e presentano delle differenze nell'uso e nella forma di alcune lettere: questo confermerebbe la tesi secondo cui i Veneti avrebbero mutuato l'alfabeto dagli Etruschi, per almeno due volte, in tempi diversi e da aree geografiche diverse (Chiusi e Cerveteri o Veio). Altri caratteri particolari sono la scrittura da destra verso sinistra e le parole scritte tutte di seguito (la cosiddetta *scriptio continua*), senza essere divise: la puntuazione non aveva infatti una funzione divisoria. Essa era connessa con la trasmissione delle conoscenze relative alla scrittura, e proprio dalla città di Este sono giunte le testimonianze più complete di tutta l'Italia antica sull'insegnamento della scrittura.

Si tratta di iscrizioni funerarie o votive e di un numero limitato di iscrizioni di confine e pubbliche, datate fra il VI secolo a.C. e il periodo della romanizzazione. Come accade per l'etrusco, la ricorrenza dei contenuti condiziona la conoscenza della lingua: ci è noto con sufficiente ampiezza solo l'insieme dell'onomastica (i nomi propri e le qualifiche), che ci permette comunque di desumere anche informazioni di carattere sociale ed istituzionale.

In genere i nomi erano costituiti da due elementi: il nome proprio e il patronimico (appellativo derivato dal nome del padre); per le donne il patronimico poteva essere sostituito dal "gamonimico", cioè un nome derivato da quello del marito aggiungendo il suffisso *-na*.

Come si è detto, l'onomastica venetica ha consentito di acquisire informazioni di altro genere, come ad esempio l'esistenza di precoci rapporti fra Veneti e Celti e l'inserimento dei Celti nell'ambito della società veneta. Una serie di documenti epigrafici di Este ha restituito molti nomi di donne venete con gamonimico celtico, e di donne celte con gamonimico veneto, confermando l'esistenza di matrimoni misti. L'elemento celtico è particolarmente documentato in località come Oderzo, Altino e la valle del Piave.

L'età romana

I contatti fra i Veneti e i Romani risultano documentati almeno dalla fine del III secolo a.C. Come abbiamo detto, furono sempre rapporti buoni, secondo quanto risulta in modo esplicito dalle fonti letterarie. Lo storico Polibio (203 a.C.-120 a.C. circa) afferma che durante il *tumultus*

Gallicus del 390 a.C. i Galli Senoni, guidati da Brenno, avrebbero desistito dall'assedio dell'Urbe proprio perché minacciati dai Veneti nelle loro sedi padane, e nel "catalogo polibiano" delle forze messe a disposizione dei Romani dagli alleati alla vigilia della guerra gallica del 225-222 a.C., i Veneti compaiono con un contingente di circa 10.000 uomini. Durante la discesa di Annibale in Italia (218-202 a.C.) l'aristocratico veneto Asconio Pediano, di Patavium (Padova), si distinse nelle operazioni condotte da Marco Claudio Marcello sotto le mura di Nola, nel corso dell'assedio cartaginese. Nella successiva guerra sociale (*bellum Sabellicum*) i Veneti rimasero a fianco dei Romani, come risulta anche da alcune testimonianze epigrafiche.

Dimostrazione di questa amicizia è la mancanza di resistenza dei Veneti all'espansione romana nella Valle Padana nell'ultimo quarto del III secolo a.C.: essi non subirono confische o fondazioni di colonie, ad eccezione di Aquileia, all'estremità orientale, fondata come colonia di diritto latino nel 181 a.C.

La costruzione nel 148 a.C. della via Postumia, la grande arteria padana che metteva in collegamento Genova con Aquileia, sancì la piena egemonia romana sul territorio venetico, che tuttavia trasse indubbi vantaggi dalla facilitazione dei rapporti fra l'Italia centrale e le regioni a nord del Po, la cui ricchezza e fertilità, decantate da scrittori come Catone e Polibio, attrassero i cittadini romani e i loro alleati.

Come per altri popoli italici, questa immigrazione spontanea favorì l'acculturazione romana della regione in modo pacifico e "indolore" e i Veneti finirono per abbandonare progressivamente i loro costumi e le loro tradizioni politiche, artistiche e religiose in favore della cultura romana. Il processo poté dirsi concluso con l'estensione, fra il 49 e il 42 a.C., della cittadinanza romana a tutto il territorio fra le Alpi e il Po.

Anche l'integrazione linguistica dovette avvenire gradualmente, probabilmente facilitata dalle indubbie affinità fra la lingua venetica e quella latina, a tutti i livelli, fonetici, morfologici e lessicali. Si è anche pensato che in un'epoca remota, precedente agli stanziamenti nelle rispettive sedi, i due popoli fossero insediati in aree vicine (forse nelle selve della Turingia, area preistorica dei Protolatini) e parlassero due lingue molto simili, quasi due dialetti dello stesso idioma.

Quale che sia il motivo storico, è stato osservato che il venetico appare più simile al latino di lingue geograficamente più vicine, come i dialetti sabellici (osco e umbro, ad esempio). I Veneti, come altri popoli italici, ricevettero la scrittura dagli Etruschi, ma le iscrizioni in venetico non testimoniano alcun prestito, diretto o indiretto, dalla lingua etrusca, conservando caratteri di piena autonomia linguistica, superiori forse ai Latini stessi. Un altro apporto importante, sia linguistico che culturale, è certamente quello celtico, presente ampiamente nell'onomastica. Va detto però che gli antichi dialetti celtici continentali non dovettero essere molto dissimili dal latino e dalle altre lingue italiche, tanto che alcuni hanno parlato addirittura di un gruppo "italo-celtico".

I *nizioleti*

Sfogliando la toponomastica di Venezia si hanno svariate occasioni per notare quanto florida e prospera fosse la criminalità in questa città, nonostante la Quarantia Criminale fosse così attiva ed intransigente verso ogni forma di delitto. La Quarantia Criminale, Tribunale Supremo della Repubblica, fu istituita nel 1179 per amministrare la giustizia. Nel 1441 prese il nome di "Criminale" e si riservò la competenza sui delitti e sui crimini e, più in generale, su tutto il diritto penale, differenziandosi dalla Quarantia Civile, a sua volta distinta in "Vecchia", che si occupava delle cause civili di Venezia e dello Stato da Mar, e "Nuova" per tutto quanto atteneva la terraferma.

Da questi toponimi si ricavano frammenti di vita vissuta in una città popolosa, vivace ed animata; si ritrovano echi di lontane vicende che videro uomini e donne vivere e morire, gioire e soffrire, amare ed odiare, tradire ed essere traditi, ricevere onori e sopportare soprusi.

Cogliere questi echi attraverso l'annotazione di poche parole scritte, sui muri della città, in piccoli riquadri imbiancati (i *nizioleti*, cioè "piccoli lenzuoli") è un modo per ridare loro vita, salvare la memoria più profonda della città, la sua anima nascosta e, contemporaneamente, svelata. Memoria di una città straordinaria anche nella denominazione dei luoghi nei quali si usa moltissimo il dialetto: quella che in ogni altra città viene chiamata "via" qui si chiama *calle*, *callesela*, *caletta* o *ramo* quando si restringe diventando un vicolo; la piazza è il *campo*, *campiello*; il canale è il *rio* e le rive che lo delimitano le *fondamenta*.

La numerazione civica non è ripartita strada per strada, ma è progressiva e distribuita in sette grandi zone: i sei sestieri, più l'isola della Giudecca.

MEMORIE 23

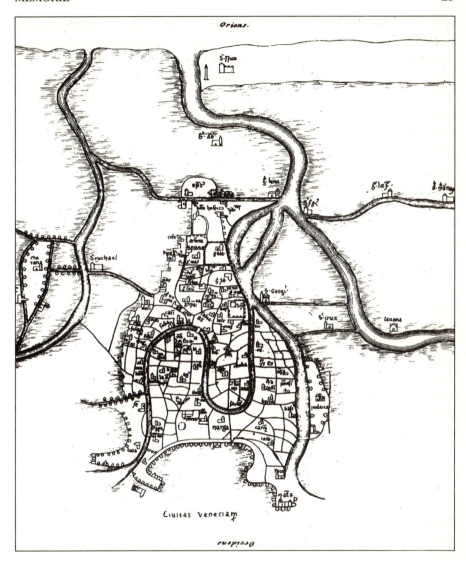

Riproduzione settecentesca della rappresentazione iconografica della Venezia del 1150 ca., come compare in un disegno contenuto nella «Chronologia Magna» di Paolino da Venezia, manoscritto conservato presso la Biblioteca Nazionale Marciana di Venezia.

Nella toponomastica veneziana ci sono rari riferimenti a personaggi illustri, in quanto la città si è sviluppata su una base rionale in cui sono spesso presenti il nome del santo venerato in zona o il cognome della famiglia nobiliare locale; ma, soprattutto, ci sono i riferimenti alla vita quotidiana.

Sono frequenti i toponimi quali *forno*, *magazen*, *traghetto*, *sagrestia*, *canonica*; oppure, sparsi in tutta la città, quelli che testimoniano la presenza di comunità straniere nella Repubblica, *albanesi*, *armeni*, *greci*, *turchi*, *ebrei*...

Numerosi sono i riferimenti alle varie arti e mestieri: *fabbri*, *botteri*, *baratteri* (fabbricanti di berretti), *saoneri*, *pistor* (panettieri), *pestrin* (lattai), *luganegher*.

Ultima grande sezione è quella dedicata ai nomi di fantasia ed ai soprannomi in cui la cronaca si confonde inevitabilmente con la leggenda: *donna onesta*, *malcontenta*, *zitelle*, *carampane*, *furatola*.

Quelli che seguono sono solo alcuni esempi, scelti a caso senza un preciso ordine o criterio (rimandando ad una futura opera, se mai l'editore vorrà accogliere tra i suoi tipi la nostra proposta), di quanto possiamo apprendere da quei piccoli bianchi lenzuoli stesi sui muri di Venezia.

Il *Ponte dei Squartai* ai Tolentini si trova sul Rio del Gaffaro, nel sestiere di Dorsoduro alle porte della città in direzione della terraferma, di fronte all'attuale piazzale Roma, dove finisce il Ponte della Libertà che unisce Venezia e Mestre.

Un tempo su questo ponte venivano esposti, per ordine della Quarantia Criminale, i "quarti" degli autori dei più atroci delitti; dopo essere stati amputati delle mani e trascinati per calli, ponti e fondamenta, da Palazzo Ducale fino a piazzale Roma, da un cavallo imbizzarrito tra gli scherni e le percosse della folla, essi facevano ritorno in piazza San Marco dove, tra le due colonne, il boia aspettava per decapitarli e dividere i corpi in quattro quarti da esporre in pubblico a perenne monito.

L'apparentemente innocuo *Riva di Biasio* a Santa Croce, sul Canal Grande, rimanda ad una storia che risale al 1520 e che ha come protagonista un *luganegher* (salumiere) che preparava il suo famoso guazzetto, tipico piatto veneziano di carne particolarmente apprezzato, impastando carne di maiale mista a carne di bambini.

Infatti da tempo nel sestiere scomparivano bambini, finché un giorno un operaio dell'arsenale, mangiando il suo guazzetto, trovò la falange di un dito di bambino, come descritto nelle prossime pagine del libro. Denunciato il *luganegher* alla Quarantia Criminale, questi fu arrestato perché nel suo laboratorio furono trovati altri resti dei piccoli uccisi: nello stesso anno fu giustiziato dopo il taglio delle mani, il trascinamento attraverso la città ed infine la divisione in quarti e l'esposizione pubblica. La salumeria fu fatta demolire dalle fondamenta.

Il *Ramo del Forner* con il campiello omonimo, a San Polo, rimanda ad una mattina del 1510 in cui il giovane Pietro Tasca, che di mestiere faceva il fornaio, trovò per strada il corpo di un uomo ucciso e scoprì che si trattava del nobile Alvise Valoer.

Mentre raccoglieva da terra il pugnale insanguinato, venne visto da una popolana che si mise ad urlare, pensando che fosse lui l'assassino.

Il giudice della Quarantia Criminale lo accusò di omicidio in quanto il fornaio, disse, pensava che la sua fidanzata Annella avesse una relazione col gentiluomo, e non sentì ragioni.

Il fornaio fu condannato alla decapitazione e solo dopo l'esecuzione si seppe della sua effettiva innocenza. Da allora, all'inizio di ogni processo, qualcuno ammoniva la Corte di non sbagliare ancora dicendo: «*Recordeve del povaro fornareto!*».

Nei prossimi capitoli questa storia viene raccontata con maggiori particolari.

Il *Sotoportego de la Madona* e la calle omonima, nel sestiere di Dorsoduro, a tutto fanno pensare ma non certo al fatto iniziale che risale al 14 giugno del 1779.

In quella calle, o meglio nel sottoportico, c'era un pozzo nel quale una popolana, che si accingeva ad attingere acqua, scorse i resti di un corpo umano decapitato e senza gambe.

Qualche tempo dopo si venne a sapere che in un pozzo del Malcanton erano state ritrovate due gambe, mentre nel Rio di Santa Chiara, poco distante dai luoghi degli altri rinvenimenti, fu recuperata la testa di un uomo e il giorno dopo, alle Zattere, addirittura visceri umani.

Il governo cittadino, nella speranza di fermare questi crudeli episodi di criminalità, fece esporre nella basilica di San Marco l'immagine della Beata Vergine, ordinando, nel contempo, una serie di riti e preghiere. Fece anche pubblicare sulla gazzetta la notizia del ritrovamento di un pezzo di carta scritto, forse uno stralcio di lettera, che era stato usato per attorcigliare i capelli della vittima. Tale indizio fu sufficiente a Giovanni Cestonaro di Este per riconoscere nella vittima il fratello, sposato con Veneranda Porta che lo tradiva con tale Fantini.

I due amanti furono riconosciuti colpevoli e, il 10 gennaio 1780, giustiziati.

"Sotoportego" e "Calle de la Madona" quindi, perché lo smascheramento dei colpevoli fu interpretato come una miracolosa opera "*de la Madona*"!

Nelle successive pagine troverete dettagli e particolari sull'atroce delitto.

Marzaria de l'Orologio (merceria dell'orologio) a San Marco riporta ad una leggenda che fu accreditata a lungo dai detrattori della potenza e della bellezza delle opere della Serenissima Repubblica.

Risale alla fine del Quattrocento e vede come protagonisti Paolo Ranieri e suo figlio Carlo, i due abili artigiani emiliani che costruirono lo straordinario orologio che, dalle Mercerie, si affaccia in piazza San Marco.

L'orologio con il suo prodigioso meccanismo segnava, oltre alle ore, le fasi lunari ed il movimento del Sole in relazione ai segni zodiacali.

Ricevuto il compenso per il lavoro svolto si dice che i Ranieri fossero stati accecati perché non potessero costruire altrove una simile meraviglia.

Il *Sotoportego Falier* a Cannaregio ricorda la figura storica del doge Marin Falier che, all'età di sessant'anni, l'11 settembre 1354 diventò doge e che il 17 aprile 1355 fu decapitato per avere congiurato contro la Repubblica.

In seguito si decretò che l'effigie del Falier fosse cancellata dalla sala del Maggior Consiglio di Palazzo Ducale dove sono rappresentati tutti i dogi della Serenissima; ancora oggi è coperta da un drappo nero.

Per ironia della sorte fu proprio il Falier che, ancora nel Consiglio dei Dieci, mandò a morte nel 1310 il nobile Bajamonte Tiepolo accusato di rivolta, come spiegato nel capitolo dedicato al complotto del Falier.

A quest'ultimo episodio fanno riferimento il *Sotoportego dei Dai*, le fondamenta ed il ponte omonimo, a San Marco. Il termine *dai* viene dall'esclamazione "dai, dai... dai" e sta per "dalli, prendili", alludendo alla congiura contro la Repubblica attuata dal nobile Bajamonte Tiepolo e scoperta dal doge Pietro Gradenigo; così pure la *Calle Bajamonte Tiepolo* a San Polo, dove una scultura posta sopra l'arco di un portico ricorda la congiura del nobile, ma anche il disgraziato incidente occorso ad uno dei suoi uomini in fuga dai soldati del doge, colpito da un mortaio di marmo lanciato da una popolana affacciata alla finestra. Nelle pagine che seguono riproporremo in modo più approfondito questa storia, mettendo in rilievo alcune differenze che si riscontrano nelle versioni dei vari cronisti.

Il *Sotoportego del Casin dei Nobili*, a San Barnaba, prende il nome dalla presenza fino al secolo scorso di un *casino* riservato ai nobili. Erano questi piccole case o stanze in cui un gruppo di persone, in questo caso nobili, si ritrovavano per divertirsi con giochi d'azzardo quando non si dedicavano ad altre pratiche trasgressive.

MEMORIE

La Torre dell'Orologio, inaugurata nel 1499, che da piazza San Marco immette nelle Mercerie.

Contro queste istituzioni, fonte di disordine e confusione, se non di risse, scontri e fatti di sangue nonché di rovine patrimoniali e disastri economici, la Repubblica tanto tuonò: in un decreto del 27 febbraio 1567 il Consiglio dei Dieci ordinava che «...li redutti de nobili et altre persone in questa città sieno del tutto proibiti» ed un altro del 18 settembre 1609 diceva che essendo questi "casini" diventati «...secreti congressi per dar nell'estremo eccesso di giuoco e ad altre abominevoli maniere di vita troppo licentiose...» fosse proibito a «...caduna persona, di che grado, stato et conditione si voglia, tener alcuna casa o pigliarne ad affitto da altri, solo accompagnato da chi sia, se non per propria et ordinaria habitatione...». Infine in modo appropriato il Mutinelli dice: «Era là ove, cianciandosi, giocandosi, berteggiandosi, la dissolutezza si diceva galanteria, urbanità la sfrontatezza e il vizio piacevolezza; ove il lusso delle femmine era raffinato dalla rivalità rabbiosa delle comparse; ove quasi tutti i vincitori in faccia ai vinti ridevano; ove i perdenti per rispetto ad ogni carta stridevano, chi un errore imputandosi, chi un altro, e con tanta altezza di voce, e con tanta forza da essere talvolta vicini ad azzuffarsi».

Naturalmente, vista la fortuna di questi luoghi, si ritrovano a Venezia non solo i "casini" dei nobili ma anche quelli per tutte le altre categorie sociali, generalmente dislocati nelle zone periferiche della città perché più facilmente fornite di ampi spazi all'aperto in cui giocare a palla e organizzare feste, balli e concerti.

A tarda notte si organizzavano spesso grandi e ricche cene: si ricorda in particolare quella della prima sera di Quaresima, ricca di ogni tipo di pesce e crostaceo. Spesso queste allegre adunate si concludevano quando, soddisfatto ogni tipo di appetito, tutti finivano con l'andare ad aspettare il nuovo giorno all'Erberia a Rialto, luogo di incontro di svariata umanità.

In conclusione ci si augurava che questi incontri avessero sempre questo lieto fine, ma purtroppo le cronache giudiziarie ci riportano spesso altri ben più tristi finali.

Ma i *nizioleti* non richiamano solo morte e tragedie...

Il *Ponte de le Tette* con il sotoportego e la fondamenta omonima, a San Polo, testimonia la volontà del governo veneziano di contrastare la crescente pratica della sodomia emanando leggi per cui gruppi di meretrici erano invitate ad esporsi in abiti discinti e con il seno scoperto per allettare gli uomini di passaggio e distoglierli da insani desideri.

Per capire il motivo di questa singolare denominazione, occorre tornare ai tempi della Controriforma, che investì l'Europa dopo il Concilio di Trento del 1570.

La Controriforma, che rappresentò la risposta cattolica alla Riforma di Martin Lutero, ebbe fra gli altri obiettivi quello di improntare i costumi di allora a una morale più severa e di spirito cristiano. L'azione moralizzatrice della Controriforma si fece sentire in particolare nella Repubblica della Serenissima, terra in cui i costumi si erano fatti un po' troppo liberi nei secoli... anche per una città che allora rappresentava uno dei più importanti crocevia di gente che andava e veniva per tutto il Mediterraneo.

Sembra che all'epoca il problema principale del costume di Venezia fosse la sodomia, pratica assolutamente condannata dal Concilio di Trento. Un problema sentito al punto da prendere seri provvedimenti: per ordinanza dogale, le prostitute, fino ad allora sparse ovunque, furono obbligate a concentrarsi in una zona ben definita della città, quella ap-

Nobili del Consiglio dei Dieci, in un'incisione ottocentesca.

punto di cui stiamo parlando. Per soddisfare i propri bisogni sessuali, a pagamento, gli abitanti di Venezia, ma anche i marinai o i mercanti, avrebbero potuto recarsi solo in quella zona. Ma c'era di più: affinché tali bisogni fossero soddisfatti secondo natura e non contro natura, alle prostitute fu fatto obbligo, per attirare la clientela, di sedere alla finestra a seno nudo e con le gambe penzoloni per mostrare le loro grazie o, ancor più, di stare completamente nude davanti alle finestre. Insomma: che non ci fossero equivoci!

Il tutto proprio sopra il ponte in questione, che, ovviamente, ricevette presto il nome di "Ponte delle Tette".

In effetti, andando un poco indietro negli anni, la lotta all'omosessualità a Venezia è documentata nei fascicoli di molti processi famosi. Ad esempio, nel 1480 tale Francesco Cercato fu impiccato per sodomia; nel 1545 tale Francesco Fabrizio, prete e poeta, fu decapitato e bruciato per il vizio "inenarrabile".

Cortigiana veneziana mentre fa toilette. Incisione di Giacomo Franco, «Habiti d'huomini e donne venetiane», Venezia, Franco, 1610.

Che l'omosessualità fosse molto diffusa nella Venezia del Cinquecento è attestato da questo episodio, a cui stentiamo quasi a credere: nel 1511 le prostitute veneziane decisero di inviare una supplica all'allora patriarca Antonio Contarini affinché facesse qualcosa contro la pratica dell'omosessualità che, a loro dire, danneggiava il mercato.

Forse la vera ragione della loro crisi economica era però un'altra: nel 1509 a Venezia furono censite ben 11.654 professioniste del sesso; sembra più logico pensare che i guadagni pro capite calassero molto proprio a causa di questa abbondanza di offerta.

Il vicino *Rio Tera' de le Carampane*, con la calle omonima nel sestiere di San Polo, prende nome da Cà Ramponi, antica famiglia patrizia che proprio lì possedeva alcuni stabili e dove, in quei tempi, risiedevano molte meretrici obbligate a stare sulle porte ed alle finestre «...lascivamente scoperte, mentre una lucerna illuminava di sera il curioso spettacolo» (G. Tassini, *Curiosità veneziane*).

Successivamente "carampane" diventò sinonimo di prostitute: queste erano sottoposte a rigide regole e divieti, dipendevano da alcune "matrone" che tenevano la cassa e, alla fine di ogni mese, dividevano fra tutte i guadagni. Non potevano avere casa sul Canal Grande, né pagare più di cento ducati di affitto; era vietato loro sia di passeggiare lungo il Canal Grande durante le ore del corso, sia di vogare in barche a due remi, sia di entrare in chiesa durante le funzioni solenni, né potevano portare il fazzoletto bianco *da fia*, da fanciulla, ornarsi con perle, oro, gioielli, e non erano ammesse a testimoniare nei processi criminali.

Le pietre parlano

Le pietre di Venezia raccontano... ma non tutto, infatti qualcuna fa la misteriosa e sta a guardare quanto ci mettono gli altri a dipanare gli enigmi ed i misteri che le hanno coinvolte nelle storie di questa incredibile città.

A cominciare dal Leone del Pireo che insieme ad un altro fa la guardia alla porta monumentale dell'Arsenale.

Questa porta riprende la forma dell'arco di trionfo rinascimentale ed è stata edificata in memoria delle glorie marittime della Serenissima: la vittoria di Lepanto nel 1571 sotto il comando di Sebastiano Venier e quella del Peloponneso nel 1687 ad opera dell'ammiraglio Francesco Morosini.

I due leoni giunsero da Atene per ordine di Francesco Morosini e furono collocati ai lati della porta maggiore d'ingresso dell'Arsenale con l'ordinanza del Senato della Repubblica del 15 marzo 1692.

Il leone in questione, ritto sulle zampe anteriori e seduto su quelle posteriori, proviene dal porto del Pireo e sembra che fosse utilizzato come fontana pubblica, mentre l'altro, rappresentato sdraiato, è stato prelevato da un luogo sulla strada tra Atene ed Eleusi. Come dicevamo, è proprio il leone del Pireo ad essere stato per secoli al centro di un misterioso enigma.

Il leone porta incise sui fianchi strani segni che sono stati identificati come "rune", cioè caratteri di una scrittura sconosciuta appartenente agli antichi popoli del Nord Europa. Sulla coscia sinistra queste incisioni seguono il percorso di un nastro attorcigliato, mentre quelle sul fianco destro assecondano le curve di una serpentina.

Molti studiosi di varie nazionalità se ne occuparono senza mai venirne a capo, finché lo studioso danese C. Rafn riuscì nel 1856 a trovare la soluzione: si trattava di iscrizioni in antico danese, lingua che parlano ancora oggi alcuni piccoli gruppi etnici dell'Islanda, e raccontano di guerrieri che avevano conquistato il porto e sedato la rivolta popolare greca comandati dal capo Asmud.

Questa sintetica comunicazione è confermata dalle informazioni storiche che parlano di soldati vichinghi discesi dalla Scandinavia che si erano offerti come soldati di ventura in Asia, Sicilia, Puglia e Grecia al servizio dell'Impero d'Oriente.

Fu così che nel 1040, in seguito ad una violenta insurrezione del popolo greco che protestava contro l'inasprimento delle tasse, l'imperatore Michele il Paflagano inviò soldati "Veringhi", Vichinghi, che sedarono la rivolta e sottomisero la popolazione ateniese; fu proprio in quell'occasione che i soldati nordici vollero incidere sul leone del Pireo il ricordo e l'autocelebrazione della vittoria.

Altra "pietra" misteriosa è quella che si dovrebbe trovare, da oltre ottocento anni, sprofondata nel limo del bacino di San Marco. Si tratta di un'enorme colonna monolitica di granito del peso di varie centinaia di tonnellate. La sua storia risale alla vittoria che Costantinopoli ottenne sul re di Tiro grazie all'aiuto delle galee veneziane; il doge Vitale Michiel nel 1215 la fece trasportare a Venezia insieme ad altre due e a numerosi altri oggetti, come bottino di guerra.

La storia dice che ciascuna colonna fosse trasportata su tre diverse navi e che una di queste si sia rovesciata durante l'operazione di sbarco affondando nel fango del fondale del bacino; sebbene siano stati fatti numerosi tentativi di ricerca non è stato mai possibile localizzarla e, ancora oggi, qualcuno dubita della sua effettiva esistenza. Un cronista, riferendosi a ricerche fatte nel 1170, riporta la seguente annotazione: «...cercandola a distanza di vent'anni dall'affondamento, un mastro appositamente incaricato, col tastare il fondo a mezzo di una lunga pertica, non la si poté in alcun modo ritrovare».

Oggi, forse, con la moderna tecnologia di ricerca si potrebbe dare una soluzione al mistero e si potrebbero trovare anche i resti delle fondamenta della muraglia che il doge Pietro Tribuno aveva fatto costruire intorno alla piccola Venezia, dalla zona di Castello a Santa Maria del Giglio, per difenderla dalle invasioni dei Barbari, muraglia fatta abbattere in seguito dal doge Sebastiano Ziani.

Le altre due colonne, sbarcate con le opportune attenzioni, rimasero stese a terra per oltre un secolo, non essendo nessuno in grado di rialzare pietre di simile peso e dimensione.

Solo nel 1196 un abile costruttore bergamasco, certo Nicolò Stratonio (o Starantoni o Starattoni), assunse l'impegno di erigere nuovamente le due colonne. Egli aveva già servito ottimamente la Serenissima in precedenti occasioni, sia come ideatore di un montacarichi a contrappeso con il quale era stato possibile innalzare il primo campanile di San Marco, sia come costruttore del Ponte della Moneta, il primo passaggio fisso sul Canal Grande ed anche prima versione del Ponte di Rialto.

Il metodo che utilizzò fu molto singolare e prese il nome di "acqua alle corde": prendendo spunto dalla peculiarità delle corde di canapa che, se bagnate, aumentano di diametro e diminuiscono di lunghezza, il nostro costruttore fece fissare la base delle colonne nel punto dove dovevano essere erette, quindi fece legare all'altra estremità le corde che passando lungo la colonna vennero fissate a terra in un punto lontano. Bagnate le corde, queste cominciarono ad accorciarsi esercitando una tensione che fece alzare, anche se di poco, la pesante colonna, quel tanto che bastò per inserire uno spessore. Ripeté l'operazione usando, via via, corde sempre più corte, bagnandole ed aumentando lo spessore, e così le colonne furono messe in piedi... ma solo due: quella di San Marco e quella di San Teodoro (*Todaro* per i veneziani), mentre la terza continua a reclamare il suo posto dal fondo della laguna. Come compenso per questo lavoro il costruttore Nicolò chiese la licenza per un banco di gioco dei dadi in città, pratica allora vietatissima e punita.

Il governo della Repubblica eccezionalmente gliela concesse, ma con una clausola assolutamente originale: da quel momento Nicolò Stratonio divenne Nicolò Barattiere, cioè colui che pratica baratto o tiene banco di baratteria. Da lui discende la dinastia millenaria dei Barattieri, nel cui stemma di famiglia sono presenti tre dadi in ricordo dell'origine del nome.

La clausola della Repubblica prevedeva che Barattieri potesse tenere il suo banco di gioco, fonte di grandi guadagni e per questo molto osteggiato dalle autorità, solo nello spazio compreso tra le due colonne di San Marco e di San Todaro: poiché in quel luogo veniva eretto molto spesso il patibolo per le condanne a morte ed era quindi scaramanticamente evitato dai cittadini, era probabile che l'afflusso dei potenziali clienti fosse molto ridotto. Il governo della Serenissima cercava insomma di togliere con una mano quello che aveva concesso con l'altra.

E infine, se volete, vi sveliamo un altro piccolissimo mistero: il detto tipicamente popolare «*e fasso vedar mi che ora che xe!*», usato quando si vuole sgridare qualcuno in modo autoritario, nasce dal fatto che proprio nello spazio tra le due colonne, sul patibolo, il condannato stava con le spalle alla laguna, rivolto alla torre dell'Orologio: l'ultima cosa che vedeva era l'ora della sua morte.

Sulle colonne vennero collocate successivamente le statue di San Teodoro, antico protettore di Venezia, e del leone di San Marco, anch'essi immersi in molti misteri e con parecchie cose da raccontare (leone compreso, anche se di pietra non è).

Il San Todaro, non si sa bene perché, sembra abbia la testa di un non ben definito imperatore romano collocata sul busto di san Giorgio con armatura di guerriero che schiaccia un drago dalla forma di coccodrillo. Anche sulla storia del santo ci sarebbe molto da scrivere: si parla di un giovane soldato legionario, martire, sacrificato tra il 306 ed il 311 ad Amasea sulle sponde del Mar Nero, il cui culto si diffuse in molti luoghi (Costantinopoli, Ravenna, Roma, Messina, Palermo, Venezia, dove venne venerato come patrono fino al XIII secolo). A lui era dedicata la cappella palatina costruita accanto al Palazzo Ducale, sostituita poi dalla prima chiesa di San Marco, la cui costruzione si era resa necessaria per accogliere le reliquie di San Marco evangelista trafugate dai mercanti veneziani da Alessandria d'Egitto nell'anno 828.

Nel IX secolo si cominciò a parlare di un altro san Todaro, non più soldato ma generale, anch'egli martire sacrificato per ordine di Licinio "Augusto" nel 308. Lo sdoppiamento del santo ha generato confusione ed equivoci facendo fiorire misteri e leggende, ma ad un certo punto è prevalsa l'ipotesi di un'unica persona venerata in luoghi e tempi diversi. Anche sui suoi resti ci sono dubbi e misteri: attualmente sono conservati in un reliquiario d'argento nella basilica di Brindisi, dove furono trasferiti in occasione delle nozze di Federico II di Svevia con Isabella di Brienne, regina di Gerusalemme.

Contemporaneamente a Venezia, sull'altare dell'abside destra della chiesa di San Salvador, è venerata l'urna contenente le ceneri del santo provenienti dalla vicina Scuola Grande: mistero ancora da chiarire.

E che dire della statua del leone simbolo di San Marco? Per prima cosa che non è un leone, ma molto probabilmente una chimera, una scultura bronzea molto antica proveniente forse dalla Persia a cui sono state aggiunte, in un secondo tempo, le ali.

La statua con l'arrivo di Napoleone fu portata a Parigi nel 1797 con il pretesto di proteggerla dal pericolo di una guerra. Quando ritornò in città, dopo il 1815, era priva dei due grandi occhi rossi, pietre preziose

Uno scorcio di Palazzo Ducale con la colonna di San Marco sulla destra, in un'incisione di Luca Carlevarijs.

particolarmente rare, «...perché non potesse vedere quanto fossero cambiate le cose a Venezia!», dicono alcuni in risposta alla debole giustificazione dei Francesi.

Da quando il leone alato è stato collocato sulla colonna di Barattieri, esso divenne il simbolo della Serenissima e quindi fu utilizzato in tutti i luoghi dove la Repubblica dominava. Il leone è rappresentato in varie posizioni, con le ali o senza, "andante", cioè eretto sulle quattro zampe, con la zampa su un libro aperto in cui è scritto «Pax tibi Marce evangelista meus», oppure in *moleca*, cioè rannicchiato con il libro o senza.

Per finire, un'ultima risposta ad un altro piccolo mistero: perché talvolta il leone di San Marco ha un libro aperto ed altre volte il libro è chiuso? Non dipende dalla fretta o dall'inesperienza dello scultore di turno, ma dal fatto che il libro aperto simboleggia la pace mentre quello chiuso la guerra; testimoniava quindi la politica ed il tipo di relazioni che la Serenissima conduceva in quel momento. Questo vuol dire parlar chiaro...

Restiamo ancora un po' nel "più bel salotto d'Europa", tanto per dirla con Napoleone, e vediamo se riusciamo ad affrontare un altro mistero che non ha trovato ancora soluzione: quello del gruppo scultoreo dei Tetrarchi, gruppo di quattro statue di porfido rosso, probabilmente di origine egizio-siriaca e risalente al IV secolo d.C., che familiarmente i veneziani chiamano "i Quattro Mori".

Il gruppo, in due pezzi, arrivò a Venezia, già mutilato di un piede, insieme ad altri trofei di guerra provenienti dall'Oriente, ipotesi questa convalidata dal fatto che nel 1965 scavi archeologici tedeschi e turchi, condotti a Costantinopoli nel sito della piazza di Filadelfia, anticamente circondata da statue di porfido, hanno portato alla luce un frammento che risultò essere proprio il piede sinistro mancante ad un personaggio del gruppo veneziano. Tuttora esso si trova in un museo di Costantinopoli, non essendo stato concesso a Venezia di venirne in possesso, e dunque il gruppo dei Tetrarchi continua ad avere la "protesi" del piede e di parte della caviglia, realizzata a suo tempo in porfido rosato.

In verità pensiamo che il motivo della mancata concessione del piede amputato stia nel fatto che alla richiesta veneziana i turchi abbiano risposto con un'altrettanto lecita richiesta di restituzione di tutto il blocco marmoreo per integrare e completare il piede amputato in loro possesso.

Il gruppo, collocato nell'angolo sud-orientale della facciata esterna della basilica, rappresenta quattro figure (alte 1,30 metri, che sfoggiano una corazza riccamente decorata coperta da un clamide, ampio mantello fermato da una fibbia sulla spalla destra) e bassi copricapi calati sulla fronte. Le mani sinistre stringono l'elsa di una spada a forma di testa di uccello, mentre la mano destra di due personaggi è posta sulla spalla sinistra degli altri due, in uno stretto abbraccio che nasconde le restanti due mani destre.

Il portamento fiero, il volto solenne ed il materiale utilizzato (il porfido

Il leone di San Marco con il libro aperto, in un'incisione del XVI secolo.

anticamente veniva riservato alla rappresentazione di divinità ed imperatori) fanno pensare che si tratti di personaggi illustri. Il fatto che non sia stata finora possibile una sicura attribuzione ha fatto nascere moltissime teorie e leggende sulla loro identità.

La leggenda popolare più radicata dice che si tratta di quattro Mori che tentarono di rubare il Tesoro di San Marco e dal santo puniti e trasformati in pietra (non a caso il gruppo è stato collocato a ridosso del muro al di là del quale un tempo si trovava il Tesoro di San Marco). Attraverso i vari tentativi di attribuzione si è parlato dei quattro uccisori di Ipparco, tiranno di Atene dal 527 al 514 a.C., e poi dei promotori della congiura contro Alessio Comneno, imperatore di Bisanzio.

Nella prima metà dell'Ottocento una seria attribuzione storica riconosce nelle quattro figure i protagonisti della prima tetrarchia nata nel 293 d.C., in cui Diocleziano e Massimiano erano gli "augusti" e Galeno e Costanzo Cloro i "cesari".

Nel Novecento gli studiosi hanno riesaminato il tema dell'attribuzione e concordato sul fatto che si dovesse parlare di tetrarchia, ma nutrendo dubbi sul periodo storico e quindi sui personaggi rappresentati. Così è stato fatto il nome di Costantino, che nel 335 d.C. divise l'impero con i suoi tre figli.

Il mistero continuò perché lo studioso P. Pasini sostenne l'idea singolare che i personaggi fossero solo due rappresentati due volte, mentre lo studioso ed accademico Pietro Estense Selvatico ricorda che Massimiano "Erculeo", fratello di Diocleziano e "Augusto" Tetrarca, era gigantesco e questo non poteva essere sfuggito all'autore del gruppo scultoreo. A queste si aggiunsero altre sue considerazioni, quali il fatto che tutte le rappresentazioni di imperatori romani avevano la testa cinta di alloro e non recavano copricapo come le quattro figure; che le statue sono tozze e dalle forme anatomiche sgraziate, lontane da tutte quelle coeve di altre località; infine che il foro presente sul copricapo forse dimostra che un tempo vi era infissa una croce o una pietra preziosa, alla maniera degli imperatori d'Oriente.

Tutto questo sposta così l'attribuzione di alcuni secoli, tanto da suffragare l'ipotesi che fossero rappresentazioni di Basilio II e Costantino VIII che ressero insieme (ecco quindi spiegato l'"abbraccio") l'impero bizantino dal 976 al 1028. In ultima analisi, Selvatico propende per una soluzione che tiene conto di uno studio dell'erudito Girolamo Zanetti, il quale proponeva che si trattasse di quattro soldati o capitani greci armati come si usava tra il VII e il X secolo in Oriente.

Comunque sia, il mistero resta fitto e, in attesa di ulteriori e decisive prove, sappiamo che quei pochi veneziani veri che sono rimasti in città si danno appuntamento ancora oggi davanti ai "Quattro Mori".

E sempre restando in piazza San Marco, troviamo altre pietre che ci parlano, come quel troncone della colonna siriana dalla quale un tempo venivano lette le ordinanze della Repubblica e per questo detto "Pietra del bando".

La pietra è stata spezzata dal crollo del campanile di San Marco nel 1902 e misteriosamente ha fatto da scudo alla basilica, attutendo il colpo rovinoso ed impedendo che l'enorme cumulo di macerie procurasse ad essa anche il più lieve danno. A questo proposito la «Gazzetta di Venezia» di quei giorni parlò di «forza divina» intervenuta in tempo e «Il Gazzettino» di un «vero miracolo». Da quel momento la cilindrica colonna siriana, abbattuta da un grosso masso di marmo caduto con il campanile, che impedì che fossero colpite le delicate colonne d'angolo della basilica, resta in piedi, spezzata, a rammentare per sempre il suo sacrificio.

È sorprendente ricordare a questo proposito come le macerie del campanile abbiano avuto un vero e proprio funerale solenne, portate in chiatta oltre la bocca del porto del Lido e gettate in acqua avvolte in un enorme drappo funerario. Ed ora grazie ai lavori di scavo per l'installazione del MOSE di cui parliamo in altra parte del libro, ritornano a far parlare di sé, riproponendo gli antichi interrogativi.

Pochi metri oltre la colonna troviamo la famosissima Porta della Carta, splendida opera di stile gotico fiorito, in marmi policromi, di Bartolomeo Bon. È conosciuta con questo curioso appellativo che rimanda ad un piccolo mistero sull'esatta origine del nome: si dice che sia stata così chiamata perché solitamente vi si affiggevano le nuove leggi e i decreti della Repubblica (gli stessi che venivano letti in cima alla Pietra del Bando), oppure per il fatto che sulla sua soglia erano collocati i banchetti degli scrivani pubblici oppure perché adiacente agli archivi in cui erano collocati i documenti dello Stato.

E che dire dei Pilastri acritani? Ci riferiamo ai due pilastri a sezione quadrata collocati vicino alla basilica di San Marco in modo apparentemente casuale tanto da far pensare ad una architettura incompiuta o in attesa di ultimazione. In realtà questi pilastri, insieme ai Tetrarchi, alla grande colonna di porfido rosso del Bando ed ad altri pezzi, furono portati a Venezia come trofei di guerra dopo la vittoria sui genovesi ad Acri, in Siria, nel 1256. La storia di questa guerra è lunga e complessa, e come sempre con contorni oscuri ed intriganti. Anche questa volta vede il contrasto tra le due potenze commerciali di Genova e Venezia, la rivalità per la supremazia sui mari e sui mercati orientali.

Il console genovese Luca Grimaldi, giunto con le sue navi nel porto di Acri, si presentò al priore della chiesa e del convento di San Saba con una lettera del Gran Maestro dei Cavalieri Ospitalieri, sotto la cui giurisdizione si trovava il complesso di San Saba. Il testo ordinava di concedere esclusivamente ai genovesi il suddetto complesso religioso; questo irritò fortemente Venezia già presente in porto e nella città, e da una semplice lite sorta tra i marinai delle due flotte si passò ad uno scontro di ben maggiori proporzioni. Grimaldi attaccò le navi veneziane e, opportunamente sollecitata una rivolta in città, tentò di scacciare i veneziani da Acri.

Nel frattempo arrivò il console veneziano Marco Giustiniani con una lettera del papa per il patriarca di Antiochia che ordinava l'accesso a San Saba ai veneziani. Ma il governatore di Tiro e Acri parteggiò per i genovesi e fece bandire pubblicamente i veneziani; il bando fu letto proprio dall'alto della famosa colonna di porfido rosso che ora si può vedere spezzata all'angolo della basilica di San Marco.

Scontri e violenze seguirono questi avvenimenti. Venezia si preparò a vendicarsi alleandosi con i pisani e con Manfredi, figlio dell'imperatore Federico II di Svevia.

Intanto i genovesi si preparavano a ricevere l'attacco veneziano fortificando il monastero di San Saba, divenuto un fortino, e contemporaneamente inviando legati per trattare la pace. I veneziani non sentivano ragioni e volendosi vendicare dell'onta subìta inviarono il futuro doge Lorenzo Tiepolo, che arrivò con quattordici galee nel porto di Acri mettendo tutto a ferro e fuoco. I genovesi sconfitti chiesero e ottennero una tregua della durata di soli due mesi e la pagarono a peso d'oro, dopo avere visto raso al suolo il convento di San Saba. A questo punto tutti i principi cristiani presenti in Siria passarono giocoforza dalla parte dei veneziani. In seguito a questo Genova preparò una spedizione di quarantaquattro galee al comando del capitano Guglielmo Boccanegra, mentre a Venezia il doge Renier Zen mandò in aiuto del Tiepolo altre quindici galee e dieci *taredi* (piccole imbarcazioni); la flotta veneziana riunitasi ad Acri fu diretta da Marco Giustiniani.

Alla vigilia del giorno di San Giovanni del 1256, preannunciato l'arrivo della flotta genovese, il comandante veneziano supplì alla carenza numerica della sua flotta con un originale e geniale stratagemma. Diffusa la notizia dell'arrivo di un forte contingente di navi in soccorso da Candia, fece costruire molti "panati", tavole di legno galleggianti con lanterne accese sopra. Sopraggiunta la notte, messe in acqua quelle tavole insieme alle loro galee si diressero verso la flotta genovese in avvicinamento: questa si fermò impressionata dall'apparente gran numero delle navi veneziane, che ebbero così modo di sfruttare l'effetto sorpresa riuscendo a vincere sui genovesi, i quali furono per sempre estromessi da Acri.

Ritornando alle nostre "pietre acritane", va detto che sono un esempio rarissimo di arte siriana del V o VI secolo; sono costituite da due fusti quadrangolari con capitelli a tronco di piramide capovolta, e provengono da una chiesa che la principessa Anicia Juliana fece costruire tra il 500 e il 530 a Bisanzio in onore di san Polieuto e che fu abbandonata nel XI secolo, e non dalla chiesa di San Saba come dicono alcuni. Sono decorate da girali di pampini e da fiori, vasi, melograni, simboli della religione cristiana, ma soprattutto da misteriosi monogrammmi.

Inutile dire che moltissimi sono stati i tentativi e le ipotesi per spiegare quei misteriosi segni. La teoria prevalente è quella secondo la quale essi deriverebbero dal greco antico cristiano, ma c'è chi sostiene che provengano da una religione pagana precedente in cui si rappresentava Dio co-

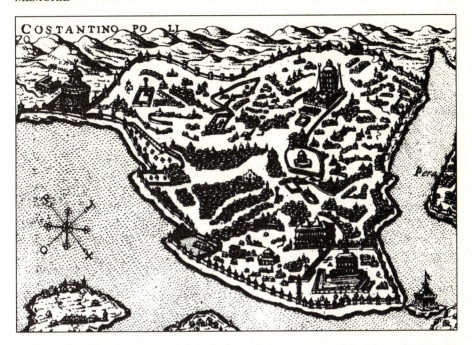

Veduta di Bisanzio. Incisione da G. Rosaccio, «Viaggio da Venetia a Costantinopoli per mare e per terra», Venezia, Franco, 1598.

me un sole illuminatore. Secondo alcuni glottologi fanno riferimento a «Dio Supremo, Sommo... Avvocato e Salvatore», secondo altri alla «Vergine, Divina, Madre... Deipara». Come si vede la confusione e l'incertezza continuano a permanere ancora oggi. Sembra poi che la grande croce scolpita alla base di uno dei due pilastri sia stata eseguita dai genovesi.

Comunque sia, questi due pilastri collocati a lato della basilica costituiscono per chi ne conosce la storia un'ulteriore testimonianza della potenza della Repubblica, e per i milioni di turisti poco attenti una fonte di curiosità o uno stimolo per una accurata ricerca sulle loro sapienti guide.

Di "pietre che parlano" ce ne sono tante altre: non parliamo dei fratelli Mastelli, Rioba, Sandi e Afani, le cui immagini sono scolpite nel marmo in Campo dei Mori alla Madonna dell'Orto (di cui riferiamo in un'altra parte del libro) né delle incisioni della facciata della Scuola Grande di San Marco in Campo Santi Giovanni e Paolo; ma facciamo cenno almeno a una "pietra misteriosa", quella che popolarmente viene chiamata il "Gobbo di Rialto": il pregevole gruppo marmoreo che lo scultore Pietro Da Salò realizzò nel XVI secolo non rappresenta affatto un gobbo, ma un uomo curvo, sotto sforzo perché regge una pesante scaletta di marmo che conduce alla sommità di un'altra "colonna del Bando" dall'alto della quale veniva data lettura delle leggi e delle sentenze della Repubblica.

Pensate quante storie, avvenimenti ed intrighi deve aver conosciuto nei secoli di questo suo lungo stazionamento in uno dei punti più frequentati e nevralgici della città, a due passi dal primo ponte che attraversava il Canal Grande, vicino al tribunale, nel cuore della vita commerciale ed economica della città...

Sul monumento sono state costruite decine di leggende e racconti, dalla storia che la colonna servisse per tagliare la testa ai malfattori condannati a morte, al fatto che il "Gobbo" fosse stato scolpito dopo l'effettiva decapitazione di un vero gobbo. Esso potrebbe richiamare alla memoria tutti i divieti e gli obblighi imposti ai cittadini, oppure testimoniare della lunga corrispondenza che tenne con Pasquino e Martorio, suoi omologhi di pietra della Roma del XVII secolo, quando insieme mettevano in ridicolo persone, abitudini dello Stato e del clero o parlavano di feste, bagordi, smodatezze della corte papale o del carnevale veneziano.

Dalle cronache della Serenissima abbiamo appreso che, così come l'assassino condannato a morte era trascinato a terra, legato alla coda di un cavallo, da piazza San Marco a piazzale Roma, per poi ritornare sul patibolo tra le due colonne, allo stesso modo il ladro era condotto da San Marco a Rialto, in catene, frustato e picchiato lungo la strada finché, arrivato alla "colonna del Bando", si inginocchiava davanti al "Gobbo", lo stringeva e lo baciava perché significava la fine del suo supplizio.

Misteri in maschera

Il simbolismo della maschera è uno dei più antichi e presenti in ogni parte del mondo, dall'antichità, dove rivestiva una funzione importantissima a livello rituale, ai giorni nostri.

Nel nostro passato più antico, come in quello di altre culture, la maschera aveva soprattutto una funzione sacrale, quella ad esempio di restituire un'immagine ai defunti o di rappresentare l'anima da presentare agli dèi. Nelle maschere teatrali aveva invece lo scopo di fissare i tratti caratteriali di un personaggio, creando degli stereotipi esasperati e quindi riconoscibili da tutto il pubblico, anche quello più lontano dalla rappresentazione.

Ma l'uso più evidente ed immediato è soprattutto quello di nascondere il volto di chi la indossa, celandone l'identità e le intenzioni e consenten-

Le maschere carnevalesche di Franceschina e Pantalone.

do a chiunque di assumere diversi aspetti e personalità. La maschera ha quindi per la sua stessa natura il germe del mistero, di quello che con i nostri sensi e le nostre conoscenze non riusciamo pienamente a comprendere. Per questa stessa ragione, tutto ciò che è "mistero" può diventare per noi un fattore di attrazione dal fascino intrigante, anche quando percepiamo qualche motivo d'ansia.

Oggi possiamo dire che la maschera può assumere anche la funzione contraria: anziché nascondere, svelare in qualche modo i nostri sogni, il nostro immaginario e tutto quanto non ci sentiamo di manifestare direttamente. Può assumere insomma un valore gratificante e liberatorio, soprattutto quando la si indossi in un contesto giocoso.

È innegabile che il fascino della maschera dia un contributo importante al Carnevale, momento ludico per eccellenza, ampiamente rappresentato, per Venezia, sia da vedutisti e ritrattisti che da autori e musicisti del Seicento e del Settecento.

Il Carnevale è uno dei più noti e affascinanti eventi dell'inverno veneziano: una rappresentazione fantastica che anima calli e campielli, ponti e palazzi, trasportando i numerosi turisti in un mondo di personaggi reali e immaginari, in cui si mescolano alle caratterizzazioni di personaggi contemporanei dame in crinolina, baute e tabarri che i veneziani indossano con la disinvoltura di chi la maschera ce l'ha nel sangue. Le origini del Carnevale sono infatti talmente antiche che è possibile pensare che ogni veneziano che si rispetti ne abbia impressa l'atmosfera nel proprio DNA.

Il Carnevale è già citato tra i divertimenti pubblici alla fine del XII secolo, con il doge Vitale Falier, ma soltanto un secolo dopo il Senato della Repubblica sancì la festività dell'ultimo giorno di Quaresima. Con essa nacque ufficialmente il Carnevale, sulla falsariga di una tradizione millenaria, quella che dai Saturnali ai culti dionisiaci esprimeva la rinascita del vigore con la nuova stagione dopo il lungo periodo di privazione invernale, ma anche e soprattutto dava sfogo all'ansia liberatoria del «semel in anno licet insanire».

Il Carnevale era infatti l'occasione per condividere il piacere del cibo come quello della trasgressione. Sotto la protezione della maschera, il popolo era libero di interpretare al meglio i propri sogni, che fossero quelli di schernire i nobili o quelli di fingersi tali. E le trasgressioni che uomini e donne si concedevano erano molte. Perfino i preti e le monache approfittavano della maschera per concedersi quelle divagazioni sentimentali che l'abito proibiva loro.

Solamente alle donne "di mestiere" era vietato l'uso della maschera: se venivano scoperte mascherate, non solo erano costrette al pagamento di una multa salata ma venivano messe alla berlina tra le due colonne di San Marco e poi spinte a frustate fino a Rialto. Infine venivano messe al bando per quattro anni. In realtà era questo il modo per affermare una rigida e implacabile discriminazione nei confronti di una categoria cui non venne mai riconosciuto alcun diritto e dignità, malgrado le prostitute fossero strumento dell'altrui trasgressione durante tutto l'anno, nonché fonte di ricchi introiti per la città, definita da molti il "casino d'Europa".

Anche se oggi colleghiamo l'uso della maschera prevalentemente al Carnevale, in passato a Venezia la si indossava in molte occasioni, e il Carnevale durava per di più quasi per tutto il periodo invernale, da Santo Stefano fino al Martedì Grasso. Grazie a particolari benemerenze, molti avevano il permesso di indossarla anche nei mesi estivi. Insomma questo travestimento era utilizzato in moltissime occasioni, anche durante i banchetti ufficiali e le feste della Repubblica. E naturalmente le maschere erano usate da chi non desiderava essere riconosciuto, quando ad esempio partecipava a qualche gioco d'azzardo al Ridotto, non solo per i divieti che tentavano inutilmente di frenarne la diffusione, ma anche per evitare creditori troppo insistenti.

La maschera tipica, la *bauta*, è composta da un cappello nero a tricorno che si indossa sopra la larva, la vera e propria maschera di colore chiaro, il cui nome deriva dal latino ed ha il significato di maschera teatrale ma anche di fantasma. Completa il travestimento una lunga mantella, chiamata "tabarro", doppia sulle spalle in modo da poterne utilizzare un lembo come cappuccio, che poteva essere di diversi colori, dal nero al bianco, al rosso, e che era spesso ornata di frange o fiocchi. Il tabarro era usato sia dalle donne che dagli uomini. Grazie alla sua ampiezza e lunghezza, era perfetto per nascondere le armi indossate contro la legge. Per questa ragione vi furono numerosi divieti di indossarlo e altrettante pesanti multe per chi veniva colto in flagrante, addirittura l'incarcerazione e il servizio a bordo delle galere.

Oltre alla larva, vi erano altre maschere prevalentemente lavorate in tela fine incerata e quindi molto leggere. Erano dette "maschere mute" quelle si reggevano tenendo in bocca un piccolo bottone posto all'interno, con una evidente deformazione della voce di chi la indossava.

Un'altra maschera classica era il "medico della peste", indossata inizialmente come difesa dall'aria ammorbata, grazie al filtro contenuto nel lungo naso e composto da erbe aromatiche e sali. Dall'uso originale è derivato il significato scaramantico della maschera, una delle più tipiche del rituale Carnevale veneziano.

Le donne usavano prevalentemente la "servetta muta" detta anche "moretta", una piccola maschera in velluto nero, di forma ovale, proveniente da una moda francese che si diffuse rapidamente a Venezia. Per le donne la maschera non era solo uno strumento per nascondere il viso, ma anche un modo per valorizzare la propria bellezza e il proprio fascino. *Zendà* era il travestimento più tipico delle donne veneziane di basso rango. Lo *zendale* (o *zendà*) era una lunga stola di colore bianco o nero originariamente di *cendale* o taffetà di seta, o una corta mantellina. Le *fie* lo portavano bianco e veniva chiamato *nizioleto* o *fazzuol*. Anche questa maschera era vietata alle prostitute.

Il *domino* era invece costituito da un ampio mantello con cappuccio, forse nato come caricatura dell'abito dei prelati, usato soprattutto dalle donne che potevano nascondere meglio la loro identità.

La *gnaga* era invece la maschera che gli uomini indossavano per impersonare una figura femminile, usando una maschera definita "da gatta" che l'uomo metteva in risalto emettendo un continuo miagolio e tenendo al braccio in un cestello un gattino.

Le maschere venivano realizzate dai *maschereri* nelle botteghe sparse per tutta Venezia, veri e propri artisti annessi al Collegio dei pittori e la cui professione era regolata da una specifica mariegola fin dalla prima metà del XVI secolo.

Alcune creazioni dei *maschereri* erano particolarmente ricche e fantasiose, ad esempio quelle create per le feste nei palazzi durante il Carnevale: maschere a tutto volto, artisticamente dipinte o ornate da piume, stoffe e preziosi.

Le maschere ebbero una particolare importanza nella commedia dell'arte sia come espediente per sviluppare gli scarni canovacci di cui disponevano gli autori dell'epoca, sia per la caratterizzazione di alcune figure tipiche quali Arlecchino, il servo arguto, alter ego di Zani, un personaggio analogo più antico, Pantalone il vecchio avaro, Colombina la servetta intrigante e così via.

Durante il Carnevale nei campielli venivano allestiti palchi per saltimbanchi e giocolieri, acrobati e animali ammaestrati o esotici, rappresentati nei quadri di Guardi e di Longhi, per citare solo due dei più noti pittori veneziani. Il clima festoso veniva accresciuto dai venditori di dolciumi e dai musicanti, in una continua rappresentazione di allegria teatrale e giocosità.

Il gioco d'azzardo e il Ridotto

La Repubblica lottò continuamente, ma invano, contro il gioco d'azzardo, che veniva praticato in tutta la città, finché non pensò che fosse più semplice consentirlo in una sede pubblica e controllata.

Il gioco cominciò a svilupparsi e a diffondersi fin dal Cinquecento nonostante le proibizioni e le pene.

Nel 1539 furono proibiti le carte ed i dadi, pena l'esclusione dai pubblici uffici per chi tenesse in casa un banco di gioco, ammettendo poi i banchi nei "casini", cioè in quelle stanze o piccoli appartamenti che i nobili veneziani, spesso costretti a frequenti adunanze a palazzo, affittavano per comodità e riposo nei pressi di San Marco.

Via via questi "casini" si diffusero in città trasformandosi da luoghi di riposo a luoghi di piacere e di vizio, con allestimento di banchetti e festini, tra danze e musiche, con amici e meretrici, vissuti col desiderio di lusso e trasgressione; anche l'arredamento era fatto per stupire ed intrigare. A questo proposito è utile ricordare la descrizione che Casanova, che naturalmente ben li conosceva, fa di uno di questi nelle sue *Mémoire*:

> Tutto ivi spirava mollezza, infamia. Era il salotto adorno di agiati ed eleganti sofà, di specchi superbi, di lumiere di cristallo di monte, di candelabri di bronzo dorato, di un camino di candidissimo marmo, interiormente incrostato di quadrelli di porcellana della China, rappresentanti amorose coppie ignude nelle posizioni più atte a riscaldare la immaginazione. Dal salotto passavasi in una stanza il cui pavimento, la volta e le pareti erano per intero coperti di specchi disposti in maniera da moltiplicare tutti gli atteggiamenti delle persone, trovandosi in dette stanze un'alcova con due segreti sciolini, un de' quali metteva allo spogliatoio che preparato sembrava per la madre degli Amori, l'altro ad un bagno con vasca di marmo di Carrara... Servivasi finalmente la cena, che non mancava mai, per una finta finestra chiusa nella parete, donde colle vivande usciva un deschetto il quale perfettamente riempiendo il vano della finestra stessa, impediva a' padroni e a' servitori il vedersi.

Il passaggio da casa-rifugio, accogliente e festaiola anche se trasgressiva, a luogo di gioco sfrenato e morboso è testimoniato dal fiorire di "casini" sia pubblici che privati che crescevano a dismisura. Qui si giocava con tale furia e scandalo che, sempre più frequentemente, si rendevano necessarie leggi e norme repressive tanto dure quanto inefficaci: dopo quello di San Marco vennero aperti "casini" a San Moisè, San Luca e San Fantin, a San Salvador e a San Barnaba. Ne avevano i nobili e i potenti (ne è un esempio il Casin dei Nobili a San Barnaba), il popolo, gli artigiani, i negozianti e la servitù, che preferiva quelli in periferia per poter anche giocare a pallone; c'erano quelli per le persone colte, per comici teatranti, per i ballerini ed i musici, per gli abati e, pare, per le monache, naturalmente per le meretrici ed i sodomiti, nonché per le spose tradite ed abbandonate che, con la complicità delle maschere, si prendevano qualche bella rivincita.

Nel continuo e disperato tentativo da parte della Repubblica di bloccare questa fonte di immoralità e di dissolutezza, il Consiglio dei Dieci nel

1638 concesse al nobile Marco Dandolo il permesso ufficiale di aprire una pubblica casa da gioco nel suo trecentesco palazzo in campo San Moisè; qui al Ridotto la gente poteva "ridursi", cioè ritrovarsi, in certi periodi dell'anno, specialmente durante il Carnevale, a divertirsi con quei giochi d'azzardo categoricamente vietati ed ora pubblicamente permessi: ritornavano così la *bassetta*, il *faraone*, il *biribisso*, il *panfil*, il più rovinoso di tutti.

Sembra che questa casa fornisse settanta od ottanta tavoli da gioco, distribuiti in una decina di stanze, controllate dai *barnabotti*, nobili veneziani decaduti che svolgevano la funzione dei nostri croupier, tenendo banco in proprio o più facilmente come dipendenti di società o di usurai che fornivano il denaro.

I *barnabotti* avevano l'abitudine di ritrovarsi nella zona di Campo San Barnaba, dove per secoli fu attiva una famosa casa da gioco che ha lasciato il segno nella toponomastica del luogo (ci riferiamo al Sotoportego del Casin dei Nobili del quale parliamo in un'altra parte del libro). Questi stavano seduti al banco da gioco indossando una specie di toga da magistrato ed una voluminosa parrucca bianca, gli unici a viso scoperto, ad accogliere gli ospiti, tutti in maschera, di qualunque ceto sociale purché pronti a sborsare ingenti somme di denaro.

Fu così che dietro la *bauta* ed il tabarro si nascosero nobili e cortigiani, veneti e stranieri, principi ed ambasciatori, ministri, prelati e re...

Lo storico Fabio Mutinelli descrive così un quadro d'insieme di una stanza della casa da gioco:

> ...entrando nella sala dei grandi banchieri, veduto avrebbesi un patrizio, il più bello forse di quei dì, con molta sbadataggine tenersi, negli istanti brevi di ozio, inclinato verso l'orecchio di una dama mascherata, di cui era l'adoratore. Frattanto un'altra femmina in maschera trarre di tasca la borsa e collocare sopra una carta un bel viluppo d'oro; il banchiere, senza scomporsi, mesce le carte, taglia e la maschera guadagna e gira al *paroli* la carta. Il banchiere paga, indi piglia un altro mazzo di carte e continuando a favellar piacevolmente con la dama, si mostra indifferente alla vista di quattrocento zecchini che la maschera pone sopra la carta stessa...

Si capisce così quanta tensione, quanta disperazione dovessero essere vissute intorno a questi tavoli dove in poche ore si vedevano sfumare interi patrimoni, terreni, palazzi, ville e possedimenti, gioielli, ricche eredità, effetti personali: il tutto in silenzio senza un battere di ciglia.

Nonostante i permessi ufficialmente accordati ed i fiumi di ducati che andavano a finire nelle casse dello Stato, una legge del Consiglio dei Dieci emessa in data 27 agosto 1703 si esprimeva nei seguenti termini: «...in

Ritratto di un nobile veneziano antico. Disegno tratto da F. Mutinelli, «Del costume dei Veneziani», Venezia 1831.

questi recinti spalancandosi un ampio teatro al vizio con la detestabile mescolanza di patrizi e foresti, di graduati e plebei, di donne oneste e pubbliche meretrici, di carte, di armi, di giorno e di notte si confonde qualunque ordine... con mal esempio alla gioventù e scandalo agli esteri».

A completamento di quanto detto si deve rilevare come, in attesa che i loro padroni finissero di sognare la conquista di grandi fortune, i gondolieri che li avevano trasportati alla casa da gioco aspettavano attraccati alle fondamenta ed ingannavano l'attesa giocando alla morra quando non si intrattenevano in pesanti dialoghi con torme di bari locali e forestieri, strozzini ed usurai che ronzavano come mosconi intorno ad ogni casa da gioco.

Col passare degli anni il vecchio palazzo Dandolo fu rinnovato e così pure il Ridotto, che si ampliò notevolmente con l'eliminazione del giardino estendendosi fino al Canal Grande; tali lavori furono possibili grazie alla vendita di alcuni conventi di religiosi. Ciò fu causa di inevitabili epigrammi satirici e battutacce: «Quod placet omne licet; quod nocet omne placet. Perfida sors, fallit iniqua Venus».

La sala principale del Ridotto diventerà il teatro in cui sono passate tante stagioni teatrali fino ai giorni nostri, quando finalmente il teatro Goldoni è ritornato a nuova vita. Attorno ad essa si trovavano varie salette e stanzini in cui si consumavano rinfreschi serviti da camerieri, spesso conniventi ed ambigui consiglieri di giocatori ed usurai. Quando non si consumavano rinfreschi, si consumavano intrighi amorosi, convegni galanti, scene di gelosia e tradimenti... e lo scandalo di queste pratiche crebbe a tal punto che, il 27 novembre 1774, il Consiglio dei Dieci fece chiudere il Ridotto definendolo «sorgente perniciosa di mali alla Repubblica e allo Stato».

Contro questa chiusura si scagliarono gli Ebrei, principali prestatori di denaro, i *barnabotti* ed anche i venditori di maschere, che vedevano tutti una forte riduzione dei loro introiti.

Naturalmente neanche questo fu sufficiente per porre fine al fenomeno: i "casini" si moltiplicarono e alla fine della Repubblica se ne contavano ancora centotrentasei.

I nuovi padroni francesi riaprirono il Ridotto di San Moisè; i successivi, gli austriaci, lo richiusero.

Crimini e misfatti nella storia

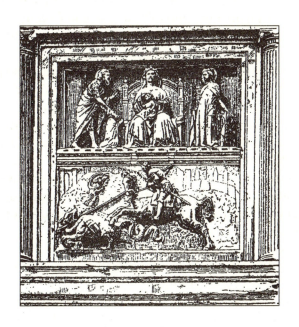

Nelle pagine seguenti sono raccolti piccoli e grandi fatti e misfatti della storia tratti dagli archivi della Serenissima che raccontano i delitti, i misteri e le sparizioni avvenuti nel passato di Venezia.

La nostra scelta, nella grande varietà del materiale disponibile, non è stata facile e certamente non vuole essere esaustiva, ma solo rappresentativa dei molti ambiti e delle diverse passioni in cui il delitto trova spazio e ragione: amore, gelosia, invidia, vendetta, potere e avidità.

Nella rilettura di questi fatti abbiamo cercato di spolverare le ragnatele di un linguaggio giuridico, al tempo stesso ridondante e scarno, e che quindi nasconde in un alone di mistero anche quella coloritura di particolari capace di rendere una vicenda avvincente.

I misteriosi Signori della Notte e l'*Avogaria del Comun*

La complicità del buio favorisce in ogni luogo il delitto, non solo a Venezia. Ma solo a Venezia esisteva una particolare istituzione, il Collegio dei Signori della Notte, creato nel 1274 e poi suddiviso nel 1544 in "Signori della Notte al Criminal" e "Signori della Notte al Civil".

Era questo il nome di due particolari magistrature della Repubblica che, già dal XII secolo, erano composte da due e poi tre persone che avevano il compito di girare per la città dal tramonto all'alba e arrestare, eventualmente con l'aiuto dei capi dei sestieri, qualsiasi tipo di malfattore, di indagare su incendi notturni, di vegliare sulle osterie e sulle meretrici. Avevano competenza sui reati carnali e sulla bigamia, come su furti, assassini, vagabondaggio e persino sulle danze notturne. E il fatto stesso che quest'ultimo tipo di "delitto" venisse esplicitamente dichiarato tra le competenze della magistratura fa pensare che di danze, nel buio di calli e campielli, ne avvenissero spesso.

La loro sede, dal nome inquietante di "Camera del Tormento", era una sala interna del Palazzo Ducale; qui avvenivano interrogatori e processi, anche questi nelle ore del crepuscolo o della notte, vuoi per rispettare l'orario "di ufficio", vuoi perché certamente il buio contribuiva a mantenere gli imputati e gli interrogati in uno stato di ansia che ne favoriva la confessione.

I Signori della Notte, comunque, avevano a disposizione anche l'arma della tortura, per piegare la resistenza delle loro prede. Uno dei supplizi in uso era ad esempio quello della corda, alla quale gli inquisiti venivano appesi per le braccia, legate dietro alla schiena.

Uno stratagemma psicologico che aumentava l'efficacia della tortura messo in atto dai Signori della Notte era quello di avvicinarsi all'imputato rivolgendo le spalle ad un'ampia finestra, in modo che la sua luce impedisse di distinguere i loro lineamenti.

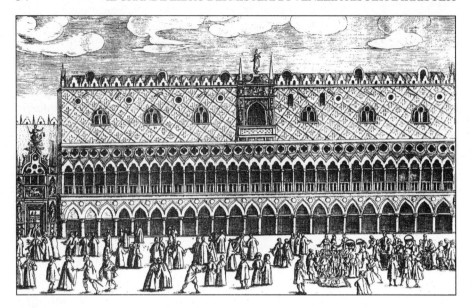

Il Palazzo Ducale, il cui primo nucleo risale all'811, in un'incisione cinquecentesca di Giacomo Franco.

Ai Signori della Notte al Civil vennero trasferite alcune competenze, in particolare per quanto riguarda l'applicazione di sentenze straniere, le vendite di pegni, il bando per criminali e indesiderati, nonché la sostituzione di tutte quelle magistrature che non operavano durante i giorni festivi.

Dopo la loro sentenza era possibile appellarsi alla Quarantia Criminale attraverso un *avogador de Comun*.

La nascita dell'antichissima magistratura dell'*Avogaria* è precedente al XII secolo, anche se inizialmente aveva probabilmente delle funzioni più limitate, di difesa dei beni del Comune e di delibera nelle cause fra il fisco ed i privati. Nel tempo sarebbe divenuta il punto di riferimento per tutta la materia attinente la difesa dei diritti dello Stato e della legge.

Dal 1264 fino all'istituzione della Quarantia Criminale decideva anche in merito agli appelli contro le sentenze di condanne capitali o al carcere o al bando; poi conservò comunque il diritto di intromissione, cioè la facoltà di giudicare se un appello ai Quaranta poteva o meno essere accettato.

Gli *avogadori* rappresentavano inoltre la "pubblica accusa" nei Consigli e potevano agire anche nei confronti degli stessi consiglieri. Un *avogador* era presente senza diritto di voto nel Consiglio dei Dieci e aveva il compito di vigilare affinché nessuno potesse introdursi senza diritto nel Maggior Consiglio.

Il mortaio capace di fermare un'armata

Passando attraverso il Sotoportego del Cappello, separato da piazza San Marco solamente dalla famosissima torre dei Mori, date uno sguardo al balcone che – dalla sua sommità – sovrasta la Merceria: in questo luogo (e da quel balcone) si consumò una delle vicende più incredibili dell'intera storia della Serenissima.

Nel 1310, il 15 giugno, Venezia fu teatro di una grave rivolta che tre

«Soldati veneziani antichi».
Incisione ottocentesca.

giovani nobili, Bajamonte Tiepolo, Marco Querini e Badoero Badoer, misero in atto contro il doge Pietro Gradenigo.

Gli eventi che portarono i giovani a maturare la decisione di insorgere contro le istituzioni della Repubblica per istituire un nuovo governo oligarchico favorevole al papato vanno fatti risalire principalmente alla disputa per il dominio di Ferrara: il governo di Ferrara era stato legittimamente ereditato da Venezia ma contrastato fortemente dal papa, allora ad Avignone, che avrebbe perso irrimediabilmente un'importante città che gli garantiva l'accesso al Po.

La contesa causò una vera e propria guerra, nella quale la Repubblica Veneta rischiò di soccombere: la lega papalina (alla quale aderivano i principali Stati italiani) riuscì ad espugnare Ferrara, anche grazie ad una pestilenza che ridusse le capacità di difesa della città.

Beni, fondaci ed uomini della Serenissima furono attaccati e sconfitti nelle varie città cristiane, e l'economia dello Stato veneto rischiò di collassare.

Tutte queste difficoltà si ripercossero irrimediabilmente nella stessa città di Venezia: il doge Pietro Gradenigo si dimostrò irremovibile nel difendere l'autonomia della Repubblica nei confronti del papa, ma a questa decisione si contrappose un gruppo di antiche famiglie che, proclamandosi portavoce del malcontento dei cittadini, consideravano immorale ribellarsi alla volontà del papa.

Bajamonte Tiepolo, Pietro Querini e Badoero Badoer nell'ordire la loro congiura contavano anche sul malcontento che, secondo loro, aleggiava tra la popolazione per la serrata recente del Gran Consiglio, che impediva a molte famiglie dotate di ricchezze ed ambizione, ma prive dei titoli necessari, di partecipare al governo dello Stato.

I tre avrebbero radunato di notte i seguaci a Rialto e da lì, una volta sorta l'alba, si sarebbero divisi in due colonne: la prima, guidata da Querini, avrebbe imboccato calle dei Fabbri; l'altra, capeggiata da Tiepolo, avrebbe percorso le Mercerie, per poi raggiungere entrambe piazza San Marco (negli studiosi si trovano peraltro versioni lievemente contrastanti che non modificano il senso della storia). Qui si sarebbe aggiunto un terzo contingente guidato da Badoer, e avrebbero assaltato Palazzo Ducale.

Ma Gradenigo venne messo sull'avviso, grazie a Marco Donà, un popolano che, dopo essere stato convinto dai tre nobili ad unirsi alla congiura, ci ripensò e riferì al doge dell'imminente attacco.

Quella stessa notte il doge convocò a Palazzo Ducale i suoi consiglieri e i capi delle grandi famiglie a lui ancora fedeli, allertò l'Arsenale e ordinò al podestà di Chioggia di intercettare la schiera di Badoer. I cospiratori dal canto loro non riuscirono a sincronizzare i loro attacchi così come avevano previsto: la colonna del Tiepolo si attardò a saccheggiare Rialto e a distruggere il ponte, e Badoer venne bloccato a causa di una violenta tempesta. L'armata di Querini arrivò in piazza San Marco per prima, ma qui trovò pronte le truppe del doge e fu sconfitta nel combattimento che ne seguì.

La colonna di Tiepolo venne intercettata nello spazio angusto delle Mercerie prima ancora di raggiungere piazza San Marco.

Durante i tumulti una donna, Giustina Rossi, si affacciò alla finestra per curiosare, ma nell'agitazione generale urtò il mortaio che teneva sul balcone e lo fece cadere proprio sulla testa dell'alfiere che cavalcava a fianco di Bajamonte Tiepolo reggendo lo stendardo papale. Il vessillo cadde a terra e i congiurati, privi di ogni riferimento, si diedero alla fuga. Il doge aveva vinto: Marco Querini morì; Badoero Badoer fu catturato e giustiziato; Tiepolo e gli altri nobili che erano riusciti a mettersi in salvo nei propri palazzi vennero mandati in esilio in cambio dell'amnistia. A commemorazione di questo episodio, sopra l'arco c'è un rilievo marmoreo che ricorda l'anziana donna del *morter*, e nel pavimento una pietra con la data, ben visibili ancora oggi.

Come ricompensa del gesto risolutore del conflitto, a Giustina Rossi venne concesso di esporre alla finestra, nei giorni di festa, la bandiera di San Marco e, beneficio più pragmatico, l'assicurazione che l'affitto del suo alloggio non sarebbe mai stato aumentato dai procuratori di San Marco, che ne erano proprietari.

La testa bendata di un doge

Marin Falier è forse uno dei nomi più famosi tra quelli dei dogi veneziani, malgrado la Serenissima abbia tentato in ogni modo di cancellarne il ricordo. Una *damnatio memoriae* spiegabile con il comprensibile desiderio di far dimenticare al mondo il tradimento di uno dei maggiori rappresentanti di una potente capitale economica: le navi veneziane primeggiavano nel Mediterraneo e i commerci fiorivano estendendosi fino al più estremo Oriente e anche nell'area mitteleuropea, in Medio Oriente e in Nord Africa.

Venezia aveva insomma visto fino ad allora crescere la sua potenza malgrado una rivalità sempre più forte sul mare con Genova, che alla fine del XIII secolo era riuscita ad infliggere alla Serenissima la pesante sconfitta di Curzola, tanto sofferta che si racconta che lo stesso ammiraglio si togliesse la vita «rompendosi il cranio contro il banco cui era stato incatenato»: fatto tutt'altro che documentato, ma comunque emblematico anche come leggenda.

Nel 1352 e nel 1354 Venezia avrebbe nuovamente sofferto la sconfitta da parte dei genovesi guidati dall'ammiraglio Pagano Doria, e in questo caso sarebbe stato il doge stesso a morire, sopraffatto dall'onta del disonore.

In questa lunga fase di malcontento popolare e di tensione tra i nobili, Marin Falier si affacciò prepotentemente sulla scena veneziana. Di lui la storia tramanda un'immagine apparentemente tutt'altro che aggressiva: un uomo dall'aspetto esile e di carattere riflessivo, erede di una ricca famiglia, con esperienze personali in campo soprattutto finanziario e come amministratore delle proprietà familiari a Cipro, e poco attento alla vita politica veneziana, che aveva conosciuto accompagnando l'omonimo zio Marin Falier alle sedute del Maggior Consiglio.

Marin sarebbe entrato a far parte del Maggior Consiglio nel 1303 e avrebbe rapidamente dimostrato la capacità di sapersi giostrare in quell'ambito di tensioni e macchinazioni politiche, anche scendendo a risoluzioni violente: nel 1310 infatti avrebbe spento nel sangue il tentativo di congiura di Bajamonte Tiepolo e fatto assassinare Niccolò Querini, un poeta e letterato che sosteneva con troppo vigore il diritto di rappresentanza della plebe. Negli anni avrebbe anche dato prova di valore militare e doti diplomatiche, senza dimenticare la cura del proprio patrimonio che sembrava crescere al passo con la sua ascesa politica.

La storia si mescola al gossip nel racconto delle passioni amorose di Marin Falier che, dopo aver sposato la schiava Alegranca, morta di parto, prese in moglie Alcuina o Luigia Gradenigo, molto più giovane di lui ma altrettanto ricca. Si racconta infatti che alcuni patrizi veneziani «non facevano mistero della loro opinione sulla giovane consorte di Falier». Tassini ad esempio racconta che, la sera del giovedì grasso del 1355, mentre nelle sale del Palazzo Ducale si teneva un «notturno festino», il futuro doge Michele Steno si sarebbe rivolto con termini irriguardosi alla moglie di Falier. Scacciato dalla sala, si sarebbe vendicato scrivendo sul muro sopra la sedia del doge una frase che alcuni riportano come: «*Marin Falier dalla bella mugier – altri la gaude e lu la mantien*»; altri come: «*Se la fa sot per il so piaser*». Steno, tanto scapestrato negli anni giovanili quanto abile politico durante il suo dogato, sarebbe stato condannato ad uno o forse a sei mesi di carcere e messo al bando per tre an-

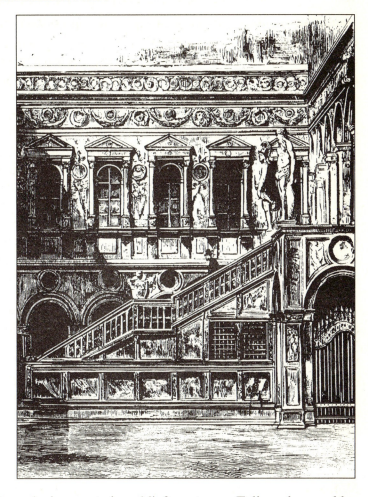

La Scala dei Giganti a Palazzo Ducale in un disegno ottocentesco. Ai suoi piedi venne decapitato Marin Falier.

ni, una punizione decisamente insoddisfacente per Falier, che avrebbe incominciato in quel momento a maturare un personale rancore contro l'intero patriziato, tanto forte da spingerlo al tradimento. Il fatto ispirò l'opera di Gaetano Donizetti, su libretto di Giovanni Emanuele Bidera, in cui le azioni di Falier trovano motivazioni tra il lirico e il passionale, molto lontane dalla realtà.

Per terminare il racconto romantico di Tassini, diremo ancora che Steno si scontrò con Stefano Giassa, detto Gisello, un ammiraglio dell'Arsenale che non perse l'occasione per ribadire le sue lamentele sull'alterigia dei giovani patrizi: uno di questi infatti, Marco Badoer, lo aveva percosso, mentre un altro, Giovanni Dandolo, aveva maltrattato pochi giorni prima Bertuccio Israello, un proprietario di navi. Gisello espresse la sua rabbia anche al doge, incitandolo a risolvere il problema con un suggerimento esplicito: «...uccidere le bestie maligne». Falier comprese di aver trovato un alleato per la sua personale battaglia e gli incontri tra i due si infittirono: in questa visione semplicistica, sarebbe insomma nata da una scritta sconcia e da due spintoni una delle congiure più famose della storia. Al complotto per fare di Marin Falier l'"assoluto signore di Venezia" si sarebbero presto aggiunti Filippo Calendario, suocero di Bertuccio Isarello, e un secondo Bertuccio, un Falier nipote del doge.

Prima di uscire dall'ambito della leggenda, si può ricordare ancora il triste presagio che la tradizione popolare associa all'elezione di Falier. Nel giorno della sua nomina a doge, infatti, Falier era lontano da Venezia, ambasciatore ad Avignone presso papa Innocenzo IV. Quando la notizia lo raggiunse, rientrò a Venezia, ma la nebbia che copriva il canale costrinse l'imbarcazione su cui viaggiava ad approdare di fronte alle due colonne di Marco e Todaro, e il Falier dovette passarvi attraverso. Poiché proprio al centro delle due colonne venivano eseguite le condanne capitali, il fatto fu interpretato come un presagio di sciagura. Fama che le colonne ancora conservano, tanto che qualche veneziano evita tuttora di passarvi in mezzo.

Che fosse colpa dell'incauto attraversamento o della situazione generale, bastarono pochi mesi perché Falier perdesse la sua capacità di gestire le tensioni popolari e soprattutto quelle del palazzo, in cui vere e proprie faide minacciavano la sua stabilità e quella del suo governo. La sua determinazione ad utilizzare qualsiasi mezzo per fronteggiare la situazione lo spinse a tentare un colpo di Stato che gli garantisse un potere assoluto.

Bertuccio Falier organizzò con l'aiuto di Bertuccio Isarello e Filippo Calendario la sommossa popolare che avrebbe dovuto sostenere il suo golpe, raccogliendo fondi e armi. Ma furono traditi, sembra da due congiurati, Beltrame Bergamasco, un pellicciaio, e Marco Negro, che misero in guardia i loro datori di lavoro perché evitassero di uscire nel giorno fissato per la rivolta. E ne spiegarono la ragione. La sera prima della data decisa per l'avvio della rivolta, il doge e tutti i congiurati vennero arrestati.

Il processo sommario che si tenne immediatamente diede il via ad una carneficina, con centinaia di condannati a morte. Tanto che sarebbe occorsa una settimana per eseguire tutte le sentenze. Si parla di quattrocento persone gettate in mare con una pietra al collo.

Bertuccio Isarello fu «impiccato tra le colonne rosse di Palazzo Ducale» e Filippo Calendario fu «appiccato».

Il 17 aprile toccò a Marin Falier: era un venerdì, e c'è chi sostiene che la cattiva fama dei "venerdì 17" derivi proprio dal ricordo dell'infausta occasione. Falier confessò e chiese perdono: gli fu tagliata la lingua e quindi venne decapitato sul pianerottolo dello scalone di Palazzo Ducale su cui i dogi giuravano fedeltà alle leggi della Serenissima. E fatta «la gran giustizia del traditore» fu poi ordinato di cancellare l'immagine di Falier dalla sala del Maggior Consiglio: nel 1366 il Consiglio dei Dieci decretò di nascondere col dipinto di un manto azzurro l'effigie del doge nella sala del Maggior Consiglio e quindi di apporvi l'epigrafe: «Hic fuit locus ser Marini Faletro / decapitati pro crimine proditionis».

Secoli dopo il manto venne ridisegnato, nero questa volta, con la scritta: «Hic est locus Marini Faletri / decapitati pro criminibus».

A titolo di cronaca, Beltrame fu premiato per la "soffiata" con 1000 ducati annui: una cifra che l'uomo giudicò insufficiente, tanto da lamentarsene e iniziare a sparlare del governo. Venne esiliato per dieci anni e, in fuga dall'Italia, raggiunse l'Ungheria, dove trovò la morte per mano di congiurati scampati all'eccidio.

Rapporti di vicinato

Un problema di confine fu il pretesto per far riaffiorare sopiti rancori tra la Repubblica di Venezia e Francesco da Carrara detto il Vecchio, signore di Padova.

Correva l'anno 1372, ma il seme di tale rivalità era stato gettato alcuni anni prima, nel 1355, quando Francesco si era schierato al fianco di Ludovico re d'Ungheria, che aveva dichiarato guerra ai veneziani.

Nonostante l'intervento di alcuni prìncipi e signori dei territori limitrofi, interessati a mantenere il periodo di relativa pace nel quale vivevano, le due parti erano ormai decise allo scontro e preparavano le armi.

Francesco il Vecchio ordì una trama spionistica che avrebbe dovuto dargli un certo vantaggio sui suoi avversari, ma le cose andarono diversamente. Riuscì a corrompere un frate, fra' Bartolomeo del convento di Santo Stefano, per ottenere delle informazioni sull'operato del Senato della Repubblica. Ma il frate fu presto scoperto e condannato al carcere a vita. Era però riuscito a fornire a Francesco il Vecchio il nome dei suoi più accesi nemici, tre nobili veneziani: Lorenzo Dandolo, Pantaleone Barbo e Lorenzo Zane.

Contro questi nemici il signore di Padova preparò la propria vendetta demandando a Bartolomeo Grataria di Mestre il compito non solo di uccidere i tre rivali ma anche di avvelenare i pozzi di Venezia e di dare fuoco alle case di alcuni importanti personaggi della città.

Grataria giunse in città e prese alloggio in una pensione gestita da una donna che la storia descrive come "gobba e chiacchierona". Grataria riuscì a conquistare la complicità del figlio e di alcuni suoi amici, promettendo loro una consistente ricompensa in denaro.

La donna aveva però il difetto tipico delle comari: venuta a conoscenza dei piani del suo ospite ne parlò con due comari, dalla lingua altrettanto sciolta, che non esitarono ad avvisare Lorenzo Zane.

La Repubblica concesse immediatamente ai tre nobili minacciati di girare armati e sotto scorta per la loro autodifesa, dando contemporaneamente avvio ad una caccia all'uomo per fermare in tempo quel complotto che metteva a repentaglio la vita di tanti veneziani.

Sulla testa di Grataria fu posta una taglia di mille lire se fosse stato consegnato vivo e di cinquecento se ne fosse stato restituito il corpo. Non fu difficile scoprire che cosa stesse accadendo e chi tramasse nell'ombra, anche grazie alla tortura che all'epoca veniva utilizzata senza alcuna remora.

Alcuni dei complici parlarono subito e lo stesso Bartolomeo Grataria confessò. Condannato a morte, fu trascinato per le strade da un cavallo e poi squartato nella pubblica piazza.

Tutti i pozzi di Venezia vennero controllati e da quel momento entrò in vigore l'obbligo di denunciare la presenza di un forestiero ospitato nella propria locanda o abitazione.

La serva Bona Tartara

Nel XV secolo il commercio di schiavi rappresentava una delle tante voci attive nel bilancio della Repubblica di Venezia. Gli schiavi venivano poi venduti fuori dal territorio della Repubblica. Per evitare che qualcuno si appropriasse indebitamente della "merce" esisteva un rigido controllo delle bolle di carico e scarico. Una di queste schiave serviva in casa di un nobile veneziano, Nicolò Barbo da San Pantaleone, antichissima famiglia veneziana che diede alla storia anche un pontefice, Paolo II.

La schiava, originaria della Tartaria, si chiamava Bona, nome che non rendeva giustizia al suo carattere perfido e calcolatore. Bona aveva intrecciato un relazione clandestina con uno dei servitori di casa Barbo e ne era rimasta incinta. Nonostante i tentativi di nascondere l'indesiderata gravidanza, questa venne alla fine scoperta e il padrone ne fu non solo indispettito, ma oltraggiato; decise pertanto di infliggere alla serva una punizione esemplare colpendola ripetutamente con un bastone di legno.

La schiava dal carattere ribelle non accettò supinamente la punizione e meditò immediata vendetta.

Recatasi alla vicina farmacia comperò dell'arsenico, non particolarmente difficile da ottenere all'epoca, e, rientrata in casa, versò la micidiale polvere nella minestra destinata al padrone, senza lesinare sulla quantità.

Appena si manifestarono i sintomi, furono chiamati i medici che non ebbero il tempo di comprendere quali fossero le cause dei dolori che straziavano il nobile Nicolò, poiché questi morì rapidamente tra i più atroci tormenti. Non ci volle molto a scoprire il responsabile: i segni delle botte ricevute erano ancora ben evidenti sul volto della giovane schiava e il motivo del suo risentimento era altrettanto palese.

Come era regola all'epoca, il ricorso alla tortura convinse Bona Tartara a confessare il proprio delitto. Anche la condanna rientrava nelle usanze del tempo: la donna fu legata ad un palo su una chiatta e condotta lungo il Canal Grande perché tutti potessero vederla e sentire il banditore mentre elencava le sue colpe.

Fu quindi legata alla coda di un cavallo, trascinata per la città e infine messa al rogo.

Tradimento?

Francesco Bussone, uno dei più grandi capitani di ventura del XIV secolo, fu protagonista di uno dei tradimenti più misteriosi della storia di Venezia, che Alessandro Manzoni descrisse nella sua prima tragedia, del 1816, *Il Conte di Carmagnola*. In realtà Francesco Bussone, pur essendo chiamato "Carmagnola", non possedette mai quella contea, ma quella di Castelnuovo Scrivia e, successivamente, quella di Chiari. Manzoni scelse però di unire al titolo nobiliare il nome "Carmagnola" poiché era quello di un canto rivoluzionario francese molto noto all'epoca, nonché la giubba a falde corte usata dai popolani e forse importata da alcuni emigranti piemontesi.

Francesco Bussone era, comunque, nato a Carmagnola da una povera famiglia contadina e si era unito ai soldati di ventura, combattendo inizialmente come mercenario sotto le insegne di Facino Cane, più noto come Bonifacio, un condottiero famoso per la sua crudeltà e, al tempo stesso, per l'attaccamento ai suoi soldati. Francesco scelse come nome di battaglia quello del suo paese di nascita e come insegna uno stemma con tre capretti, che in qualche modo ricordavano la sua origine.

Con Bonifacio Cane combatté per i Visconti a Pavia, e alla morte del suo condottiero rimase con la vedova di quest'ultimo, Beatrice Lascari Tenda, anche dopo il matrimonio con Filippo Maria Visconti. Ebbe anzi una parte importante nell'azione di riconquista di Filippo Maria, per il quale riorganizzò un esercito di ottomila cavalieri e duemila fanti. Al comando delle sue truppe riuscì a sconfiggere i nemici di Visconti, guadagnandosi la sua gratitudine, il feudo di Castelnuovo Scrivia e la mano di una Visconti, Anna.

Per Francesco iniziò una nuova vita, con un nuovo status, ma i suoi rapporti con Filippo Maria peggiorarono. Cambiò anche la propria insegna, sostituendo i tre capretti con un'aquila imperiale e il serpente visconteo. Malgrado i rapporti con Visconti non fossero più gli stessi, Francesco proseguiva le sue fortunate campagne militari, ampliando i confini del dominio visconteo. I suoi successi personali incrementarono in lui un atteggiamento di spavalderia poco gradito a Filippo Maria, e nei suoi rivali gelosia e critiche che finirono per convincere il duca ad allontanarlo, affidandogli una sorta di governatorato di Genova, da poco riconquistata. Per Carmagnola quella nomina fu un evidente segno di sfiducia e di perdita di potere.

Il rapporto con il duca si ruppe definitivamente: Visconti requisì le terre di Francesco che, sentendosi in pericolo, si diede alla fuga. Raggiunta Venezia con pochi fedeli, decise di mettere le sue capacità a servizio dei veneziani che, già decisi a rompere gli accordi con i Visconti, lo assoldarono distaccandolo a Treviso.

Il duca di Milano, approfittando della presenza a Treviso di Valentina Visconti, in esilio con il marito Giovanni Aliprandi, spedì più sicari per ordire un complotto e avvelenare Carmagnola, ma senza successo. Anzi, Francesco scoprì il tentativo di ucciderlo e fece decapitare Aliprandi. Quando Firenze, in lotta con i milanesi, chiese l'aiuto dei veneziani, Francesco vide in questo comando un'occasione per vendicare tutto quello che il duca gli aveva fatto subire.

Carmagnola partì quindi alla testa delle truppe per combattere contro Visconti assieme a Firenze ed alla lega composta da Ferrara, Mantova e il Monferrato, cui avrebbero poi aderito anche i Savoia. Anche grazie alla capacità militare, sicuramente potenziata dal desiderio di vendetta di Francesco, il duca di Milano fu costretto a chiedere una tregua. I veneziani, visto che le trattative di pace non approdavano ad alcun risultato, ordinarono a Carmagnola di sferrare un nuovo attacco e i due eserciti si affrontarono in un epico scontro presso Maclodio il 12 ottobre del 1427.

La battaglia avrebbe visto schierati da un lato l'esercito visconteo, comandato dai condottieri di ventura Niccolò Piccinino, Angelo della Pergola, Guido Torello, Francesco Sforza e Carlo Malatesta, e dall'altro gli eserciti della lega veneziana, fiorentina e savoiarda comandati da Gianfrancesco Gonzaga e Niccolò da Tolentino sotto la supervisione di Carmagnola, che aveva schierato in retroguardia, non visibili, i carri dei balestrieri.

> S'ode a destra uno squillo di tromba;
> a sinistra risponde uno squillo:
> d'ambo i lati calpesto rimbomba
> da cavalli e da fanti il terren...

Così avrebbe scritto Manzoni nella sua descrizione della battaglia.

Carmagnola, che si era impadronito già dai primi giorni di ottobre del vicino castello di Montichiari, quando ebbe la notizia che l'esercito milanese era accampato nei pressi di Maclodio, forte dei suoi cinquemila fanti e di quattordicimila cavalieri decise di ingaggiare battaglia. I milanesi non si erano ancora schierati per il disaccordo dei capitani quando all'alba giunsero a Maclodio i primi drappelli veneziani, con i quali cercarono subito il contatto. I milanesi si ritenevano sicuri da attacchi e in una posizione di vantaggio perché la strada principale, che congiungeva Maclodio con Orzinuovi, era larga e facilmente difendibile, fiancheggiata da fossati e circondata da acquitrini: era impensabile che un esercito potesse manovrare. Avendo la possibilità di controllare le mosse degli avversari, i primi scontri andarono effettivamente a vantaggio dei milanesi, che commisero tuttavia un grave errore: si convinsero che i veneziani avessero come scopo del loro attacco la liberazione di Urago assediata e per coprire anche quel fianco si disunirono, schierandosi in parte sulla strada principale ed in parte in direzione di Urago, in modo da sbarrarne la via. Carmagnola allora inviò un gruppo di cavalieri sulla strada principale perché effettuassero un'azione diversiva, e contemporaneamente, utilizzando un sentiero costruito nottetempo da uno speciale gruppo di guastatori, attaccò sul lato sud con la fanteria e altri reparti di cavalleria di appoggio. I milanesi si resero conto del pericolo di essere accerchiati e incominciarono ad arretrare in direzione di Orzinuovi. I veneziani continuavano tuttavia ad attaccare ad ondate e l'esercito milanese finì per arretrare disordinatamente, malgrado i Savoia, convinti che la vittoria fosse ormai dei milanesi, con un improvviso voltafaccia avessero lasciato la lega. In breve, l'esercito visconteo fu in rotta e costretto alla resa. Francesco Sforza tentò l'ultima disperata resistenza con la sua cavalleria, ma fu ferito e costretto a rifugiarsi con gli altri superstiti a Soncino, passando al guado l'Oglio. Carmagnola non li inseguì. L'esercito veneziano, ormai padrone del campo, sconfisse l'ultimo schieramento disposto sul versante di Urago, facendo moltissimi prigionieri, fra i quali Carlo Malatesta.

La pace venne stipulata con la mediazione del papa, ma non soddisfece del tutto i veneziani per la vicinanza dei territori rimasti ai milanesi. A Carmagnola non venne perdonato il mancato inseguimento dei superstiti e i nuovi contatti con Visconti che, con lettere e missive e il riconoscimento dello stato di nobiltà e del grado militare di cui godeva quando si trovava a suo servizio, dimostrava un'evidente intenzione di legare nuovamente a sé Francesco. Quando i primi di gennaio del 1429 Carmagnola chiese a Venezia un anno di sospensione del contratto per occuparsi delle sue proprietà sul territorio visconteo, i veneziani non vollero correre rischi: rifiutarono la sua richiesta di aspettativa e, oltre a riassumerlo con un contratto di due anni ed un'ottima paga, per buona misura vi aggiunsero la contea di Chiari con i territori di Roccafranca e di Clusone.

Nel 1430 vi fu un'ulteriore ripresa delle ostilità e malgrado i veneziani avessero promesso a Carmagnola un feudo nei territori milanesi in caso di vittoria, l'azione militare di Francesco non riusciva ad essere incisiva. Durante l'assedio al castello di Soncino, Carmagnola cadde in un'imboscata, perdendo più di seicento cavalli e rischiando una disfatta. I dubbi dei veneziani sulla sua lealtà divennero certezze quando Carmagnola non fu in grado di soccorrere né Nicolò Trevisan né il Cavalcabò, ambedue impegnati in battaglie con i milanesi e ambedue sconfitti anche a causa del mancato appoggio di Francesco. La scusa per richiamarlo a Venezia fu legata a consultazioni su temi militari e sulla pace. Carmagnola arrivò a Venezia senza rendersi conto della trappola: scambiò il gruppo inviato a riceverlo con un gesto di cortesia. Gli otto uomini, invece, lo condussero a Palazzo Ducale, dove il doge rifiutò di riceverlo adducendo un attacco di renella. Francesco iniziò ad accorgersi di essere trattenuto. Il dubbio divenne certezza quando, tentando di ritornare a casa propria, si trovò spalancate davanti le porte della prigione.

Processato e torturato, o almeno così si disse, Carmagnola avrebbe confessato il suo tradimento. Il 5 maggio 1432 Francesco Bussone, il "Carmagnola", fu condotto in Piazzetta con un bavaglio in bocca e le mani legate dietro la schiena e decapitato.

La cattura del conte di Carmagnola da un'antica stampa.

Colpevole di tradimento? E, se sì, per corruzione? O per il timore di ritorsioni nei confronti della sua famiglia, che viveva nei territori milanesi? Oppure fu soltanto un valoroso combattente, privo di quel fiuto politico indispensabile per difendersi dalle insidie degli intrighi politici?

Se si vuole dare credito alla rappresentazione manzoniana, Carmagnola sarebbe stato sacrificato in nome della ragione di Stato. E gli studiosi sono divisi, anche se recenti ricerche sembrerebbero dare ragione alla prudenza della Serenissima.

La verità la sapeva solo Carmagnola, grande capitano di ventura del XV secolo.

Attraverso gli occhi del *còdega*

Si dice ancora oggi "tenere la candela" o "reggere il moccolo" per chi si trova a fare il terzo incomodo o comunque a non avere un ruolo in certe situazioni. Il detto potrebbe essere riferito ad una curiosa figura, comune nella Venezia di un tempo: il *còdega*.

Il *còdega* aveva appunto il compito di precedere chi gli richiedeva questo servizio, illuminando la strada con una lanterna. Venezia era una città poco illuminata, come si può facilmente immaginare, e il buio era naturalmente un motivo di ansia per i passanti, tanto più che era facile imbattersi in qualche malfattore.

Le calli erano illuminate solo dai *cesendeli*, cioè dai ceri che venivano accesi presso le numerose immagini sacre sui muri, certamente insufficienti a rendere il percorso sicuro. Le aggressioni, i furti, spesso accompagnati da percosse o addirittura da qualche coltellata, erano così frequenti che, intorno alla metà del XV secolo, venne promulgata una legge che obbligava chi si muovesse in città durante la notte a portare un lume o, come da subito iniziarono a fare i nobili, a farsi accompagnare da un servitore che tenesse ben alta una lanterna per illuminare la strada.

Per fare luce erano usate sia candele che candelieri, fanali e lanterne, e colui che li teneva venne chiamato appunto *còdega*, probabilmente dal termine greco *odegos*, che significa "guida" e che ritroviamo anche nel meneghino *cúdego*, con un'accezione più ampia che comprende, oltre alla lanterna, anche l'ombrello per riparare dalla pioggia o dal sole.

Di misteri, gli occhi di un *còdega* dovevano vederne e comprenderne tanti.

Uno dei delitti più frequenti, che era in qualche caso anche "mistero", riguardava ad esempio il rapimento di qualche giovane donna. Capitava anche che venissero rapite in pieno giorno, anzi era certamente più frequente, visto che le giovani donne evitavano sicuramente di avventurarsi da sole nel buio.

Succedeva che venissero rapite giovani di ricca famiglia con l'evidente scopo del ricatto, o per scopi licenziosi. Passione e interesse, insomma, innanzitutto. Ma esisteva anche un tipo particolare di rapimento che aveva il fine del matrimonio, come si ricava da un'analisi dei documenti processuali. Spesso, in questo tipo di "delitto", era evidente la connivenza della "vittima": la consuetudine mediterranea di riparare con il matrimonio l'onore offeso, che potremmo per maggior chiarezza chiamare

L'"illumina-strade" del Settecento in un'incisione di G. Zompini.

verginità, spingeva le famiglie ad accettare come riparatrici nozze altrimenti negate.

  Anche la bigamia correva spesso nel buio sulle gambe di un marito infedele di fronte agli occhi del nostro *còdega*. Sembra curioso che, nel libertinaggio accertato della popolazione veneziana, la bigamia fosse un reato perseguito con tanta pervicacia dai Signori della Notte. Ma la bigamia si diffondeva, scardinando quel sistema di regole morali formalmente accettate dall'intera società, con una veemenza che avrebbe potuto sconvolgere la sacralità dell'istituto matrimoniale. E nel conflitto tra il potere secolare e quello ecclesiastico per il controllo della morale sociale, almeno su questo terreno, fu il secondo a prevalere.

Non erano solo i mariti, comunque, a macchiarsi di questo reato: anche le veneziane affrontavano coraggiosamente il buio, e spesso non solo nascoste sotto un ampio tabarro, ma travestite da uomo, con abiti maschili e tricorno.

Sul versante maschile, tratteremo ampiamente in un altro capitolo della diffusione di pratiche illegali quali la sodomia tra i maschi veneziani. Un "delitto" che sembrava spaventare più dei furti, delle aggressioni e del banditaggio. Quest'ultimo, più frequente sulla terraferma, ebbe però a Venezia un rappresentante illustre del settore: Marco Sciarra o, come amava definirsi, «Marcus Sciarra, flagellum Dei, et commissarius missus a Deo contra usurarios et detinentes pecunias otiosas»: insomma una sorta di Robin Hood nostrano, mandato da Dio a combattere gli usurai e quanti detenevano ricchezze improduttive.

Su Sciarra, un abruzzese che alla fine del Cinquecento era riuscito a raccogliere attorno a sé centinaia di uomini tra poveri vagabondi e soldati mercenari sbandati con la fine delle guerre d'Italia, vi fu una fioritura di leggende contadine che lo elessero a "Re della Campagna" per la sua generosità e il suo spirito cavalleresco. Tralasciamo la lunga storia del bandito e i motivi per cui si vide costretto a cercare la protezione di Venezia, avendo di fatto perso il consenso nei territori romani dove operava. È facile intuire quanto si fosse dato da fare il papato per rompere il rapporto che i contadini avevano con il bandito, favorito dal fatto che questi rispettava le loro misere proprietà, a differenza dei soldati papalini, che saccheggiavano e uccidevano. Diremo solo che la Serenissima si servì del bandito durante la sua guerra contro gli Uscocchi, i pirati di origine croata che insidiavano le rotte commerciali delle navi veneziane. Questa collaborazione venne vista da papa Clemente VIII come un'ulteriore manifestazione di distacco della già fin troppo autonoma Venezia, ed egli minacciò rappresaglie se non gli si fosse consegnato il bandito che, nel territorio romano, si era macchiato dei più gravi delitti.

I veneziani escogitarono un espediente veramente diabolico: inviarono l'esercito di Sciarra a sostituire i soldati decimati dalla peste a Candia. Sciarra, dimostrando anche in questa occasione di saper vedere lontano, non s'imbarcò e fuggì da Venezia. Fece bene, perché i suoi uomini furono praticamente tutti uccisi dalla peste. Tornò invece a Roma con l'intento di riorganizzare le truppe e riprendere il brigantaggio. Lo uccise un ex compagno, un tale Battistello che si guadagnò così la riconoscenza del papa.

Lui, Sciarra, il Re della Campagna, non si sarebbe mai abbassato ad un simile tradimento.

Il reato inenarrabile

Venezia, come in qualche pagina abbiamo già detto, era una città in cui per secoli il lusso sembrò accompagnarsi al vizio: nascosti sotto ad una maschera o dalle ombre delle calli, i veneziani di ogni classe sociale sembravano propensi a concedersi piaceri illeciti in qualsiasi giorno dell'anno. Non «semel» ma «semper in anno licet insanire».

Ma il vizio che maggiormente si diffondeva, malgrado le severe leggi, era appunto quel vizio "inenarrabile" che dà il titolo al capitolo: la sodomia.

L'Antica Confraternita della chiesa di Santa Maria della Confessione, a San Marco, aveva finito per prendere il nome di Santa Maria dei Mascoli per rendere evidente che le preghiere erano rivolte ad espiare le colpe che gli uomini continuamente commettevano.

Sfogo ai vizi, inenarrabili o meno che fossero, veniva ovviamente trovato nelle ore notturne. Dai processi dei Signori della Notte, la magistratura incaricata di sorvegliare la città nelle ore notturne di cui abbiamo già parlato, apprendiamo che era il 1348 quando un certo Pietro di Ferrara venne bruciato vivo tra le colonne, condannato per le relazioni innaturali avute con Giacomello di Bologna, della cui sorte non abbiamo notizie. Ambedue avevano confessato i loro "peccati" sotto tortura, il che, all'epoca, non costituiva certamente una garanzia di verità. Ed era il 1349 quando l'undicenne Zannino, accusato di essersi concesso ad un fiorentino, se la cavò con qualche frustata. Il fiorentino, accusato di sodomia, fu probabilmente bruciato vivo. Era poi il 1354 quando stessa sorte toccò a Rolandino Roncalia che, malgrado il nome maschile, aveva l'apparenza e probabilmente anche la sostanza di una donna – tanto che dal processo risultò che non erano pochi i suoi compagni di letto che non si erano accorti della sua mascolinità – ed esercitò la prostituzione per più di sette anni! Era del resto comunemente chiamato Rolandina. Quando lo arrestarono, Rolandina confessò subito – e verrebbe da dire candidamente – la sua propensione ai rapporti con altri uomini, e fu anche prodiga di particolari sui sistemi che utilizzava per nascondere quel piccolo particolare che avrebbe potuto far dubitare il partner della sua femminilità. Confessò tutto, ma si pensò di torturarla egualmente, caso mai avesse avuto ancora qualche cosa da dire. Poiché la povera Rolandina sotto tortura non fece che ribadire quando già detto spontaneamente, fu condannata ad essere bruciata.

Passarono solo tre anni prima che i Signori di Notte processassero altri due imputati di sodomia, un barcaiolo, Nicoleto Marmagna, e il suo giovane servitore, Giovanni Braganza, colpevoli di un viaggio galeotto da Mestre a Venezia. L'uno confessò, ritrattando subito dopo, l'altro lamentò di essere stato costretto e seviziato. Furono entrambi condannati al rogo e arsi vivi.

Una decina d'anni dopo finì sul rogo un certo Benedetto, araldo del governo, che fu accusato di sodomia nei confronti di un tredicenne, malgrado il ragazzo descrivesse il loro rapporto come amicizia tra maestro e allievo. Nel 1398 toccò ad un oste fiorentino, Biagio, e nel 1401 ad un mercante di vini, Guglielmo da Monopoli, che finì anche lui sul rogo.

Nel 1422 i Signori della Notte si trovarono di fronte ad un caso molto più importante, sia per il numero delle persone coinvolte, sia perché vi erano implicati parecchi nobili: un gruppo ben organizzato che disponeva anche di locali per il gioco e l'esercizio fisico dei giovani. Il Consiglio dei Dieci avocò a sé il caso e dopo avere chiuso i primi processi, con qualche condannato arso vivo e altri banditi, fece scomparire atti e carte e insabbiò tutto. Per misura cautelare continuò ad occuparsi in prima persona dei reati di sodomia. Il Consiglio dei Dieci promulgò più decreti per estirpare tale «abhominabile vitium sodomiae»: in ogni contrada vennero eletti due nobili incaricati del problema e si stabilì che il Collegio dei deputati ad inquisire sul problema sodomia si riunisse ogni venerdì. Inoltre venne ordinato che qualsiasi medico o barbiere che venisse chiamato a curare qualche uomo, oppure qualche femmina, «in partem posteriorem confractam per sodomiam» dovesse denunciare il fatto entro tre giorni alla autorità. E i sodomiti «s'appiccavano» fra le due colonne della Piazzetta, dopo di che «s'abbruciavano fin che fossero ridotti in cenere, pena inflitta eziandio il 10 ottobre 1482, a quella buona lana di Bernardino».

Nel 1450 il governo stabilì di porre quattro grosse lampade sotto i portici di Rialto per illuminare la zona che era considerata uno dei ritrovi tipici degli omosessuali. Ma non erano quattro lampade a poter frenare

Veduta del ponte di Rialto. Particolare da un'incisione settecentesca di Antonio Visentini tratta da un quadro del Canaletto.

gli impulsi allora tanto combattuti dalla Serenissima, che tagliava nasi, metteva al bando o frustava, secondo la gravità, i giovani che si prestavano passivamente e continuava a mandare al rogo gli "attivi" con l'aggiunta della preventiva decapitazione che, tutto sommato, poteva anche risolversi in una riduzione della sofferenza. Soprattutto se il boia chiamato a compiere l'esecuzione era sufficientemente forte ed esperto da staccare la testa al malcapitato in un colpo solo e non, come spesso accadeva, in più riprese trasformando l'esecuzione in un ulteriore drammatico martirio a beneficio della folla che, chi sa mai perché, a tutte le latitudini e in ogni periodo storico ha sempre trovato divertimento nella vista di un'esecuzione. Oltre a questo fine spettacolare, la punizione, a Venezia come ovunque, era una manifestazione di potere da parte delle autorità. La punizione in piazza univa per di più all'umiliazione la divulgazione della colpa, marchiando d'infamia non solamente la persona ma l'intera famiglia. Una condizione difficile da sopportare anche oggi che l'informazione corre sulle pagine della stampa, sui media, su Internet, spesso mescolata alla diffamazione, ed oggi è anzi sempre più difficile distinguere l'una dall'altra. Ma il fine principale era naturalmente quello più evidente di servire a monito della popolazione per prevenire ulteriori reati. Non sempre fu sufficiente.

Abbiamo già accennato ai *nizioleti* di Ponte delle Tette e alla calle delle Carampane, i cui toponimi sono davvero autoreferenziali, all'incredibile prescrizione fatta per favorire nei veneziani il ricorso alle prostitute – «...che se tanto prescrivevasi perché gli uomini, allettati ad un vizio minore, da un maggiore venissero distolti...» – che, ordinando alle donne di mestiere di esporre il proprio posteriore, di fatto nudo, e illuminato in modo che fosse ben visibile, doveva regalare agli occhi dei passanti un'aerea esposizione di sederi che ha dell'incredibile.

Ciò nonostante, la cronaca continuerà a registrare a cadenza regolare roghi di sodomiti tra le colonne della Piazzetta.

Uno dei casi più clamorosi, subito dopo quello del prete e poeta Francesco Fabrizio, decapitato e bruciato per il vizio "inenarrabile", riguarda Bernardino Correr, che nel 1482 si innamorò perdutamente di Vittore Foscari, giovane di particolare bellezza che apparteneva a una delle famiglie più importanti di Venezia, la stessa del famoso doge Francesco Foscari.

Poiché Vittore non intendeva prestarsi ai desideri di Correr, quest'ultimo tentò di ottenere con la forza quanto desiderava e un giorno, nel bel mezzo di calle di Ca' Trevixan, a San Bartolomeo, si avventò sul giovane e gli tagliò con un coltello i lacci dei pantaloni, con lo scopo evidente di soddisfare il suo desiderio sessuale all'istante. Vittore Foscari riuscì a malapena a sottrarsi all'assalto di Correr e si vendicò subito e con tutto il peso familiare per l'offesa subita, denunciandola alle autorità. Anche la famiglia Correr poteva vantare un peso altrettanto rilevante sulla scena veneziana, visto che tra i vari rami annoverava tre pontefici, Gregorio

XII, Eugenio IV e Paolo II, nonché una sfilza di dignitari, generali e pubblici amministratori della Serenissima. È facile immaginare quanto la vicenda facesse scandalo, visto che toccava due tra i nomi più importanti della città; è facile immaginare anche quanto la famiglia Correr si desse da fare per salvare Bernardino, che però il 10 ottobre del 1482 fu condannato pur non avendo commesso il fatto. E seguì la sorte dei molti che lo avevano preceduto, tra le colonne della Piazzetta, decapitato e arso vivo fino a ridurlo in cenere.

La storia riferita da Tassini ci porta a pensare che questa condanna "esemplare" volesse servire da monito all'intera città, visto che veniva punito un nobile e non per un fatto accaduto ma per un'intenzione manifestata, sia pure un po' troppo violentemente.

A proposito di condanne esemplari e di esiti inaspettati, solo a titolo di curiosità, si può ricordare che Genova, la storica nemica di Venezia, per la verità molto simile sia negli aspetti positivi che in quelli negativi, era arrivata a far scomparire le carte processuali per la condanna di Jacopo Bonfadio, tante erano state le critiche che erano piovute sulla Serenissima (sì, anche la Repubblica di Genova veniva chiamata così!). Bonfadio, per la sua fama di umanista e apprezzato poeta, era stato chiamato ad insegnare filosofia all'Università di Genova, e aveva ricevuto anche l'incarico di stilare una storia ufficiale della città dal 1528 in poi. In questa attività Bonfadio si guadagnò però l'inimicizia di alcune potenti famiglie genovesi, per i suoi scrupolosi tentativi di arrivare alla verità storica di ogni fatto. Quando venne accusato di aver sedotto un suo studente fu condannato alla decapitazione per il reato di sodomia. La condanna scosse l'opinione pubblica e soprattutto gli intellettuali che fecero di tutto per salvarlo, coscienti che questo delitto era tutt'altro che raro all'epoca. Il caso di Jacopo Bonfadio rappresentò un vero scandalo, un caso scabroso punito con una condanna esemplare che venne per anni rinfacciata alla Repubblica di Genova. Tanto che, appunto per salvarsi dall'imbarazzo, le autorità fecero sparire gli atti del processo. La scomparsa degli atti processuali permise di nascondere a lungo sotto l'accusa di eresia la vera ragione della condanna di Bonfadio, che era stato decapitato il 9 luglio 1550 e il cui cadavere era poi stato bruciato sul rogo.

Il mistero di una nave affondata

Due storie di donne che pagarono con la vita il rispetto per se stesse, rifiutando di soccombere alla logica dello "stupro di guerra" che le vedeva come legittime prede dei vincitori. Due storie che raccontano la violenza che la guerra esercita sulle donne, anche quelle che non combattono.

La prima di queste donne che da vittime senza nome passarono alla storia come resistenti è Anna Erizzo, bellissima e coraggiosa figlia di Paolo Erizzo. Podestà di Calcide, nel Negroponte, Paolo alla fine dell'assedio da parte dei turchi del 1469 si era arreso ai nemici chiedendo di avere salva la testa e la vita della sua gente. Prendendolo in parola i turchi gli "salvarono la testa": rinunciarono a decapitarlo e lo segarono in due.

Pur essendo atterrita dalla ferocia con cui era stato ucciso il padre, Anna con un coraggio non comune affrontò a testa alta il condottiero Maometto II, responsabile della morte del padre. Questi, abbagliato dalla bellezza della ragazza, tentò con ogni mezzo di conquistarla senza ricorrere alla violenza, ma ogni tentativo e lusinga furono vani. Profondamente offeso per il rifiuto della giovane a piegarsi al suo desiderio, non potendo ammettere il fallimento davanti ai suoi uomini, la uccise di fronte a loro con le sue mani.

Circa un secolo dopo la storia in qualche modo si ripeté.

Siamo nel 1570: lo scenario è quello della splendida Cipro, assediata anche qui dai turchi. Belisandra o Alessandra Maraviglia è nella rocca insieme al marito Pietro Albino, veneziano cancelliere dell'isola, che cerca di resistere all'assedio. I turchi però riescono a sfondare le difese e Albino rimane ucciso.

La donna, disperata, resiste ancora alcune ore chiusa nella sua abitazione, poi è presa prigioniera insieme ad altre donne, destinate ad essere deportate e fatte schiave dei sultani turchi vincitori.

Un destino inaccettabile, per Belisandra, che prende una drastica decisione: farà saltare in aria la nave sulla quale è prigioniera, e con essa le altre due ormeggiate alla fonda della baia di Nicosia.

Con lei moriranno nell'esplosione i turchi e tutte le sventurate compagne destinate alla schiavitù.

Lo *sguazeto* del *luganegher*

Riva de Biasio... uno dei tanti luoghi in cui l'acqua sbatte contro quell'enorme nave di pietra, immobile nella laguna... Riva de Biasio, come tanti altri luoghi di Venezia, ha visto vita e morte e a volte si vorrebbe che le pietre parlassero, specialmente in certe sere, quando la nebbia di novembre è così fitta che delle case si vede a stento il primo piano, rischiarato dalla luce gialla del lampione. In giro non c'è nessuno, e la nebbia è così bassa che appena si intuisce l'acqua del canale... Su quella Riva morì pure la duchessa di Baviera Teresa Cunegonda, vedova del Serenissimo Massimiliano, racconta la storia, ma non è questa la ragione

Ritratto di nobildonna antica. Disegno tratto da F. Mutinelli, «Del costume dei Veneziani», Venezia 1831.

che la rese famosa. È un'altra la storia di morte e, se la morte è sempre orribile, a volte l'orrore sembra non avere fine.

> Sulla Riva de Biasio l'altra sera
> So andata col putelo a chiapar aria,
> Ma se m'à stretto el cuor a una maniera
> Che la mia testa ancora se zavaria:
> Me pareva che Biasio col cortelo
> Tagiasse a fete el mio caro putelo!

Con queste strofe Foscarini nei *Canti del popolo veneziano* traduce l'orrore di una vicenda che ha per protagonista un macellaio dell'inizio del Cinquecento: un *luganegher*, per dirlo in dialetto, un salsicciaio che si chiamava Biagio Cargnio e che aveva bottega sulla riva.

Lo *sguazeto* di Biagio era un intingolo gustoso, molto amato dalla sua clientela che non poteva immaginare quali ne fossero gli ingredienti.

Ma, un giorno, ad un operaio che pregustava l'assaggio dello *sguazeto* gli s'era strozzato un urlo in gola perché nel bel mezzo, a galleggiare, c'era un dito mozzo, puntato contro l'oste come una condanna.

Saltò fuori così la verità sull'assassino più famoso di Venezia, che per vent'anni uccise e fece a pezzi i bambini, con cui preparava gustosi intingoli da offrire ai suoi avventori. Biagio confessò e per ordine della Quarantia Criminale venne prelevato dalla sua bottega e incarcerato. E gli vennero tagliate le mani prima di essere decapitato tra le due colonne di San Marco. Il suo corpo venne squartato ed ogni parte venne appesa ad una forca.

Secondo la tradizione popolare, la Riva avrebbe preso il nome da questo barbaro serial killer, per dirla con un termine attuale. Ma la Riva, secondo Tassini, si chiamava già così più di un secolo prima della data del 1520 riportata nei *Registri dei giustiziati*.

La città delle spie

Nel 1539, nell'ambito del Consiglio dei Dieci venne nominata una giunta di tre "Inquisitori contro i propagatori del segreto", eletti con lo scopo specifico di cercare i colpevoli di spionaggio, per dirla in breve, dei segreti di Stato. Questa giunta fu nominata poi sempre annualmente, ma non costantemente, e, verso la fine del secolo XVI, prese il nome di "Inquisitori di Stato" e divenne permanente. Gli Inquisitori di Stato dovevano sorvegliare quanto aveva l'apparenza di un attentato alla sicu-

Il Maggior Consiglio in un'incisione cinquecentesca di Giacomo Franco.

rezza dello Stato, dalle colpe politiche alle trasgressioni della legge che proibiva ai nobili di frequentare o corrispondere con personaggi stranieri. Ma essi avevano competenza anche sulle maldicenze contro il governo e le mancanze di rispetto a chiese e monasteri come a pubblici ritrovi.

Nel tempo, gli Inquisitori di Stato ebbero la tendenza ad interpretare il proprio mandato in senso estensivo ed aumentarono la loro ingerenza negli affari politici, fino ad esercitare una funzione preponderante nella direzione della cosa pubblica.

Negli ultimi tempi della vita della Repubblica divennero molto potenti, malgrado i tentativi di ricondurne il ruolo nei limiti delle facoltà stabilite dalla legge.

Dal punto di vista procedurale agivano rapidamente e deliberavano in tutta segretezza. La sentenza, per la quale era necessaria la concordia del voto, era poi espressa attraverso il Maggior Consiglio.

Una figura particolare che agiva come ulteriore strumento di controllo nei confronti dei possibili traditori era il capitan grande o "Missier grande", cioè il capo degli "sbirri" alle dirette dipendenze del Consiglio dei Dieci. Questi aveva il compito di cooordinare la rete dei confidenti o degli informatori che, non diversamente da quanto avviene oggi, allargava le proprie maglie pescando nella delinquenza comune, oltre che tra gli stessi agenti dell'ordine.

L'istituzione contro i traditori e i "propalatori" di segreti, così come la segretezza del rito inquisitorio e, spesso, anche delle denunce e delle esecuzioni, indica un'attenzione quasi ossessiva per il segreto da parte dei politici veneziani. D'altra parte, l'attività spionistica veneziana fu intensa in ogni momento, a partire dal tormentato contesto politico medievale, e la combinazione di questi due aspetti finì per generare un clima di generale diffidenza che produsse spesso effetti drammatici anche nei confronti di personaggi generalmente considerati al di sopra di ogni sospetto. Fu il caso ad esempio di Girolamo Lippomano, ambasciatore veneziano o *bailo* di Costantinopoli, accusato di alto tradimento e condannato a morte in contumacia dal Consiglio dei Dieci a fine Cinquecento; o di Antonio Foscarini, ambasciatore in Inghilterra, che venne accusato di spionaggio per favorire la Spagna e condannato a morte: non molti mesi dopo si scoprì che Foscarini era stato vittima di una macchinazione e la sua riabilitazione venne comunicata con una lettera indirizzata a tutte le cancellerie europee, mentre a Venezia si accusava il governo di essere arrivato al parossismo. Un altro Foscarini, un patrizio e letterato che ebbe la colpa di frequentare troppo assiduamente alcuni salotti inglesi, in particolare quello di Anna di Shrewsbury, consorte del maresciallo d'Inghilterra, fu accusato di "fellonía" verso lo Stato.

Come ricorda Paolo Preto nel suo *I servizi segreti a Venezia*, nel corso della storia i veneziani utilizzarono molte espressioni per indicare l'attività spionistica: spia, esploratore o confidente ma anche referendario, emissario, delatore e "agente segreto", termine che entrò per la prima volta nel linguaggio spionistico veneziano nel 1771, ad opera di Giacomo Casanova, del quale parleremo più diffusamente in altro capitolo.

Un caso che colpì molto l'opinione pubblica, ed anche il governo francese coprotagonista del fatto, è legato al segretario del Consiglio Nicolò Cavazza, che venne accusato di fornire all'ambasciatore francese Guglielmo Pellissier informazioni di "natura delicata", in particolare notizie sui movimenti della flotta veneta. Colto in flagrante, Cavazza fuggì insieme al suo complice rifugiandosi nell'ambasciata francese. Di fronte al governo veneziano che chiedeva la restituzione dei traditori, Pellissier non solo negò qualsiasi coinvolgimento ma divenne minaccioso, ciò che produsse nei veneziani l'effetto immediato di attaccare l'ambasciata francese con un consistente numero di *arsenalotti*. Le truppe, dopo due giorni di assedio, sfondarono le difese francesi e costrinsero l'ambasciatore a rifugiarsi sul tetto e a combattere gli assalitori con un poco utile lancio di tegole. E naturalmente a consegnare i due traditori, che furono condannati e giustiziati immediatamente, con il consueto macabro rituale, per essere poi lasciati a penzolare sotto gli occhi dei veneziani e soprattutto dei francesi, nel caso questi ultimi non avessero inteso bene la lezione.

Un altro caso emblematico è quello di Battista Bragadin, che nel XVII secolo entrò in confidenza con l'ambasciatore spagnolo Luigi Bravo e iniziò a fornirgli regolarmente informazioni su quanto veniva discusso nei consigli della Repubblica.

Per non essere scoperto nel suo tradimento, Battista aveva ideato un sistema ingegnoso: ogni mattina andava in chiesa e vi si fermava in preghiera per un certo tempo, occupando sempre lo stesso inginocchiatoio, nel quale nascondeva dei biglietti che il segretario dell'ambasciatore recuperava immediatamente dopo. Quella specie di rito mattutino insospettì un frate che, tenendo d'occhio le manovre dei due complici, riuscì un mattino a precedere il segretario dell'ambasciatore, trovò i biglietti e denunciò il fatto al governo. Secondo Tassini, dal quale abbiamo tratto questo racconto, la Serenissima decise a questo punto di procedere con una "perizia calligrafica": convocò il Bragadin, che fu invitato scrivere qualche frase, così da poter effettuare un confronto con i caratteri dei bigliettini. Battista, di fronte a quella prova schiacciante, confessò di aver passato agli spagnoli informazioni riservate e fu condannato alla forca.

Non mancavano le figure femminili, come in ogni attività spionistica che si rispetti. Nella seconda metà del Quattrocento, Elisabetta Barbo, nipote di Eugenio IV e sorella di Paolo II, una personalità di spicco per il carattere deciso e autoritario e per le notevoli capacità dimostrate di "reggere" le sorti della famiglia, forte delle parentele e delle relazioni personali aveva messo in piedi un'efficientissima rete spionistica per poter trasmettere i "segreti di Stato" veneziani. Giuseppe dal Torre, nel suo *Venezia*, riporta che Elisabetta riceveva nel proprio salotto parenti e uomini politici facendo trascrivere le discussioni da due «chierici che teneva nascosti dietro ad una cortina».

Il Consiglio dei Dieci, quando riuscì a scoprire le attività della Barbo e dei numerosi patrizi conniventi, provvide immediatamente all'espulsione o all'incarcerazione di tutti gli accusati: Elisabetta venne condannata al confino perpetuo a Capodistria, lontana dalla vita politica veneziana.

Molti anni dopo, nel 1849, alla vigilia della ribellione contro gli Austriaci di Venezia, un'altra donna sarebbe stata accusata di spionaggio. Una donna che passò le linee con un passaporto falso per raggiungere a Venezia un ufficiale della milizia cittadina favorevole agli Austriaci. Si chiamava Teresa Puttinato e tentava di raccogliere informazioni da trasmettere al governo austriaco. Quando i veneziani lo scoprirono, invece di smascherarla riuscirono a farla avvicinare da un altro ufficiale, che a sua voltà riuscì a farsi svelare dalla donna utili confidenze. Un doppio gioco che condusse Teresa Puttinato in carcere e Daniele Manin ad utilizzare le informazioni raccolte. Inutili, visto che Venezia sarebbe stata poi costretta a cedere, dopo la drammatica difesa, con una capitolazione riassunta in un celebre epitaffio nell'*Ultima ora di Venezia* di Arnaldo Fusinato:

> La fame infuria, il pan ci manca
> sul ponte sventola bandiera bianca!

Nel suo *Venezia così* Ugo Fugagnollo ricorda che la più celebre spia del Novecento, Mata Hari, alloggiò in un albergo sul Canal Grande nel luglio del 1914, pochi giorni dopo che a Sarajevo, il 28 giugno, il nazionalista serbo Gavrilo Princip uccidesse l'arciduca Francesco Ferdinando, erede al trono d'Austria, con la moglie Sofia, nell'attentato che, rompendo definitivamente il fragile equilibrio tra le potenze europee, avrebbe fatto scoppiare la prima guerra mondiale. Il 28 luglio l'Austria-Ungheria, con l'appoggio dell'alleato tedesco, dichiarò guerra alla Serbia. Fu forse quella, suggerisce l'autore, l'inaugurazione di una stagione veneziana delle spie che ha trovato nella rappresentazione cinematografica infiniti esempi.

Venezia fu infatti da subito un teatro di avventura irrinunciabile per i registi italiani e stranieri, quasi quanto irrinunciabile è divenuta la Mostra internazionale d'arte cinematografica di Venezia dal 1932, anno della prima edizione del festival.

Agli esordi della cinematografia Venezia presta il suo fascino ai film di "cappa e spada", come venivano allora chiamati, una presenza che manterrà nelle pellicole di ambientazione storica, ad esempio quelle legate alle opere shakespeariane, per le quali calli e campielli, per molti versi non toccati dal progresso, sono un palcoscenico ideale.

A partire dagli anni Sessanta del secolo scorso, e in particolare dalla rappresentazione cinematografica del ciclo di James Bond, l'agente segreto britannico raccontato dalla penna di Ian Fleming, i canali veneziani divengono il più frequentato campo di allenamento degli stuntmen: *Dalla Russia con amore*, *Moonraker*, *Indiana Jones e l'ultima crociata*, tanto per citare gli esempi più famosi.

È talmente perfetta, Venezia, per raccontare avventura e mistero, che negli ultimi tempi si assiste ad un fenomeno curioso, spiegabile solo grazie alle moderne tecnologie. Non si utilizza più Venezia come quinta naturale, ma si preferisce ricostruire una Venezia falsa, sia pure molto credibile, e poi trasferire gli sfondi in digitale al posto di quelli autentici.

Così sono stati girati l'ultimo *Casanova* nel 2003, *Il mercante di Venezia* nel 2005, *Casino Royal* nel 2006. Sembra Venezia, ma non lo è più.

L'isola dei morti e dintorni

Il cimitero di San Michele, tra la riva delle Fondamenta Nuove e l'isola di Murano, è nato in seguito all'editto napoleonico di Saint-Claude che ha imposto a Venezia, come a tutti luoghi passati sotto il dominio di Napoleone, di seppellire i defunti lontano dai centri abitati.

Cominciò ad essere edificato sull'isola di San Cristoforo della Pace, alla quale fu unita la vicina isola di San Michele interrando il canale che le separava, e a questo punto il progetto del nuovo cimitero venne affidato all'architetto Antonio Selva, lo stesso che incontreremo parlando delle varie fasi di costruzione del Gran Teatro della Fenice.

Sull'isola di San Michele c'era dal 1469 la bellissima chiesa di San Michele in Isola, che forse molti, presi dalla mesta devozione ai propri defunti, dimenticano di ammirare come si dovrebbe, essendo uno dei più armoniosi esempi di architettura religiosa del Rinascimento veneto. Va ricordato che prima c'era già stata una chiesetta dedicata a San Michele

L'isola e la chiesa di San Michele in un'incisione di Antonio Visentini.

Arcangelo dove intorno all'anno Mille sostò a lungo il monaco san Romualdo, fondatore dell'ordine dei monaci camaldolesi, che su questa isola edificarono poi un convento. Nelle celle di questo edificio religioso dimorarono molti personaggi passati alla storia. Nel 1823 vi furono imprigionati i patrioti Silvio Pellico e Pietro Maroncelli, eroi della rivolta antiasburgica, prima di essere rinchiusi nel famigerato carcere dello Spielberg. Prima vi aveva vissuto fra' Mauro Cappellari, futuro papa Gregorio XVI, e prima ancora il famoso fra' Mauro "cosmografo", creatore dell'eccezionale mappamondo tuttora conservato alla Biblioteca Marciana e unanimemente considerato il capolavoro della cartografia medievale.

Quasi sicuramente il mappamondo fu realizzato nelle stanze del laboratorio cartografico che fra' Mauro aveva allestito nel monastero e dove produsse tra l'altro la famosa carta cosmografica commissionatagli dal re del Portogallo, Alfonso V, redatta con l'aiuto di un suo assistente, il marinaio cartografo Andrea Bianco, e misteriosamente scomparsa.

Ma il vero mistero a cui nessuno è riuscito a dare una soluzione plausibile è come egli abbia fatto a rappresentare il mondo con tanta precisione e ricchezza di particolari senza avere mai lasciato il suo monastero. Molti dicono che fra' Mauro abbia disegnato le sue carte sulla base dei racconti di mercanti e marinai, veneziani e stranieri, che entravano nel porto della Serenissima, ai quali chiedeva anche di tracciare schizzi e disegni dei luoghi visitati.

Altri, non soddisfatti di questa spiegazione, hanno trovato soluzioni certamente più intriganti ma molto meno realistiche: fra' Mauro avrebbe trovato il modo di leggere e decodificare i sogni di Lucifero che erano sfuggiti al suo stesso creatore. Questa bella simbologia, che trova radice nel grande patrimonio della cultura popolare del tempo, sta a segnalare la presenza di una vasta e complessa rete di conoscenze e di informazioni esistente già nel XV secolo e a cui uno spirito particolarmente colto e creativo come quello del nostro monaco camaldolese ha saputo attingere riuscendo a rendere, questo sì misteriosamente, i luoghi descritti, con colori, limpidezze, precisioni di tratto che lasciano sbalorditi ancora oggi. Molti sono convinti che tuttora sull'isola del cimitero, nelle giornate particolarmente nuvolose, si possa scorgere, proiettato sul cielo coperto di nubi, il rincorrersi di questi sogni in un turbinio furioso di ombre cupe e trasparenze leggere che si alternano nei momenti di maggiore burrasca.

Il luogo si presta, e quindi una dopo l'altra si inanellano le storie legate a quest'isola dal sinistro profilo.

Una è quella che trae origine da un tragico incidente avvenuto la notte del 29 novembre 1904. La cronaca ci parla di una sera scura e di fitta nebbia in cui, dopo varie insistenze degli operai buranelli che volevano fare ritorno a casa, il comandante del vaporetto *Pellestrina*, signor Francesco Quintavalle, decise di partire nonostante la scarsissima visibilità (allora i radar non erano ancora stati inventati) e di lasciare le Fondamenta Nuove per raggiungere Burano. Approfittando della sua decisione lo seguirono anche due gondole-traghetto, guidate una da un certo Antonio Rosso e l'altra da Andeto Camozzo, piene di muranesi che facevano ritorno alla loro isola.

Passata l'isola del cimitero il comandante Quintavalle decise di invertire la rotta e compiendo un "indietro adagio" speronò la prima gondola che lo seguiva, quella governata dal Rosso, che venne divisa a metà, colando a picco con i suoi nove passeggeri: di questi, quattro furono tirati su a bordo mentre non vi fu più traccia degli altri, cinque donne, nonostante le ricerche fossero state immediatamente attivate. Più tardi venne trovata, attaccata disperatamente ad una bricola, solo una donna che, tratta in salvo e portata a Murano, morì poche ore dopo. Il mattino seguente furono recuperati i corpi senza vita di altre due donne; ne mancavano all'appello ancora due: Teresa Sandon e la giovane Giuseppina Gabriel Carmelo.

Dopo dieci mesi dall'incidente si dice che Teresa Sandon apparve in sogno alla sorella incitandola a pregare perché così il suo corpo sarebbe riuscito a liberarsi dai grovigli che lo trattenevano sul fondo della laguna. Inutile dire che la sorella pregò con grandissimo fervore e dieci giorni dopo – la cosa non ci deve meravigliare, visto che da quando esiste l'uomo il sogno è sempre stato portatore di rivelazioni – nel canale della Bissa che porta all'isola delle Vignole due pescatori videro apparire un corpo già in avanzato stato di decomposizione e che, naturalmente, fu identificato per quello di Teresa Sandon.

L'unico a mancare era il corpo della piccola Giuseppina Gabriel Carmelo, le cui ossa sono sicuramente posate in qualche angolo della laguna. Non riuscendo a trovare una soluzione a questo mistero è via via cresciuta la compassionevole bella storia di una piccola bara bianca galleggiante in cui riposa il suo spirito, illuminata da candele affinché le imbarcazioni non corrano il rischio di andare a sbatterle contro: sono in molti a giurare di averla avvistata nelle notti più buie e burrascose.

Un'altra tragica storia è quella relativa al sanguinoso delitto Cimetta, di cui parleremo in un'altra parte del libro, fatto avvenuto nell'aprile del 1947. Questo episodio rimanda a quello successo negli anni Ottanta:

nella laguna di Sant'Elena fu ritrovata una valigia con il corpo di una donna uccisa e il mistero fu risolto grazie al ritrovamento nella stessa valigia di uno scontrino di una lavanderia che portò dritto all'assassino.

Entrambi i fatti hanno un esordio "storico" nella settecentesca vicenda di Nicola Faragone, o d'Aragona che dir si voglia, a cui daremo ampio spazio con ricchezza di informazioni in un altro capitolo, con la differenza che qui le acque che ricoprono il corpo del delitto sono quelle del canale della Giudecca.

Per concludere la nostra carrellata di fatti e misfatti legati a questa parte di laguna ricordiamo che di fronte all'isola di San Michele, in fondo alle Fondamenta Nuove, si trova il bacino di Sacca della Misericordia dove si specchia il famoso "Casino degli Spiriti" che fa parte del complesso gentilizio di palazzo Contarini dal Zaffo, da sempre luogo di incontri di eletti spiriti quali quello di Lorenzo Luzzo, pittore del Cinquecento, di Giorgione, Tiziano e Sansovino (va ricordato tra l'altro che il povero Luzzo morì suicida per l'amore non corrisposto con la giovane fanciulla Cecilia, già forse amante del Giorgione stesso).

E poi questo luogo porta diritto nuovamente al caso Cimetta, perché proprio al centro della laguna prospiciente il "Casino degli Spiriti" fu ritrovato il famoso baule con il corpo della misera Linda Cimetta fatto a pezzi.

E, sempre a proposito di "isole dei morti", non possiamo non ricordare l'isola di Sant'Ariano. Questa, che attualmente viene considerata un'isola scomparsa, nel senso che ne restano solo alcune tracce sulle barene e nei canali intorno, faceva parte di quel gruppo di isole situate nella laguna nord, tra le isole di Torcello e Ammiana, tutte separate tra loro da canali attraversati da ponti.

L'isola maggiore era quella di Costanziaga, della quale parliamo in un'altra parte di questo volume insieme a quella già citata di Ammiana. Sant'Ariano, come le altre isole viciniori, subì nel tempo un lento e inarrestabile processo di erosione e degrado fino ad essere abbandonata intorno alla metà del XV secolo. Sono ancora identificabili i resti di un monastero che nel 1439 fu abbandonato a causa del clima malsano, dicono alcuni, dalle monache di Sant'Ariano, le quali si trasferirono a Sant'Angelo di Zampenigo a Torcello; oppure si trattò di un trasferimento forzato delle monache stesse per la loro condotta scandalosa. La rilassatezza dei costumi di alcune di esse era tale che le cronache di fine secolo ci dicono che quelle rimaste furono nuovamente coinvolte in un processo contro quattro nobili veneziani accusati di sacrilegio per essersi inopinatamente introdotti nel monastero.

Sono altresì identificabili i resti della chiesa di Sant'Ariano e quelli del grande muro di recinzione che il Senato della Repubblica fece costruire nel 1565 su proposta dei provveditori della Sanità al fine di trasformare l'isola inizialmente in cimitero per chi moriva di malattie infettive e poi in ossario, cioè punto di raccolta dei resti dell'escavazione di tutti i cimiteri di Venezia. Ma ben presto l'aria divenne insalubre e l'isola si riempì di piccoli serpentelli; si dice che i resti delle mura ne contengano ancora moltissimi che si aggirano indisturbati tra i rovi cresciuti fitti e rigogliosi sullo spesso strato di ossa e ceneri funerarie.

Monache, frati e monasteri

Un antico adagio veneto recita: «*Dove ghe s'è campane, ghe s'è putane*». Saggezza popolare.

Non è difficile scovarne le ragioni se si volge lo sguardo al passato. Nella Venezia libertina dei secoli antichi, neppure i conventi sfuggivano al "vizio". Capitava insomma spesso che nei monasteri le suore si dedicassero ad attività ben lontane dalla tradizione di severità e di rigore degli ordini monastici. Era stato persino coniato un nome, "monachini", per indicare gli amanti delle monache, che prosperavano malgrado le leggi emesse per tutelare la virtù delle internate nei monasteri. Era ad esempio vietato ai frati l'ingresso nei chiostri delle monache, e si pretendeva che i confessori e i predicatori che frequentavano i conventi avessero più di sessant'anni (non se ne abbiano a male i sessantenni di oggi: erano altri tempi!). E comunque anche lo stesso confessore poteva entrare in coro o in parlatorio solo in casi di morte e gravi malattie, per evitare che si commettessero licenziosità tanto inaccettabili quanto comunemente praticate.

Facciamo qualche esempio: vicino a San Lorenzo, lo stesso luogo che aveva accolto le spoglie di Marco Polo, intorno alla metà del XIV secolo troviamo un convento di monache benedettine che accoglieva al proprio interno anche qualche settore destinato ai monaci. Stando alle cronache dell'epoca, fioccavano multe e punizioni per veneziani rei di aver fornicato con "monache professe", cioè con quelle che avevano già pronunciato solennemente i voti; e fioccavano pure numerose frustate, sulla pubblica piazza naturalmente, per alcune veneziane condannate come "postine", per la loro attività svolta in "modum ruffianarum": avevano insomma fatto da tramite tra le monache e i loro amanti, portando lettere e messaggi per gli appuntamenti d'amore.

Già nel secolo precedente vi era stata una testimonianza diretta e alquanto perplessa del granduca di Toscana Cosimo III che, nel suo *Viaggio per l'alta Italia*, descritto da Filippo Pizzichi, scriveva a proposito di questo convento e delle suore che vi abitavano che avevano un abito «più da ninfe che da monache». Le monache, secondo la descrizione del granduca, erano più di cento, e tutte gentildonne. Vestivano con leggiadri abiti bianchi, con il busto a piegoline di finissima tela di lino, mentre le "professe" indossavano in più una trina nera, ma il seno era mezzo scoperto, secondo la moda dell'epoca, e il piccolo velo sulla fronte non nascondeva i capelli arricciati e acconciati.

Non mancano nelle cronache dell'epoca anche esempi di frati e monaci dai comportamenti poco edificanti. Anzi, sul campanile di San Marco venne per un periodo allestita una gabbia di legno, con armatura in ferro, dove rinchiudere gli ecclesiastici colpevoli di gravi reati, il cosiddetto *supplissio dea cheba*: rimanevano tutta la vita esposti alle intemperie e agli scherni dei passanti e ricevevano il cibo calando una corda fino a terra.

Nei *Diarii* manoscritti di Benigna, raccolti da Tassini, troviamo l'esempio di un frate che, vestito da barcaiolo, aveva tentato di derubare dei preziosi una donna che stava trasportando in gondola da Sant'Andrea. O il racconto di frati genovesi che, intorno alla metà del Trecento, si insediarono nella casa di Dio, nei pressi della parrocchia di San Martino, con il proposito di dare fuoco all'Arsenale. Circa cinquant'anni dopo, un altro tentativo di provocare incendi in Venezia faceva condannare a morte tre preti, assoldati dal signore di Padova Francesco da Carrara, detto il Novello, in lotta con i veneziani. Il Novello riuscì a corrompere Taddeo Buono della chiesa di San Marco, Andrea di San Simone Profeta e un altro prete di nome Andrea, ma appartenente a San Giacomo dell'Orio. Assieme a loro, Novello assoldò anche un falegname, Giovanni Pietro.

I tre preti non furono tuttavia abbastanza attenti a mantenere il segreto sul loro proposito di incendiare la città e suscitarono i sospetti di alcuni confratelli che ne informarono il governo. Dopo un efficace trattamento a base di torture di vario genere, quelle abitualmente praticate nel caso di interrogatori, i quattro confessarono: il falegname venne impiccato, mentre i tre preti vennero sepolti fino alle ginocchia, vivi, a testa in giù nel terreno, in tre buche scavate appositamente tra le colonne della Piazzetta. I confratelli che li avevano denunciati vennero premiati, e insieme a loro ricevettero una somma di denaro anche gli aguzzini che li avevano torturati perché potessero pagarsi un viaggio fino a Roma e ottenere l'assoluzione per il supplizio inflitto ai preti. Per la tranquillità di tutte le co-

Veduta della porta d'acqua dell'Arsenale; sulla destra è visibile la chiesa della Madonna dell'Arsenale. Incisione di Luca Carlevarijs.

scienze, il doge, allora Michele Steno, provvide anche a scrivere una lettera di scuse al papa.

Non ci si può stupire per questi racconti, se si pensa alla realtà delle "vocazioni" del nostro passato, vocazioni che non erano certamente tali, ma solo frutto di convenienza, abitudine, ricerca di una vita se non agiata almeno non misera.

Andrea Filippo Pini, ad esempio, un bellunese, era entrato in seminario giovanissimo ma ne era stato espulso. Non volle però rinunciare ai benefici della carriera ecclesiastica e, scelti un altro nome e un'altra zona, iniziò la vita sacerdotale e arrivò anche a divenire parroco di un piccolo villaggio. Quando il suo inganno venne scoperto, nel 1732, fu decapitato e poi messo al rogo. Ebbe maggiore fortuna, durante il dominio austriaco, un uomo che non solo si finse prete, ma addirittura vescovo. I tempi erano cambiati, per sua fortuna, e se la cavò con una condanna al carcere duro della Giudecca.

Ma il caso più curioso riguarda un prete di nome Vittore la cui storia, vera, sconfina nella leggenda. Prete Vittore viveva a Malamocco e, invece di occuparsi delle pratiche religiose, si dedicava alla cabala e agli scongiuri. Il diavolo era un suo fido collaboratore, e ci piace usare il termine "fido" poiché il demonio aveva preso le forme di un grande cane bianco, o almeno così sosteneva prete Vittorio. Fosse o meno il diavolo in persona, il cane bianco era sempre al suo fianco, ma ci fu un'occasione in cui non riuscì ad aiutare prete Vittore, che infatti ci lasciò le penne. Il prete, avido e pronto a qualsiasi delitto, teneva da tempo d'occhio un ricco mansionario, diremo oggi un sagrestano, Mauro d'Otranto, e resosi conto che a quell'operazione il cane bianco non intendeva proprio collaborare, decise di impadronirsi dei soldi con le sue forze. Si recò quindi a Venezia e con una scusa prese alloggio nella stessa canonica di San Marco in cui viveva la sua vittima. La notte, dopo essersi arrampicato sul tetto della canonica, si legò bene a una corda e si calò giù per il camino fino all'alloggio di prete Mauro, in quel momento deserto. Scoprì una cassa piena di preziosi appena un attimo prima che prete Mauro tornasse; ebbe il tempo di nascondersi ma non quello di rimettere a posto la cassa. Il sagrestano si accorse quindi immediatamente del tentativo di furto e si mise a perlustrare le proprie stanze. Prete Vittore saltò fuori dal buio per ucciderlo a coltellate, ma l'uomo era più forte di lui: dopo una breve colluttazione, prete Vittore incominciò a supplicare l'altro di perdonarlo e di lasciarlo libero. E prete Mauro non solo acconsentì, ma cercò anche di sostenerlo e accompagnarlo lungo le scale. Era l'occasione che prete Vittore aspettava. Approfittando del buio e della disattenzione del sagrestano, gli girò la corda attorno al collo, gli diede uno strattone e poi si avventò su di lui, accoltellandolo alla gola. Con grande sforzo trascinò poi il cadavere dell'uomo in cantina, nascondendolo bene sotto le fascine di legna da ardere, raccolse tutti i preziosi che riuscì a trovare nella casa e fuggì. L'omicidio fu naturalmente scoperto subito e altrettanto rapidamente fu arrestato l'autore che, dopo la confessione, fu condannato alla forca. Un attimo prima di morire confessò spontaneamente anche un altro omicidio, quello di Elisabetta di Palmarolo, un'anziana donna di Malamocco della cui morte non era mai stato scoperto il responsabile.

C'è chi dice di aver visto di fronte al patibolo, seduto con le orecchie ritte e la lingua penzoloni, un grosso cane bianco immobile che assisteva al macabro rito. Quando il prete morì, il cane si allontanò trotterellando, con la lunga coda che batteva l'aria.

Ma questa, evidentemente, è solo una leggenda.

Per tornare alla realtà, si può ancora aggiungere, d'altro canto, che la presenza di ecclesiastici fu particolarmente importante nelle grandi famiglie veneziane, per motivi legati anche alle possibilità di carriera, come avveniva anche nelle altre città italiane, da Firenze a Genova e a Milano.

La presenza nutrita di religiosi nelle grandi famiglie comportò non pochi problemi di equilibrio nei rapporti tra il potere secolare e quello temporale, per quanto riguarda la gestione delle strategie veneziane e soprattutto per il mantenimento di quella preziosa autonomia rispetto alle influenze romane alla quale Venezia tanto teneva. Tanto che il Consiglio dei Dieci tentò costantemente di porre in atto politiche di esclusione per evitare l'ingerenza nel Collegio e nelle decisioni della Repubblica da parte di chi occupasse cariche curiali.

Nel parlare di monache e frati la curiosità spinge ad esplorare quegli aspetti che, proprio perché così lontani dalla visione che comunemente si ha dei religiosi, finiscono per essere particolarmente intriganti.

Ma si possono citare altrettanti esempi che restituiscono la giusta dimensione alla professione della fede tra i veneziani, religiosi o laici. E non tanto per il numero impressionante di *capitelli*, cioè le edicole sacre, che riempiono ogni strada, ma soprattutto per l'importante contributo offerto alla cristianità, fatto di martiri, santi, beati e papi, da san Gerardo Sagredo, vescovo e martire in Ungheria nel lontano anno Mille, a san Lorenzo Giustiniani, fino a san Pio X, trevigiano di origine ma prevalentemente operante a Venezia, e a papa Albino Luciani, patriarca di Venezia, di cui parliamo in uno specifico capitolo di questo volume.

E, a proposito di papi, una curiosa leggenda veneziana riguarda papa Alessandro III che nel 1177, per rendersi conto di persona di quanto fossero affidabili i veneziani, avrebbe vagato per mesi per la città, dapprima fingendosi un mendicante e vivendo di carità, tanto da trascorrere le notti sotto il portico della chiesa di San Salvador, poi come sguattero, presso il convento della Carità, rimanendovi per circa sei mesi. Così, ascoltando e parlando con il popolo, il papa si sarebbe convinto che il popolo veneziano era il migliore della Terra.

Che è poi, molto più modestamente, la stessa nostra convinzione.

«Recordeve del povaro fornareto!»

Questo avvenimento è molto radicato nella tradizione popolare e ricordato in tutti i *Registri dei giustiziati*, anche se non se ne trovano tracce nei *Criminali* o *Raspe* (registri della Quarantia Criminale) né nei *Diarii* dell'informatissimo Sanuto o Sanudo, un cronista che annotò puntualmente i principali avvenimenti della città.

Si tratta di un fatto accaduto un giorno del 1507 quando, nelle prime ore del mattino, all'angolo tra la calle della Mandola ed il Ponte degli Assassini, le luci dei *cesendoli*, i lampioni, illuminavano un corpo steso a terra privo di vita con un pugnale conficcato nella schiena. Passava a quell'ora un giovane fornaio, *fornareto*, che alcuni cronisti chiamano Pietro Faciol, altri Pietro Tasca.

Il giovane, scorto l'uomo a terra, si avvicinò e lo scosse per vedere se fosse ancora vivo; quindi, colpito dalla bellezza del fodero del pugnale che giaceva insanguinato accanto al corpo, lo raccolse da terra e lo mise in tasca pensando di poterne ricavare un bel gruzzolo per fare un regalo alla sua fidanzata, Annella, domestica nella vicina casa del conte Barbo o, come sostengono alcuni cronisti, figlia del conte stesso.

Pietro, rialzandosi, scoprì di essere imbrattato di sangue; in quel momento passavano due gendarmi che, vedendolo accanto al cadavere insanguinato, con il fodero in mano, lo bloccarono e lo condussero a Palazzo Ducale nonostante il giovane si dichiarasse innocente. Il morto fu identificato come il conte Alvise Guoro, o Alvise Valoer, come sostengono altri, cugino della contessa Barbo.

Per interessamento di Annella intervenne il conte Barbo, membro del Consiglio dei Dieci, che in maniera rocambolesca lo fece uscire dai "Pozzi" dei Piombi di Palazzo Ducale, con l'intenzione di nasconderlo nel Fondaco dei Tedeschi, zona sicura ed isolata, da dove qualcuno avrebbe dovuto prelevarlo per portarlo in salvo.

Purtroppo l'impresa non andò a buon fine e prima che Pietro riuscisse a nascondersi fu visto e riconosciuto da alcuni gendarmi di ronda che lo catturarono e lo riportarono al Palazzo: ora era veramente nei guai!

Sottoposto a tortura, gli fu estorta una falsa confessione e la condanna a morte fu inevitabile.

La mattina del 22 marzo 1507 allo spuntare del sole il condannato fu portato tra le due colonne di Marco e Todaro in piazzetta San Marco e, dopo il segnale dato dal doge Loredan, la sua testa fu staccata dalla mannaia del boia.

Si dice che prima di morire il fornaretto avesse pronunciato questa frase: «*No pasarà un ano che de tuti quei che m'ha condanà, no ghe sarà più nissun*».

Il doge ebbe appena il tempo di dire la frase di rito: «Giustizia è fatta!» che dalla folla si levò un grido: «Nooo!». Un servo di casa Barbo accorreva trafelato facendosi largo tra la gente che assisteva all'esecuzione e, tra bestemmie ed imprecazioni, urlò che il suo padrone, il conte Lorenzo, aveva appena confessato alla moglie di essere l'autore dell'omicidio di Alvise Guoro.

Le autorità della Serenissima, che si vantavano di avere sempre attuato

La piazzetta San Marco, con le due colonne, in un'incisione di L. Carlevarijs.

una giustizia giusta per tutti, si raggelarono alla notizia e dal giorno della morte di Pietro, ad ogni udienza processuale veniva pronunciata la frase di rito: «*Recordeve del povaro fornareto!*», per tutelarsi dal rischio di ingiuste condanne.

Da quel giorno del 1507 due fiaccole, oggi sostituite da due lampadine, sono accese dal crepuscolo allo spuntar dell'alba sul lato sud della basilica di San Marco, proprio di fronte al punto dove sorgeva il patibolo.

E della maledizione pronunciata dal fornaretto in punto di morte?

Annella, la fidanzata, fece una triste fine; il conte Lorenzo Barbo morì, seduto a tavola, soffocato da un boccone nel corso di una discussione politica; il doge visse, vecchio e malridotto, fino ad ottantasei anni; il nobile Garzoni, antagonista politico della famiglia Barbo, e principale accusatore di Pietro, venne pugnalato sotto la torre dell'Orologio; la contessa Barbo morì, lo stesso anno dell'esecuzione, colpita da una polmonite fulminante.

Bernardina l'uxoricida

Orrore senza fine per punire una uxoricida: ebbe il sapore di vendetta, più che di giustizia, l'esecuzione in più fasi di una delle più famose donne omicide veneziane, Bernardina da Montenegro.

Era il primo maggio del 1521 quando si consumò a Venezia, presso il campiello della Fraterna, il delitto che avrebbe messo a dura prova la giustizia della Repubblica di Venezia. Nella famiglia di Luca da Montenegro e della moglie Bernardina le liti, anche furiose, erano all'ordine del giorno. Vi assisteva, prima impotente e poi assuefatta, la figlia Diana, ormai adulta al momento del delitto. Quel primo maggio Bernardina, forse più esasperata, forse più aggressiva del solito, colpì ripetutamente con una mazza il marito che dormiva nel talamo coniugale e minacciò la figlia affinché smettesse di gridare. Dopodiché si diede ad ordire il suo piano: aiutata dal cugino Tommasio, un patrizio responsabile della sicurezza notturna della città, sotterrò il cadavere in un magazzino spargendo poi la voce che il marito aveva lasciato la città.

Per rafforzare la trama del suo racconto mostrò in giro una lettera attribuita a Luca, ma scritta da Tommasio, in cui il marito annunciava la propria intenzione di recarsi in pellegrinaggio al santuario di Loreto per un voto e di voler poi passare da Roma prima di rientrare. Ma la misteriosa scomparsa non convinse tutti. Uno zio di Luca, ben conoscendo il rapporto tormentato tra i coniugi e avendo ben presente il carattere focoso di Bernardina, inviò una lettera al presunto ospite del nipote a Loreto, il quale negò di aver visto Luca.

La denuncia alla giustizia partì immediatamente, ma Bernardina diede mostra della propria astuzia tenendo ancora a lungo in scacco i magistrati e negando ogni suo coinvolgimento nella vicenda. Alla fine commise però anche lei un errore: si confidò con un suo ospite, probabilmente un amante, al quale espresse l'intenzione di disseppellire il corpo del marito per collocarlo in un luogo più sicuro. Il suo ospite la tradì e la figlia confermò il delitto con una deposizione, portando così alla scoperta del cadavere. Dieci giorni più tardi il corpo dell'uomo venne ritrovato sotto la scala esterna della casa da un parente, che fin dall'inizio non aveva creduto alla scusa imbastita da Bernardina. Il ritrovamento del cadavere suscitò un odio feroce nei confronti dell'assassina, che non avrebbe spiegato mai i motivi dell'uxoricidio.

Al processo non ci sarebbe stato nessuno a pronunciare parole di comprensione, anche minima, verso la donna: non i parenti di lui, non Vincenzo Zurla, al quale la donna avrebbe chiesto aiuto per spostare il cadavere, e nemmeno la figlia, che fu tra le sue più spietate accusatrici. Bernardina fu condannata a morte per decapitazione e suo cugino e complice si vide comminare una condanna di soli quattro mesi.

Il 3 agosto del 1521, portata da una *peata*, la grande imbarcazione da trasporto dell'epoca, la donna fu tradotta in piazzetta San Marco: qui le fu prima tagliata la mano destra, quella colpevole di avere inferto il colpo mortale al marito con un coltello, poi venne trascinata nel centro con l'arto appeso al collo e finita a colpi di mazza. La furia processuale non era però ancora terminata: le cronache registrano, attraverso le pagine del *Diario* di Martin Sanudo, che il cadavere già straziato di Bernardina fu squartato e che i resti furono appesi in vari luoghi della città, come monito per eventuali altre potenziali mogli assassine.

Una pagina di storia da dimenticare.

La storia di Pietro Ramberti e Giovanni Nasone

La famiglia Ramberti era di origini cittadine e proveniva dall'Istria; da là si era trasferita a Venezia, dove conduceva due botteghe di speziali, una con il nome di "Pomo d'Oro", l'altra con quello di "Leon d'Oro".

Il giovane Pietro Ramberti si godeva quella che si definirebbe oggi una giovinezza dissoluta, tra gioco d'azzardo e meretrici, due passioni che avevano fortemente intaccato il patrimonio paterno. A ventidue anni, sposato e con tre figli, si ritrovò al verde e dovette escogitare un piano per porre rimedio ai danni causati dai suoi vizi.

La sua attenzione cadde su una ricca zia materna, Francesca Michieli, vedova con due figli ancora piccoli, che abitava in Campo di San Maurizio. Con la complicità di un conoscente, Giovanni Nasone dalle Gambarare, si recò a casa della zia e lasciatolo come palo bussò all'uscio.

La signora Michieli si trovava a colloquio con un calzolaio di nome Bartolomeo ed era presente la figlia minore di otto anni. Il figlio più grande e la domestica erano impegnati a spazzare dalla porta la neve che era caduta copiosa nella notte.

Pietro, la zia e il calzolaio si intrattennero per alcuni minuti, dopodiché il calzolaio se ne andò e Pietro fece in modo che la bambina lasciasse la stanza, adducendo la scusa di dover parlare di affari con la madre. Ma non appena la ragazzina si fu recata in cucina Pietro prese un coltello affilato e tagliò la gola alla zia. In pochi istanti giunse in cucina, dove riservò la stessa sorte alla bambina. La domestica e il bambino accorsero, andando anche loro incontro a una fine atroce.

Compiuta la strage, il giovane fece con un fazzoletto il segnale convenuto al suo complice, che arrivato rapidamente rubò gioielli e denari della Michieli, allontanandosi poi intabarrato in modo da sottrarsi agli sguardi di eventuali testimoni. Giunta la sera arrivò alla casa della sventurata famiglia il calzolaio, che bussò invano e decise di ritornare il giorno successivo. Non ottenendo nuovamente risposta avvertì i parenti della donna che giunti sul posto abbatterono la porta trovandosi dinanzi al tremendo spettacolo di morte. Arrivarono i gendarmi e arrivò anche, tra gli altri, Pietro Ramberti, al quale il calzolaio rivolse alcune parole che ne avrebbero segnato il destino, esprimendo la propria incredulità nel vedere morta sul pavimento la donna con la quale lui e lo stesso Pietro stavano parlando proprio la sera prima.

Non ci fu bisogno di sofisticate indagini, anche perché al capitano Novello non sfuggì il pallore sul volto del giovane Ramberti, il quale si rivolse al cugino Girolamo Stefani implorando aiuto per la propria famiglia. Ammise con il cugino il proprio reato, chiedendogli di recarsi da Nasone e di invitarlo a scappare e a liberarsi del denaro, unica prova certa della loro colpevolezza insieme ad un libretto sul quale Pietro aveva scritto la somma rubata alla zia: Stefani denunciò immediatamente il cugino, che venne arrestato con il complice.

Giovanni Nasone confessò il proprio ruolo nella vicenda e fu condannato a morte per decapitazione. Ramberti invece negò le proprie responsabilità fino all'ultimo. Il 13 marzo 1539 fu condannato ad essere condotto su una chiatta legato seminudo ad un palo, ad essere colpito per dieci volte con una tenaglia infuocata, al taglio della mano destra che gli sarebbe poi stata appesa al collo fino al momento della decapitazione, cui avrebbe fatto seguito lo smembramento del corpo in quattro parti.

Non sorprende che alla vigilia dell'esecuzione di tale disumana condanna il fratello di Pietro, Lodovico, ottenuta la concessione di poter portare al congiunto l'ultimo saluto, si presentasse con una nocciola piena di veleno che pose in bocca al fratello provocandone la morte quasi immediata. Le autorità vollero comunque che il cadavere subisse le mutilazioni previste e Lodovico venne bandito da tutto il dominio della Repubblica di Venezia.

Nadalin da Trento, *garbelador* e *ligador*

Alla Scuola Grande di San Marco, ai Santi Giovanni e Paolo, all'alba di quel giorno di settembre del 1574 c'era molto fermento: aperta per preparare le esequie di un confratello estinto, era da subito risultato evidente che molti degli oggetti in essa custoditi erano spariti.

La Scuola Grande di San Rocco in un'incisione di L. Carlevarijs.

Il Guardian Grande era accorso con un notaio dell'*Avogaria* e insieme agli altri confratelli si erano messi a stilare la lista degli oggetti scomparsi, tanto lunga che era evidente che non si potesse trattare di un furto commesso da un'unica persona, che non avrebbe avuto le braccia abbastanza grandi e forti da trasportare tutto.

Mancavano calici, croci, l'anello di san Marco, il tabernacolo e una preziosa reliquia di Gesù giaceva abbandonata su un banco.

Qualche giorno dopo toccò alla Scuola di San Rocco, dalla quale scomparve misteriosamente un bellissimo crocifisso dalla grande corona di spine argentate... e, di giorno in giorno, qui un crocifisso, lì un calice, là una reliquia, le chiese di Venezia subivano via via inquietanti furti. Un mistero che nessuno riusciva a svelare, finché una sera di novembre fu scorto un uomo che si aggirava furtivamente attorno alla chiesa di San Tomà: aveva un sacco in spalla e scrutava ogni ingresso della chiesa, manifestando così la sua intenzione di insinuarvisi.

Le guardie di Rialto, accorse alla chiamata, sorpresero l'uomo mentre cercava di forzare una porta. Quando l'ebbero aguantato e scrollato bene, dalle tasche e dalla bisaccia incominciarono a uscire e a cadere a terra oggetti e attrezzi di ogni tipo e dimensione: tenaglie, scalpelli, leve, esche e pietre focaie, un piccolo fanale e una corta mannaia... l'inventario degli oggetti in possesso dell'uomo sembrava non avere fine. Ma ne fu immediatamente chiaro l'uso.

Appena trasportato in carcere, l'uomo sciorinò con la stessa rapidità e generosità tutta la sua storia, forse per ingraziarsi i giudici con una pronta confessione, forse perché bene informato sui mezzi che i Signori della Notte utilizzavano per far parlare i reticenti.

Disse il suo nome, Nadalin da Trento, e raccontò di essere figlio di un sarto, di appartenere ai *garbelador* e *ligador* al Fondego dei Tedeschi, che, nella Venezia di quel tempo, erano addetti rispettivamente al vaglio delle granaglie e alla legatura delle varie mercanzie. Poiché provenivano per lo più dal Trentino, venivano chiamati "tedeschi", e da ciò prese il nome il locale a San Bartolomeo messo a loro disposizione fin dal XII secolo perché potessero farne l'uso di abitazione e di magazzino.

Da immediata perquisizione nella casa dell'uomo saltò fuori un nascondiglio che la moglie di Nadalin, Cassandra, si guardò bene dal celare e, nel nascondiglio, oro, argento, preziosi e, finalmente, una grande quantità di arredi sacri, proprio quelli scomparsi così misteriosamente dalle chiese veneziane. Nella sua ansia di collaborare Nadalin raccontò che nel suo tentativo di fondere la corona d'argento rubata alla Scuola di San Rocco, uno dei suoi figli era finito nel fuoco bruciandosi, e commentò che era evidentemente un segno della giustizia divina.

Proseguì manifestando tutto il suo pentimento, rammaricandosi della sua idea di volersi impadronire delle cose preziose, che a San Tomà erano certamente state portate in vista della prossima festività di Sant'Aniano.

Se Nadalin sperava, con quella franca confessione, di intenerire l'animo dei giudici, dovette ricredersi rapidamente. Il giorno stesso, infatti, il Consiglio dei Dieci deliberò la sua condanna a morte per impiccagione e rogo.

La refurtiva venne restituita alle chiese, alle quali fu anche concesso di dividersi l'utile della restante merce rubata, qualora nessun veneziano si fosse fatto avanti per reclamarla.

Cassandra, la moglie di Nadalin, venne invece riconosciuta innocente e liberata.

Laura Malipiero: strega o guaritrice?

Si narra che, ai primi del Seicento, Teodorin da Rodi e Isabella Malipiero abbandonarono la figlia Laura nel monastero dei Greci. Fin qui nulla di strano: si trattava, infatti, di una pratica diffusa all'epoca, quando i genitori non potevano permettersi di allevare i figli o non volevano riconoscerli. E tuttavia la storia di Laura è una storia particolare: nell'arco della sua esistenza ella subì per ben tre volte dalla Santa Inquisizione un processo per stregoneria. I processi coinvolgeranno, di volta in volta, Laura, ma anche la madre Isabella e altre figure di donne intorno a loro. La storia di Laura Malipiero è quindi rappresentativa della stregoneria a Venezia, ma soprattutto della condizione delle donne nel Seicento, il cui ruolo era considerato marginale e legato indissolubilmente a quello del marito. Erano proprio le donne sole, perché vedove o rinnegate, capaci di iniziativa e organizzazione, depositarie di saperi antichi e di arti guaritrici, a cadere vittime delle accuse di stregoneria, accuse che spesso si basavano su dicerie, su fatti intravisti e interpretati, sulla paura del diverso, sull'invidia.

Ma torniamo all'inizio della storia.

Isabella Malipiero era figlia di un nobile veneziano, e dunque di famiglia agiata; si sposò con Teodorin da Rodi, membro della comunità greca e marinaio. Il mestiere del marito lo teneva però spesso lontano da casa, lasciando Isabella sola, fino, probabilmente, a sparire del tutto. Ecco dunque che Isabella, a trent'anni, si ritrovò con una figlia piccola a cui badare e, al tempo stesso, costretta a integrare il lavoro come "infioratrice di margherite" con altri mestieri. In particolare, Isabella conobbe la comunità delle guaritrici greche che abitavano e praticavano in Castello e, con tutta probabilità, trasse ispirazione dalla loro professione e cominciò a praticare anch'essa il mestiere di maga e guaritrice.

E tuttavia Isabella decise di abbandonare la figlia presso il monastero della chiesa ortodossa di San Giorgio, confidando nell'aiuto della comunità greca, alla quale apparteneva di diritto dopo il matrimonio.

La piccola Laura crebbe nel monastero, circondata dalla comunità ortodossa, e a 12 anni scambiò l'anello con Teodorin da Andro, marinaio greco come il padre mai conosciuto e dallo stesso nome.

La storia si ripeté. Durante i numerosi viaggi, Teodorin venne fatto prigioniero dei turchi, per non fare più ritorno a Venezia. A Laura venne quindi restituita la dote e la vita della giovane continuò uguale a prima.

Circa otto anni più tardi, Laura conobbe Francesco Bonomin, mercante in seta e vedovo, che se innamorò e la sposò. Erano gli anni in cui il Carnevale si affermò a Venezia come festa in cui tutto era permesso, in cui erano ammessi comportamenti fuori di ogni regola. Tra i travestimenti più comuni vi erano il buffone, l'animale, ma anche il chierico e il diavolo. E proprio da diavolo era travestita Laura quando incontrò Francesco, che se ne innamorò perdutamente, quasi stregato dalla giovane, e la portò via dalla festa. Poco dopo si celebrò il matrimonio, con il quale Francesco, padre di quattro figli, trovò una sostituta alla moglie defunta e Laura assunse il comune ma difficile ruolo di matrigna.

Ai quattro figli di Francesco si aggiunsero i due che Laura ebbe dal marito, e la donna si ritrovò a gestire una famiglia numerosa. In aiuto le venne la madre Isabella, che, pur avendola abbandonata, mantenne sempre con lei un rapporto, e che ora visitava regolarmente la casa di Bonomin per aiutare la figlia nelle faccende domestiche.

Francesco Bonomin era un mercante di seta e come tale benestante, ragion per cui la famiglia, se pur numerosa, non versava in cattive condizioni economiche. Ma Francesco non si rivelò un buon partito per Laura: probabilmente malato di epilessia, come emerge dalle testimonianze del processo, era violento, picchiava la moglie e la tradiva con altre donne. Infine, la denunciò al Santo Uffizio, con l'accusa di operare stregonerie insieme alla madre e di essere poligama, e chiese l'annullamento del matrimonio.

Il processo è emblematico di come una serie di eventi al di fuori delle logiche e conoscenze del tempo venissero interpretati per costruire un'accusa di stregoneria finalizzata ad ottenere l'annullamento del matrimonio.

Francesco per prima cosa accusò Laura di averlo stregato al momento del loro incontro, quasi costringendolo con una malia a rapirla dalla festa e a sposarla. In un'epoca in cui i matrimoni servivano a consolidare la posizione sociale, ed erano spesso frutto di calcoli e di reti di relazioni, l'innamoramento, il "colpo di fulmine", non poteva che essere visto come qualcosa di anomalo, di magico. Eppure, non è difficile capire oggi come Francesco, vedovo con quattro figli, a cui la società imponeva il dovere morale di trovare una nuova madre capace di accudire la casa e crescerli, nella frenesia del Carnevale potesse aver "perso la testa" per una ventenne.

La seconda accusa portata da Francesco era poi quella di poligamia: asserì infatti di avere chiesto a Laura se ella fosse libera, prima di sposarla, e di avere scoperto solo in seguito che era ancora sposata con Teodorin da Andro. Il matrimonio, effettivamente, fu celebrato, ma sappiamo anche che Teodorin sparì subito dopo per non fare più ritorno, tanto che a Laura fu restituita la dote di 20 denari perché potesse mantenersi. Una versione vuole però che Francesco, pur di averla in moglie, l'avesse convinta che il matrimonio con Teodorin si potesse "disfare", dato che «ciò che fa li greci, li italiani lo posson disfare, perché loro non obbedi-

Strega intenta a preparare una fattura (incisione cinquecentesca).

scono al papa» e avesse quindi cercato dei testimoni che dichiarassero che Laura non era sposata. Infine, l'accusa più forte, quella di praticare *stregherie* insieme alla madre. I figli di Francesco, infatti, affermarono di avere visto Isabella e Laura mescolare strane polveri al cibo del padre, che gli causavano poi attacchi di violenza, in cui urlava e si dimenava, con la schiuma alla bocca. Sostenevano inoltre di avere frugato tra le sue cose di avere trovato amuleti e una lingua di gatto essiccata.

È certo che Isabella praticasse il mestiere di guaritrice, ed è inoltre certo che Laura si affidasse ai consigli suoi e di altre guaritrici di Venezia: in queste donne Laura trovava una solidarietà per la sua condizione di moglie maltrattata dal marito e in generale di madre di una famiglia numerosa. Fu a queste donne che si rivolse quando, ad esempio, si ammalò il primogenito, che cercò di curare facendolo segnare con l'olio benedetto e legandogli al collo un amuleto, salvo poi rivolgersi al pievano di San Simeone quando il bimbo peggiorò.

Laura quindi ricorreva alle stregonerie per difendersi dal marito violento, per curare i figli, per la gestione quotidiana della casa, affidandosi alla sapienza di donne più mature ed esperte di lei: la madre, che aveva conosciuto solo dopo l'infanzia, e le altre guaritrici. Le polveri, le ostie e l'acqua, con cui fu accusata di manipolare i cibi del marito e dei figli, erano mezzi a cui Laura ricorreva su consiglio delle altre donne per guarire il marito dai suoi attacchi di violenza, erano polveri per purgare la famiglia e ostie acquistate su consiglio di alcune donne che erano di casa nella chiesa del Carmine.

Il processo si chiuse con l'annullamento del matrimonio, e le accuse di stregoneria nei confronti di Laura si risolsero con un mese di prigione.

Dopo l'annullamento, la salute di Francesco non migliorò: continuò ad avere accessi di violenza e convulsioni e morì dopo qualche anno. I sintomi descritti sono quelli dell'epilessia. Una malattia, quindi, e non la conseguenza di malie operate dalla moglie, anche se fu questa la spiegazione ufficiale.

Dopo il processo e dopo avere scontato la condanna, Laura portò via con sé i due figli e trascorso qualche anno si risposò con Andrea Salaron, mercante bolognese.

Era senza dubbio una donna forte, che nonostante la condizione sociale disagiata da cui proveniva e le vicissitudini che attraversava, trovò il modo di risollevarsi e sistemarsi con un nuovo matrimonio.

E tuttavia, la storia di violenza sembrò ripetersi: Andrea non picchiava la moglie, ma cacciò di casa i figli di lei, nonostante avesse acconsentito a farsene carico al momento del matrimonio. Laura era preoccupata soprattutto per il primogenito, Luigi, infermo e partito al seguito di un capitano di ventura. Era lo stesso figlio che anni prima Laura portava dalle guaritrici perché lo segnassero con l'olio santo.

Dopo qualche anno la stessa Laura venne cacciata di casa dal marito, dopo avere subìto numerose minacce ed essere stata costretta ad abbandonare i suoi averi. Laura non si perse d'animo: per vivere affittò camere, occupazione comune a quel tempo a molte donne rimaste sole, e così facendo tessé una rete di relazioni sociali, poco usuale all'epoca per una donna, relegata a ruolo di custode della casa. La necessità, l'ingegno e le conoscenze la portarono a perfezionare le capacità di guaritrice. Ottenne e dispensò favori, segnò con l'olio benedetto e distribuì unguenti; nel suo gestire una attività economica si creò anche dei nemici, alimentò odi e malevolenza dettati ora da motivazioni economiche, ora dall'invidia della libertà che Laura si era conquistata.

Il rapporto con la madre Isabella non si interruppe, ma proseguì a sorti alterne. Da Isabella, Laura apprese il sapere magico, e le due donne si alternavano nel mestiere di guaritrice: dato che Isabella segnava con l'olio benedetto in luoghi diversi, quando non poteva esercitare a San Martino, dove viveva, ecco che interveniva Laura; anni dopo, quando Laura aveva acquisito fama di guaritrice, la madre la sostituiva quando lei era malata e non poteva esercitare. L'attività di Laura come guaritrice è documentata da numerose testimonianze: è interessante notare quindi come il ricorso a streghe e guaritrici fosse una pratica diffusa per curare malanni, convulsioni e attacchi di rabbia, ma anche per tradimenti e problemi di natura amorosa, salvo poi tradursi in condanne per le guaritrici quando il loro operato diventava troppo evidente agli occhi della comunità o, ancora, "disturbava" il normale svolgersi delle incombenze quotidiane.

Nel 1647 fu la stessa Laura, per tramite di un avvocato, a scrivere al Sant'Uffizio: la donna aveva saputo di essere stata denunciata per «certe ontioni, o ogli, che ella dispensa». Avendo già affrontato il tribunale della Santa Inquisizione, sapeva come muoversi e voleva giustificarsi prima ancora di essere accusata. Ma al momento era inferma e non poté comparire in tribunale. La malattia si protrasse per altri due anni, finché nel 1649 cominciarono le prime deposizioni. Laura era l'imputata principale, ma insieme a lei vennero accusate la madre Isabella e altre sei streghe, fatto che conferma l'esistenza di una florida pratica superstiziosa a Venezia.

Ancora una volta emerse la donna forte ed emancipata: Laura si servì di un avvocato e si dimostrò in grado di trattare con l'Inquisizione sul piano istituzionale. Si difese dalle accuse di stregoneria con argomenti logici e antepose alla figura di strega quella di donna rispettosa dei dogmi della Chiesa. Alle accuse di avere utilizzato unguenti e pozioni magiche rispose di avere sempre acquistato tali unguenti dagli speziali, che conosceva e dai quali aveva ricevuto il permesso di usarli. Una legittimazione della sua attività di guaritrice attraverso la testimonianza di speziali, e quindi attraverso il riconoscimento istituzionale.

L'avvocato di Laura, inoltre, dimostrò come le accuse nei confronti della donna provenissero in gran parte da persone a lei nemiche, come il marito Andrea, che oltre a derubarla l'aveva minacciata di morte se non se ne fosse andata di casa, e la sua massara Elena, che l'aveva derubata.

Infine, Laura portò in sua difesa il comportamento conforme ad ogni persona rispettabile: «Sempre si è confessata e comunicata a tempi debiti, frequentando la santa messa e dimostrando esteriormente tutti quei segni che può dimostrare una persona cristiana».

Laura non era più la giovane insicura e alle prime armi che portava il figlio malato a farsi segnare con l'olio, che chiedeva assistenza ad altre donne per barcamenarsi tra la cura dei figli e le violenze del marito: era diventata una donna forte e sicura delle proprie capacità. Era determinata, indipendente, gestiva più attività economiche con abilità, aveva assimilato le conoscenze di guaritrice e le utilizzava per ottenerne guadagni e favori. Forse troppi, e forse fu questo a far scattare nei suoi stessi beneficiati, o in chi le stava intorno, la necessità di denunciarla.

Laura era dunque una strega? Per i canoni del tempo possiamo affermare che lo fosse: la sua emancipazione e la sua abilità negli affari erano senza dubbio qualità poco comuni per una donna del suo tempo, così come la conoscenza del corpo, ma soprattutto l'abilità che Laura dimostrava nell'ascoltare le persone e capire cosa volessero farsi dire, nel riconoscere quei casi che poteva guarire e quei casi per i quali chiamava in aiuto altre forze, affermando, di volta in volta, che esistevano degli incantesimi più forti che ella non era in grado di contrastare, o, ancora, che era necessario ricorrere all'aiuto del pievano o del vescovo, come a delegare la responsabilità della guarigione a quella Chiesa che si voleva superiore e capace di ogni cosa.

Strega dunque, nel senso di astuta e di maliziosa, nell'accezione più vasta che, non a caso, ha acquisito questo termine, che ben si adatta a questa donna dall'indubbio fascino (si sposò tre volte), capace di intuire cosa le venisse richiesto e comportarsi di conseguenza. Così avvenne in questo secondo processo, in cui ogni accusa fu smontata con la razionalità e con il richiamo ai comportamenti leciti: chi lanciava le accuse era a sua volta colpevole, come il marito Andrea, che l'aveva cacciata di casa privandola dei suoi averi, o la massara Elena, che l'aveva derubata perché invidiosa dei suoi guadagni; gli *ogli* che lei dispensava altro non erano che medicamenti approvati e regolarmente venduti dagli speziali: si trattava degli anni in cui la medicina stava lentamente progredendo e in cui i medici si affermavano come categoria separata e superiore rispetto ai guaritori e Laura presentò ricorso e ottenne questo riconoscimento istituzionale nella sua difesa. Laura dimostrò anche di saper trattare con l'ufficiale del Sant'Uffizio: non solo il processo venne rimandato di due anni a causa delle precarie condizioni di salute di Laura, ma sempre la massara Elena riferì di avere visto Laura pagare il capitano del Sant'Uffizio per ricompensarlo di averla avvisata dell'imminente perquisizione, riuscendo così a nascondere i "ferri del mestiere". Laura negò di avere dato denari al capitano, dicendo solo di avergli chiesto, una volta riconosciuto come ufficiale del Sant'Uffizio, se ella fosse querelata; dal canto suo, il capitano ammise di averle anticipato la notizia «non a mal fine, ma solamente per prender cognitione di detta donna e di prenderla quando puotessi», dichiarazione che gli valse un'ammenda per avere rotto il segreto. Denaro o no, certo è che Laura riuscì a sapere in anticipo quali accuse gravavano sul suo conto, e a prepararsi di conseguenza.

Anche la madre Isabella comparve in tribunale e analoga fu la difesa che la donna oppose: affermò di essere solo una povera vecchia, accusata da persone a lei nemiche di avere vissuto separata da Laura e, infine, di essere anche lei donna devota alla Chiesa.

Il 7 settembre 1649 il tribunale giunse alla condanna definitiva: oltre all'abiura, Laura venne condannata ad una fustigazione sulla pubblica piazza, sostituibile, per motivi di salute, con la messa alla berlina in piazza San Marco per almeno un'ora. Seguì poi la detenzione in carcere, per circa dieci anni. Tuttavia, sei mesi dopo, il Sant'Uffizio sospese il precedente decreto, viste le precarie condizioni di salute della donna: se fosse stata messa alla berlina si sarebbe trovata in grave pericolo di vita, quindi Laura venne liberata, a patto di non commettere i crimini per cui era stata accusata e di non segnare più con l'olio benedetto.

Era il 14 gennaio del 1654 quando una nuova accusa al Sant'Uffizio coinvolse nuovamente Laura Malipiero. Questa volta la donna fu accusata di aver praticato stregonerie sulla moglie di Angelo Emo, ex provveditore generale in Morea e membro del Senato della Serenissima.

Laura venne ora descritta come una "perfida vecchia", la quale, chiamata a guarire la moglie di Emo, Marina, individuò la causa dei suoi mali in un maleficio operato dai suoi stessi figli, dopo un rituale magico eseguito grazie all'aiuto di una servetta della famiglia.

Il 30 gennaio Laura venne portata in prigione e la sua abitazione perquisita. Qui gli ufficiali trovarono svariati libri e carte e alcuni oggetti magici: ampolle e olii, cordicelle e due pezzi di candele nere.

Il mistero era fitto e intricato, e diverse furono le testimonianze richieste per venirne a capo e ricostruire i fatti.

Marina Emo, vedova e sposata in seconde nozze con Angelo Emo, era da tempo inferma: debole e costretta spesso a letto, non riusciva a concepire un figlio con il nuovo marito. Dopo aver sperimentato diverse cure, tutte infruttuose, il senatore decise di rivolgersi a Laura, la cui fama di guaritrice continuava ad essere florida. Laura accettò di visitare l'inferma e asserì con un discorso «veramente aggiustato e molto a proposito» di essere disponibile a curarla. Il tempo era passato, ma Laura continuava a dimostrare di sapere il fatto suo in materia di affari. Dopo la visita sostenne che il malanno di Marina era causato da un maleficio; parlò con Marina e la donna disse di voler sapere chi le volesse nuocere. Il marito dichiarerà in tribunale di non aver prestato fede a questa affermazione, e tuttavia acconsentì a partecipare all'esperimento che grazie alla magia avrebbe svelato i colpevoli. Per il rituale magico Laura si servì dell'aiuto della servetta Girolama, giovane e incinta e quindi in uno stato psichico alterato, facilmente suggestionabile. Laura si fece aiutare dalla ragazza dietro promessa di una veste nuova e di denaro. Nella stanza buia, Laura fece tenere in mano a Girolama una candela e le sussurrò all'orecchio di dirle cosa vedesse. Suggestionata e guidata nella visione, Girolama affermò di avere visto sul palmo della mano annerito le figure dei figli di Marina che compivano il maleficio. Il responso era chiaro: a fare il maleficio erano stati i figli del primo matrimonio di Marina Emo, che impedivano alla madre di avere altri eredi per poter usufruire interamente della sua dote.

Sia Angelo che Marina rifiutarono di dare la colpa ai figli e Girolama, incalzata e minacciata di essere cacciata se avesse mentito, confessò di non avere visto nulla, ma di essersi fatta convincere da Laura. In questo caso Laura aveva compiuto un errore di valutazione: aveva creduto di poter convincere la servetta Girolama sfruttando la sua instabilità emotiva e promettendole denaro e una veste nuova, ma sottovalutò l'attaccamento della giovane alla famiglia presso cui prestava servizio, che le fece fare un passo indietro e ammettere l'inganno. E tuttavia, la diagnosi di Laura era, ancora una volta, giusta: non vi erano sortilegi, ma il blocco mestruale di Marina, che le impediva di avere figli, era con tutta probabilità un blocco psicologico: Marina sentiva il vecchio ordine familiare, rappresentato dai due figli, in qualche modo "minacciato" da un nuovo erede che la società le imponeva.

Come si difese da queste nuove accuse Laura? Ovviamente, negò e ricondusse il suo operato ad un piano "legale" e riconosciuto. Negò che gli oggetti magici fossero i suoi, confermò la sua attività di guaritrice che si serviva però di purghe, unguenti a base di piante ed estratti naturali e di oli essenziali.

Quindi fornì la sua versione dei fatti di casa Emo: era stata sì chiamata più volte per curare Marina. Dapprima le aveva prescritto alcune purghe, anche per facilitare il mestruo (e qui Laura dimostrò una conoscenza medica affatto comune per i tempi, dato che solo da poco si era cominciato a collegare il flusso mestruale alla fertilità femminile); poi, vi-

Ciarlatano, sedicente medico itinerante (incisione cinquecentesca).

sto che i malesseri di Marina ritornavano, le consigliò delle fumigazioni a base di erbe per purificare gli "umori melanconici". Affermò di avere sempre chiesto consiglio agli speziali e ai barbieri, che ai tempi svolgevano anche il mestiere di chirurghi, prima di dispensare ogni cura. I rimedi di Laura non si rivelarono però all'altezza della situazione, perché Marina continuava ad avere ricadute. La famiglia Emo le chiese quindi di trasferirsi per 15 o 20 giorni per seguire l'inferma, ma Laura rifiutò: era una donna indipendente, doveva gestire l'affitto delle camere e aveva anche altri pazienti: non poteva assentarsi per un periodo così lungo.

La famiglia Emo arrivò a minacciarla se non avesse proseguito le cure e, ai rifiuti di Laura, seguì la denuncia per stregoneria. La vicenda, quindi, sarebbe stata una «inventione» della famiglia Emo, e a riprova di questo Laura portò varie testimonianze di vicine e persone del borgo, che riferirono di discussioni tra Angelo Emo e Laura.

Con tutta probabilità Laura si era resa conto di non poter guarire Marina, e non era disposta a perdere altro tempo, ma questa volta aveva a che fare con persone potenti, capaci di minacciarla e portarla davanti al Sant'Uffizio.

La testimonianza di Girolama, che confessò di essere stata suggestionata, confermò sostanzialmente che non erano state operate stregonerie.

Quanto ai libri Laura affermò di non saper leggere e che quelli trovati dagli ufficiali erano stati dimenticati nelle stanze dai diversi inquilini ai quali le aveva affittate. Laura si difese da ogni accusa; del resto, era già passata attraverso due condanne. Il Sant'Uffizio non credette però alle ragioni di Laura e la condannò per la terza volta al carcere. Era il 3 marzo del 1655. A dicembre, in occasione del Natale, Laura scrisse dal carcere una lettera al Sant'Uffizio, chiedendo che la pena della detenzione le venisse commutata a causa della continua infermità. Un anno dopo si rivolse ancora al tribunale dell'Inquisizione per richiedere la grazia, che questa volta le fu concessa. Laura venne fatta uscire su fideiussione e le vennero concessi gli arresti domiciliari.

Ancora una volta Laura era libera: era riuscita a far valere le sue ragioni, a convincere il tribunale dell'Inquisizione a liberarla perché, in realtà, le sue altro non erano che tecniche guaritorie, perché non era una vera strega.

Laura era ormai vecchia, ma per vivere tornò a fare quello che sapeva fare: affittare le stanze e offrire i suoi servigi là dove la medicina del tempo non arrivava.

Ancora una volta giunse una denuncia al Sant'Uffizio, ma sarebbe stata l'ultima volta. Laura venne prima denunciata da una moglie gelosa, il cui marito aveva più volte curato, ma al quale aveva raccontato di presunte infedeltà della moglie. Poi fu il turno di un'altra donna, che aveva portato il figlio malato da Laura, perché lei lo segnasse con l'olio benedetto; la donna però, avendo fatto voto a sant'Antonio di non ricorrere a stregonerie, preoccupata di una possibile ritorsione del santo, aveva pensato bene di denunciare Laura.

Queste accuse fecero scattare ancora una volta per Laura la detenzione e il capitano del Sant'Uffizio si recò a casa della donna per arrestarla. Avendo bussato e non ricevendo risposta, forzò la porta, provocando lo spavento di Laura, che scappò urlando sui tetti. Il capitano la inseguì e la sventurata, saltando da un tetto all'altro per fuggire, cadde e si ferì gravemente. Il capitano mandò a chiamare i medici per soccorrerla; dopo essere stata medicata, Laura fu trasferita in prigione. Il capitano, tuttavia, si preoccupò affinché le venissero prestate le cure e la carità necessarie. Due giorni dopo l'arresto, Laura chiese la comunione. Il mattino seguente la donna venne trovata morta.

Fino all'ultimo, la fama di *stria*, di strega, si confonde con quella di donna devota, che viveva nel rispetto dei precetti della Chiesa, che chiedeva la confessione e la comunione perché prossima alla morte. Eppure Laura non esitò a scappare sui tetti per difendere la libertà di vivere alla sua maniera, come donna indipendente e imprenditrice.

Il pievano di San Basso

Nel 1638 avvenne un misterioso omicidio a Venezia che mise in difficoltà gli investigatori dell'epoca. Un gentiluomo fu trovato morto, vittima di omicidio, ma le indagini non portarono a nulla. Furono compiuti numerosi arresti, ma non vi erano indizi che indicassero un colpevole e gli interrogatori, seppure condotti nello stile dell'epoca, ovvero senza andare troppo per il sottile, non ottennero alcuna confessione.

Si continuava a brancolare nel buio, e pertanto il governo emise una grida che prometteva una ricompensa di quattromila ducati per chi avesse fornito informazioni utili a trovare il responsabile dell'omicidio.

Successe di lì a pochi giorni che un uomo si recasse presso il pievano, sacerdote rettore della chiesa San Basso, don Francesco e, nel segreto della confessione, ammettesse la propria responsabilità in relazione al delitto.

Il pievano, che non era proprio in odore di santità, pensò subito al guadagno che poteva trarre da quella situazione e, per prendere tempo e studiare un piano, rinviò l'uomo al giorno successivo, fingendo un improvviso malessere. Chiamò quindi il nipote e lo fece nascondere in un armadio in modo che potesse ascoltare il reo confesso e quindi a sua volta testimoniare per riscuotere la taglia. Trascorse poco tempo prima che l'uomo tornasse, deciso a completare la propria confessione. Fattolo inginocchiare, don Francesco gli fece raccontare nel dettaglio il proprio misfatto, dopodiché gli concesse l'assoluzione e lo congedò.

Il delinquente si sentiva ormai tranquillo e a posto anche con la coscienza, ma nella notte arrivarono a casa sua i gendarmi e lo trassero in arresto con l'accusa di omicidio. Nella solitudine della sua cella l'assassino rivolse al crocifisso una sorta di lamento, ammettendo nuovamente la propria colpa ma domandandosi come poteva essere stato scoperto, dato che l'unica altra persona a conoscenza del fatto era il pievano di San Basso.

Fu ascoltato da una guardia, che riferì prontamente ai superiori ciò che aveva udito, e da qui fu avvisato il Tribunale Supremo che ordinò l'arresto del pievano, il quale fu condotto in carcere e, torturato, ammise la propria delazione. L'uomo fu condannato a morte, l'assassino del gentiluomo fu invece graziato e semplicemente bandito da Venezia, ricevendo anche, pare, duemila ducati della taglia.

Ci sono molti punti oscuri in questo racconto, a cominciare dalla mancanza dei nomi dei protagonisti che erano invece generalmente ben identificati nelle cronache di questo genere. Pur essendo tale vicenda citata in un Registro dei Giustiziati, non è certo se i fatti siano realmente accaduti o se facciano piuttosto parte delle leggende dell'epoca.

Dieci piccoli veneziani

In quel piccolo capolavoro del giallo che è *Dieci piccoli indiani*, Agata Christie racconta come scompaiono, uno dopo l'altro, otto persone invitate a soggiornare in una villa inglese, quasi scandite da una filastrocca infantile che sembra preavvertire ciascuna morte... una storia molto simile a quella che ritroviamo nella Venezia della metà del XVII secolo. Diversi i protagonisti, diversa l'ambientazione, ma con la stessa *suspense*.

Una triste storia di veleni che vede come protagonista Giovanni Battista Guidetti da Parigi, un uomo misterioso che parlava con accento romano, ma passava per essere francese o fiammingo, o forse addirittura inglese. Una storia che inizia con le nozze di Giovanni Battista con Bianca Fioravanti da Treviso e con il loro trasferimento a Venezia, dove la coppia andò ad abitare a San Gregorio, sopra l'ormai scomparso rio dei Saloni. Non erano soli nella casa, che era abitata dal *barbitonsore* Giacomo Rodolfi, coinquilino ma anche amico della coppia, e dalla sua famiglia: moglie e cinque figli.

Non sappiamo quanto fosse felice il matrimonio di Giovanni Battista con Bianca. Forse, agli occhi di chi osservava dall'esterno, la coppia appariva ben affiatata.

Gli eventi dimostrano che le cose non stavano così: ad un mese soltanto

Campo San Gregorio in un'illustrazione di fine Ottocento.

dalle nozze, Giovanni Battista, si dice per motivi di denaro, avvelenò la moglie e la sotterrò nel magazzino.

Giustificare la scomparsa della propria moglie, in una casa dove si vive a stretto contatto, è impossibile. Per Giovanni Battista fu più facile fare scomparire, uno dopo l'altro, con lo stesso sistema del veleno, l'amico, la moglie di questi, i figli: sepolti tutti nel magazzino del palazzo.

Poi la fuga: Giovanni Battista si rifugiò nel convento di San Giacomo in Palude, su un'isoletta non lontana da Burano, dove era stata eretta anche una chiesa intitolata a san Giacomo, assieme all'ospizio destinato ad accogliere tanto i pellegrini quanto chi si fosse trovato in difficoltà in mare per qualche tempesta e avesse cercato riparo sull'isola o fatto naufragio.

Qui avvenne forse che Giovanni Battista si tradisse o confessasse i suoi delitti ad un frate, fra' Baldo, pentendosi poi del suo racconto, per il timore che il frate lo denunciasse. Fosse questa la ragione o meno, fatto sta che Giovanni Battista avvelenò il frate assieme ad un altro religioso per poi fuggire nuovamente, lasciandosi però alle spalle una scia di delitti troppo grande e visibile.

Infatti, non ci volle molto perché il Consiglio dei Dieci emettesse un "mandato di cattura", per usare un termine dei nostri giorni, e scatenasse la caccia all'uomo. Un uomo con le caratteristiche di *Zuane Batista* non passa inosservato: un trentaseienne alto di statura, magro, con la barba rossa e due imponenti baffi. Qualcuno affermò di averlo visto mentre si imbarcava su un vascello, e fu così rapidamente diramata la notizia all'ammiraglio del Porto e da quest'ultimo a Rovigo, Brescia, Verona, Vicenza e Padova perché si effettuassero controlli su tutte le imbarcazioni in arrivo e in partenza e si perquisissero quelle ormeggiate ai moli.

Le prime notizie in risposta arrivarono da Padova, dove era stato registrato l'arrivo di una gondola a quattro remi dalla quale era sceso *Zuane Batista franzese* che aveva preso alloggio in città.

Il *franzese* venne condannato in contumacia con una taglia di mille ducati per chi lo avesse catturato nei confini dello Stato e di duemila se la cattura fosse avvenuta al di fuori dei confini. Si offrì anche la possibilità di scambio: dietro la consegna di Giovanni Battista sarebbe stato liberato un bandito o un condannato all'ergastolo. Un'opportunità da non farsi scappare. Infatti Guidetti fu scovato a Padova e riportato a Venezia, dove lo attendeva la lunga morte che le leggi veneziane prevedevano per gli assassini.

Dal carcere, fu condotto a San Marco su una chiatta e lì, con una tenaglia infuocata, gli straziarono le carni. A Santa Croce gli tagliarono le mani e gliele legarono al collo. Con quel macabro pendaglio, fu legato alla coda di un cavallo e trascinato fino alle colonne della Piazzetta, dove il boia lo attendeva su un palco.

Venne decapitato e il suo corpo, tagliato in quarti, fu esposto alla vista del popolo.

L'avvocato ladro

Nicolò d'Aragona, o Faragone secondo altre fonti, era originario della Puglia. Figlio di contadini, svogliato nel lavoro ma di intelligenza vivace, si dedicò con un certo successo agli studi e divenne prima praticante avvocato nella sua terra e poi pedagogo presso una nobile famiglia. Nelle abitazioni in cui si trovò a svolgere la sua professione non mancò di

Uno scorcio della Giudecca in una stampa di fine Ottocento.

"esercitare" anche quella di ladro. Fu scoperto e in previsione di un'imminente condanna decise di cambiare aria e si trasferì a Venezia.

Qui le cose non andarono subito per il meglio, e inizialmente fu costretto a vivere di espedienti ed elemosine. Ben presto però riuscì ad organizzarsi e a campare a scrocco. Presso il Ponte del Tintore abitavano due donne originarie del Regno di Napoli, ma dette "le Romane": Fortunata e Leonora, madre e figlia. Esercitavano il mestiere più antico del mondo, ma cercavano di salvare le apparenze facendo ogni tanto opere di carità e recandosi regolarmente alle funzioni religiose.

Il Faragone entrò in confidenza con le due donne, diventandone al tempo stesso amante e protettore, ma soprattutto mirando ai gioielli di cui si ornavano e agli argenti e ai denari che tenevano in casa.

Ad un certo punto cominciò a far girare la voce che le due donne stavano per partire e che egli era stato nominato responsabile di tutte le loro proprietà, inclusa ovviamente la casa. Preparatosi il terreno, si recò una sera a casa delle "Romane" e dopo essersi coricato con loro attese che si addormentassero per sgozzarle entrambe. Rinchiuse poi i corpi in un forziere e si impossessò di tutti i loro beni. Al mattino si recò in farmacia per disdire un ordine fatto dalle donne, adducendo la scusa che erano improvvisamente partite. Fatto ciò si fece condurre da un barcaiolo, tale

Vincenzo Sottile, a casa delle vittime con una barca sulla quale caricò il forziere con i corpi, alcuni materassi e alcune coperte. Recatosi a casa propria, depose materassi e coperte e imbarcò una grossa pietra utilizzata per chiudere un vecchio pozzo. Attesa la notte, si fece condurre al Canale della Giudecca dal barcaiolo, raccontandogli che il pesante forziere era pieno di tabacco di contrabbando. Arrivato al Canale della Giudecca, legò un grosso masso al forziere e lo gettò in acqua. Sottile si era però insospettito notando le macchie sulle coperte in cui era avvolto, comprendendo che si trattava di sangue.

Appena Nicolò fu sbarcato si recò a denunciare il fatto. La casa di Faragone fu perquisita e furono immediatamente trovati oggetti insanguinati e appartenuti alle due donne misteriosamente scomparse.

Faragone fu arrestato e processato, e proprio mentre si stava svolgendo il rapido processo ecco spuntare dal Canale della Giudecca il forziere con i cadaveri trucidati.

Il destino volle che la corda alla quale Faragone aveva legato il sasso perché trascinasse il forziere sul fondo si agganciasse invece alla gomena di un battello ancorato: il forziere venne facilmente scoperto.

Nicolò Faragone fu condannato alla decapitazione e ad essere squartato ed esposto in quattro parti come in tutte le esecuzioni dell'epoca.

Piombi, Pozzi e Ponte dei Sospiri: essere prigionieri a Venezia

La sua sagoma arcuata, sospesa sull'acqua del rio di Palazzo, disegna uno degli scenari più celebri e suggestivi della città di Venezia. Eppure, il Ponte dei Sospiri è legato ad un'antica, cupa leggenda.

Un tempo, infatti, veniva attraversato dai detenuti in attesa di giudizio, che si spostavano dall'edificio delle Prigioni agli uffici dei tribunali, ubicati nel Palazzo Ducale, e viceversa, e si racconta che da questo ponte si potessero sentire i lamenti, i sospiri appunto, dei condannati.

Il ponte fu costruito per volere del doge Marino Grimani nel 1602, come passaggio tra Palazzo Ducale e l'edificio delle Prigioni Nuove. Costruito in pietra, in stile barocco, comprende al suo interno due corridoi separati da un muro longitudinale: uno collega le Prigioni alle Sale dei Magistrati situate al piano nobile del Palazzo Ducale, l'altro mette in comunicazione le Prigioni con le Sale dell'Avogaria e col Parlatorio. Entrambi i corridoi, inoltre, sono uniti alla scala di servizio che dai Pozzi sale fino ai Piombi.

Il celebre Ponte dei Sospiri, che mette in comunicazione Palazzo Ducale con il Palazzo delle Prigioni Nuove, in una stampa di fine Ottocento.

Le Prigioni Nuove furono fatte costruire dopo il 1580 da Antonio da Ponte, in un palazzo separato dal Ducale dal rio di Palazzo, anticamente chiamato "delle Prigioni", e sostituirono quelle vecchie, nel Palazzo Ducale. Queste ultime risalgono al secolo XI, quando al sorgere della repubblica marinara il Consiglio dei Dieci vi rinchiudeva i suoi prigionieri.

Vi si potevano distinguere i *Pozzi*, collocati al piano terreno, particolarmente umidi e malsani, e i *Camerotti* o *Piombi*, posti nel sottotetto del palazzo.

Le celle più inospitali erano i Pozzi, diciotto piccole stanzette rivestite in legno, buie e comunicanti solo con tetri corridoi. Qui le condizioni di vita erano davvero spaventose: sotto le tavole di legno si annidavano insetti di ogni tipo, il cibo era scarso e disgustoso, l'aria irrespirabile, gli ambienti sovraffollati. Le celle erano collocate al di sotto del livello dell'acqua e perciò erano estremamente umide e malsane, destinate ai prigionieri di condizioni inferiori. Una leggenda narra che un tempo ai condannati a morte fosse concessa un'ultima possibilità di scampo: tentare il giro intorno alla colonna, dalla parte esterna, senza scivolare in acqua, ma quasi nessuno riusciva nell'impresa. Tuttora una delle colonne del Palazzo Ducale è leggermente rientrante.

Ma non tutti i detenuti subivano questa stessa sorte: i più fortunati, infatti, o i carcerati più altolocati, erano relegati nei Piombi, che comunque, a causa delle lastre di piombo che rivestivano i tetti e da cui deriva il nome, erano caldissimi d'estate e gelidi d'inverno. Erano qui sistemate alcune celle detentive, riservate ai prigionieri del Consiglio dei Dieci, accusati di crimini prevalentemente politici che prevedevano pene non lunghe per reati non gravi, o ai detenuti in attesa di giudizio. Le sei o sette celle erano ricavate suddividendo lo spazio del sottotetto con tramezze di legno, fittamente inchiodate e irrobustite da grosse lamine di ferro.

Qui, i detenuti godevano di una certa assistenza medica, potevano farsi portare cibo dall'esterno oppure ordinarlo al carceriere e disponevano anche di una somma in denaro per le piccole necessità, con cui potevano dare commissioni al carceriere, il quale doveva renderne il conto. Potevano anche farsi portare mobili e suppellettili, come letti o piatti. Le pulizie della cella erano eseguite regolarmente, così come era consentita una passeggiata quotidiana fuori dalla cella, seppur sempre nel sottotetto.

Le molte informazioni sulle antiche prigioni veneziane si leggono soprattutto in *Storia della mia fuga dai Piombi*, opera autobiografica nella quale il famoso Giacomo Casanova fornisce numerosi dettagli non solo sulla struttura delle carceri ma anche sulle modalità detentive.

Nei Piombi e nei Pozzi di Venezia sono stati imprigionati molti personaggi famosi, fra i quali Giordano Bruno, Silvio Pellico, Daniele Manin o Nicolò Tommaseo, ma la più ampia notorietà è riservata a Giacomo Casanova, non tanto per la sua permanenza in cella quanto per la sua rocambolesca fuga.

Le prigioni del Palazzo erano da sempre considerate luoghi particolarmente sicuri. Qualcuno, però, riuscì evidentemente a smentire questa fama.

Pare che, nella notte tra il 31 ottobre e il 1° novembre del 1756, Casanova, scavando le assi di legno con uno strumento di fortuna e poi rimuovendo una lastra di piombo della copertura, riuscisse a salire sul tetto e da qui, lasciandosi scivolare lungo lo spiovente, penetrasse in una delle stanze del Palazzo. Probabilmente fu aiutato in questa fase della fuga dal compagno di reclusione Marino Balbi, un patrizio veneziano monaco somasco.

Il racconto vuole che l'eccentrico personaggio fosse anche visto da una guardia che, però, non l'avrebbe riconosciuto; anzi, lo avrebbe scambiato per un uomo politico rimasto chiuso nella stanza e aiutato involontariamente a fuggire. Una volta uscito dal Palazzo, Casanova sarebbe poi fuggito a bordo di una gondola. Sempre secondo la leggenda, sembra che si concedesse un ultimo sfizio, un caffè in piazza San Marco, prima di allontanarsi da Venezia per riparare a Parigi.

Ma a Venezia c'erano anche le prigioni collocate nelle "Terre Nuove" dove un tempo erano i Giardinetti Reali: vi erano serragli per belve e *squeri*, o cantieri, i cui si lavorava alla costruzione di galee. Dal 1340 vi si costruirono poi magazzini per grano, i pubblici granai di San Marco. Lì vi erano anche le prigioni in cui furono rinchiusi i genovesi catturati come prigionieri nella cosiddetta guerra di Chioggia del 1380. Riporta il Tassini che essi «godettero della pietà delle donne Veneziane, fra le quali segnalaronsi Anna Falier, Caterina da Mezzo, Francesca Bragadin, ed altre».

A fianco del Ponte di Rialto vi erano poi le «Prigioni dei Debiti, e luogo dei magistrati differenti» che, segnala il Tassini, erano a pianterreno del palazzo eretto nel 1525, dove avevano sede i consoli, i sopraconsoli, i camerlenghi (cioè coloro che sovrintendevano alle attività di riscossione) e altri magistrati. In esse sarebbero stati incarcerati i debitori, chi era imputato di piccole trasgressioni e, in qualche caso, anche i colpevoli di maggiori delitti in attesa di essere trasferiti.

Nel 1560, nel giorno di San Giacomo, un certo G. Battista d'Orazio della Terra di Lavoro, con chiavi false, fu accusato di essere entrato nel palazzo dei Camerlenghi e di aver rubato uno scrigno che conteneva ottomila ducati. Gli fu tagliata la mano destra e venne impiccato a Rialto.

La febbre del gioco d'azzardo

Nel 1751 due figure mascherate si aggiravano nei pressi del Ridotto: erano Francesco Panizzi e Angela Gagiola. Lei nascondeva sotto un mantello chiaro, guarnito d'argento, il viso di una donna di mestiere, quello che praticava da tempo in calle delle Locande, vicino alla chiesa di San Paterniano. Non a caso la calle si richiama alle locande, anzi risulta che nel 1740 ve ne fossero ben quattro pronte ad ospitare i viandanti: le Tre Chiavi, le Tre Rose, i Tre Visi e la Vida.

Francesco Panizzi veniva dal Sud, forse era romano, forse napoletano, giunto a Venezia per lavorare come maestro di casa in una delle numerose famiglie patrizie. Ma negli anni di vita trascorsi a Venezia non si era guadagnato una bella fama, si era fatto anzi conoscere come uomo dal carattere fin troppo fiero e risoluto, pronto ad uccidere se occorreva. Del resto era lui stesso il primo a vantarsene. Non era più giovane, Francesco, ma i suoi sessant'anni non gli impedivano di mantenere una relazione con Angela. Una relazione burrascosa, a tratti violenta come violento era il suo carattere. Più di una volta, in uno dei frequenti alterchi con Angela, la sua mano era corsa al pugnale, alla spada, in una silenziosa minaccia di morte. Chi sa, quella sera, quale espressione del volto celava la *bauta*: rabbia, collera contro Angela, o solo l'ansia di un incontro amoroso. Camminavano nei pressi del Ridotto, proprio nel centro del gioco d'azzardo, che per quanto proibito costituiva un'attrazione irresistibile. Forse Francesco era eccitato per una vincita, forse rabbioso per una grossa perdita. Ma era comunque eccitato, e l'incontro con Angela avrebbe avuto esiti molto diversi da quello che la donna si aspettava.

Francesco e Angela si recarono a cena assieme ad un amico all'osteria del Salvadego, un'antica taverna aperta fin dal XIV secolo, ormai da tempo scomparsa. Francesco lasciò la donna là, con l'amico, chiedendo a questi di riportarla a casa e promettendo a lei che l'avrebbe raggiunta per trascorrere insieme la notte.

Quando l'amico la riaccompagnò a casa, Angela chiuse la porta dietro di sé. E attese Francesco.

Da quel momento le imposte e la porta della casa rimasero a lungo chiuse. Insospettiti, i vicini si rivolsero agli agenti della giustizia che, forzando la porta, entrarono nell'abitazione della donna, e la trovarono trucidata. Con lei era morta anche la servetta che la accudiva. Nella casa messa a soqquadro, gettata a terra, vi era una camicia intrisa di sangue, che si scoprì presto appartenere a Panizzi. Erano inoltre scomparsi gli oggetti preziosi dei quali Angela, grazie alla sua professione, era abbondantemente fornita.

Contemporaneamente il nobile Pietro Marcello, un procuratore di San Marco presso il quale Francesco prestava servizio, accortosi della sparizione di alcuni pezzi d'argenteria ne aveva denunciato il furto. Raccontò di avere trovato in una stanza un tovagliolo sporco di sangue. Francesco, disse, aveva trascorso in casa sua almeno due ore, proprio la sera prima di scomparire. La sera in cui, con Angela, si era recato alla taverna.

Le indagini accertarono che Francesco, dopo aver lasciato Angela e l'amico alla taverna, aveva raggiunto dapprima l'abitazione di Marcello e poi, dopo poche ore, l'abitazione di Angela, picchiando sull'uscio per farsi aprire.

Dalla testimonianza di un certo Allegri, dal quale Francesco si era recato dopo aver lasciato la casa di Angela, emerse che Francesco era ferito: anche Allegri, infatti, aveva trovato una macchia di sangue. E, in casa sua, dove era solito dormire, Francesco era rimasto il tempo necessario per disfare il letto ad arte, evidentemente per dimostrare che vi aveva trascorso la notte. Ne era uscito subito per cercare di vendere un mantello di color chiaro, guarnito d'argento, il mantello che Angela Gagiola indossava quella sera.

Seguendo le tracce lasciate da Francesco, le indagini accertarono che, dopo avere venduto il mantello, si era fatto accompagnare in gondola alle Zattere. Lì, Francesco aveva preso accordi con i gondolieri per essere condotto a Dolo, ma dopo la partenza, appena al largo, aveva cambiato idea, insistendo per essere portato sul lido ferrarese.

I barcaioli ricordavano anche il suo atteggiamento confuso e le ferite che aveva sulle mani, tre tagli che aveva chiesto di medicare.

Non vi erano più dubbi sulla sua colpevolezza e il Tribunale della Quarantia mise una taglia sulla sua testa.

Fu proprio uno degli stessi barcaioli che l'avevano condotto sul lido ferrarese a imbattersi in lui a Pisa. Lo denunciò e la Repubblica ne chiese l'estradizione: il 7 aprile 1751 Francesco fu condotto a Venezia e chiuso in carcere.

Confessò il suo delitto e forse ebbe tempo di pentirsi prima di essere decapitato: le cronache riportano che fu «poscia fatto a quarti», secondo la consuetudine che all'epoca vigeva a Venezia.

Casanova, ovvero il mistero della seduzione

Non vidi ne' teatri eccessive licenze o scandali degni di essere riferiti [...] ma ne scoprii bensì d'importanti nel Teatro a San Cassiano aperto sei giorni fa. Donne di mala vita e giovinotti prostituiti commettono ne' palchi in quarto ordine que' delitti che il governo, soffrendoli vuole almeno che non siano esposti all'altrui vista. Così avviene dopo l'opera. Un provido comando, che il teatro non debba rimanere oscuro se non dopo che tutti sieno usciti da' palchi potrebbe essere un facile rimedio ad una parte di questo male.

Quegli uomini che hanno l'incombenza di visitare i palchi dopo terminata la rappresentazione, potrebbero eccitare ad uscirne quelli de' quali la soverchia dimora può essere facilmente sospettata.

Con queste parole Giacomo Casanova riferisce, segretamente, i fatti scandalosi che avvenivano al suo tempo – la "riferta", cioè la denuncia, è del 12 dicembre del 1776 – in un teatro veneziano. La testimonianza appartiene al periodo in cui il celebre personaggio passò dalla posizione di inquisito a quella di inquisitore, diventando una vera e propria spia. Sembra quasi incredibile immaginare il libertino per eccellenza nei panni di un moralista pronto a denunciare perversioni e oscenità, quando egli stesso disse di sé: «Coltivare il piacere dei sensi è stata per tutta la mia vita la mia principale occupazione, e non ne ho mai avuta altra più importante. Sentendomi nato per l'altro sesso, l'ho sempre amato e mi sono fatto amare per quanto possibile. Ho molto amato anche la buona tavola e insieme tutte le cose che eccitano la curiosità».

E in effetti, nonostante la personalità di Casanova e le sue attività siano state molteplici e in campi molto distanti tra loro, la sua figura è diventata il prototipo dell'amatore, tanto che si può riconoscere in lui anche il Don Giovanni mozartiano. Le avventure erotiche di Casanova sono quasi tutte ben documentate dal protagonista stesso e tracciano nella città lagunare un vero e proprio itinerario, fatto di luoghi, case, locali nei quali si consumava la sua vita mondana.

Ancora oggi, ad esempio, visitando palazzo Merati, sulle Fondamenta Nove, dove Casanova abitò una volta tornato a Venezia dopo aver ottenuto la grazia, si può vedere l'alcova, con tanto di letto a baldacchino e stucchi, dove il famoso seduttore consumava le sue avventure notturne con le dame veneziane. Ad iniziarlo all'arte della tentazione fu il poeta erotico veneziano Giorgio Baffo, che fu anche un grande corteggiatore della madre di Casanova, l'attrice Giovanna Farussi, detta "La Buranel-

L'isola di Murano, al centro, in una veduta di Venezia di fine Cinquecento.

la". Baffo esercitò una profonda influenza sul giovane Casanova e fu proprio lui ad accompagnarlo durante il suo primo viaggio in burchiello a Padova alla scoperta dei piaceri del mondo. Piaceri che non si limitavano a quelli erotici ma, come lo stesso Casanova dichiarava, si estendevano anche alla soddisfazione del palato. Ad esempio, era un grande sostenitore delle qualità afrodisiache del cioccolato, di cui, ovviamente, faceva largo uso.

Così, per unire l'utile al dilettevole, in attesa di incontrare l'amante di turno, pare che Casanova si concedesse buone pietanze abbondantemente annaffiate di altrettanto buon vino alla taverna del sotoportego dei Do

Mori, nei pressi del Ponte di Rialto, o alle Poste Vecie in campo delle Beccarie.

Ma per poter assistere ad una delle imprese più "estreme" e rischiose concluse da Casanova è necessario allontanarsi un poco da Venezia per raggiungere Murano.

In quest'isola, infatti, si è consumata la storia d'amore con M.M., la misteriosa monaca di clausura del convento di Santa Maria degli Angeli. Secondo il leggendario racconto, la monaca usciva da una porticina del convento, accompagnata da una giovane consorella, anch'essa amante di Casanova, per raggiungerlo attraverso un piccolo pontile in legno; Giacomo le aspettava in gondola, nel buio della notte, nascosto dietro ad una maschera che celava la sua identità.

Del resto, l'arte del camuffamento gli era particolarmente congeniale, tanto che pare usasse travestirsi per frequentare indisturbato il famoso Ridotto, che un tempo era la casa da gioco dove Casanova trascorreva molte ore giocando d'azzardo in compagnia dei nobiluomini veneziani.

Per nascondere la sua identità e sottrarsi, quindi, alle conseguenze dei suoi atti molto spesso al limite della legalità, cambiava anche il suo nome, diventando all'occorrenza conte di Farussi, cavaliere di Seingault, Antonio Pratolini. Inoltre, ricorreva volentieri alle pratiche magiche per approfittare di giovani donne più o meno in difficoltà. Così, per aiutare una famiglia contadina di Cesena a trovare un ipotetico tesoro sepolto da secoli nei loro terreni, progettò una cerimonia magica che avrebbe portato la bella e giovane Genoveffa nel suo letto. Ancora, per soccorrere una povera fanciulla che voleva abortire, si prestò volontariamente a somministrarle «in assenza del suo uomo, applicazioni di sperma che non avesse ancora perduto nemmeno per un istante il suo calore naturale» per ottenere senza possibilità di fallimento lo scopo desiderato.

Una delle sue vittime predilette era la non più giovane marchesa d'Urfè che, riponendo nelle doti di Casanova incondizionata fiducia, gli chiedeva di soddisfare i più strani desideri. Celebrò, dunque, per lei, un complesso rito in cui la metteva in comunicazione con uno spirito lunare, servendosi del prezioso aiuto di una giovane fanciulla. In breve, riuscì ad approfittare di entrambe: «La marchesa era bella, ma era vecchia: mi sarebbe anche potuto capitare di non farcela, tanto più che ormai trentottenne, mi accorgevo di essere spesso soggetto a siffatto inconveniente. Per questo avevo pensato a procurarmi un aiuto e la bella Ondina che dovevo ottenere dalla Luna era ovviamente Marcolina che, facendomi il bagno, mi avrebbe certo dato la forza rigeneratrice che mi era necessaria».

Nel raccontare le sue prodezze amorose, Casanova unisce ad una falsa modestia un certo autocompiacimento: probabilmente, più che la bellezza esteriore, possedeva una personalità magnetica ed affascinante e doti, riconosciute anche dai suoi numerosi detrattori, che lo rendevano speciale. Tutte qualità che ha certamente saputo sfruttare al meglio in ogni circostanza e che lo hanno reso un personaggio immortale.

L'atroce misfatto di Stefano e Veneranda

Uno dei misteri più intriganti della Repubblica di Venezia venne letteralmente a galla il 14 giugno 1779. I cronisti ci hanno fornito varie versioni di questo famosissimo delitto, e non sempre le informazioni relative ai luoghi concordano: noi abbiamo privilegiato la storia senza occuparci troppo della precisione della toponomastica.

I pezzi di un cadavere vennero ritrovati in un paio di pozzi e in due differenti canali della città. Dapprima fu rinvenuto il busto con le braccia in un pozzo situato presso la chiesa dei Santi Gervasio e Protasio; quindi in un altro pozzo presso la chiesa di Santa Margherita furono ritrovate le gambe.

Già questi ritrovamenti furono sufficienti a suscitare in città una curiosità morbosa, ma il culmine si raggiunse il giorno successivo, quando nel Canale di Santa Chiara si ritrovò la testa appartenuta verosimilmente allo sventurato, e nel Canale della Giudecca apparvero galleggiare dei visceri umani. Il corpo fu ricomposto dai medici e il Governo della Repubblica ordinò l'immediata apertura delle indagini, facendo traslare il cadavere al Ponte della Paglia, luogo preposto all'esposizione dei morti annegati in attesa di riconoscimento.

Nessuno però si presentò a riconoscere lo sventurato e al fine di evitare problemi igienico-sanitari fu disposta la sepoltura del corpo, ma si decise di imbalsamare la testa e di tenerla ancora esposta in modo da arrivare a risolvere il mistero.

La capigliatura del cadavere aveva ai lati della fronte due lunghe ciocche di capelli che terminavano con due riccioli, come era all'epoca in voga tra le classi meno abbienti. Per ottenere tali riccioli i capelli venivano avvolti durante la notte attorno a rotoli di carta che si chiamavano *rolò*.

Il *rolò* in questione era stato fatto con alcune vecchie lettere sulle quali si leggevano ancora chiaramente le iniziali V.F.G.C. Tutte queste informazioni furono riportate sulle gazzette pubbliche, una delle quali giunse fino a Este e capitò nelle mani di un tale Giovanni Cestonaro, che insospettito dalle iniziali si recò immediatamente a Venezia. Qui con orrore riconobbe nella testa decapitata quella del proprio fratello Francesco, al quale scriveva sempre firmandosi appunto con l'acronimo V.F.G.C.: Vostro Fratello Giovanni Cestonaro.

Fu a quel punto facile ricostruire la vita dell'irrequieto Francesco, che aveva lasciato la casa paterna per girare in diversi paesi esercitando i più svariati mestieri. Ad un certo punto del suo cammino aveva deciso di fermarsi e si era sposato a Corfù con una vedova trentenne madre di due bambine, Veneranda Porta da Sacile.

La coppia, che viveva a Venezia, ebbe una figlia che venne affidata ad alcuni parenti del defunto residenti a Este.

I sospetti degli investigatori caddero immediatamente sulla moglie, la cui condotta risultò non essere proprio irreprensibile. Numerose lettere inviate da Francesco al fratello lamentavano la tresca che Veneranda portava avanti da tempo con un tale di nome Stefano Fantini, originario di Udine.

Le indagini, che fino a quel momento brancolavano nel buio, subirono una svolta. Il 26 giugno Veneranda Porta venne arrestata e sottoposta a interrogatorio. Una tradizione popolare vuole che la donna si fosse ribellata contro i giudici negando ogni addebito, e anzi prendendosi gioco di loro, sicura com'era che non vi fossero prove a suo carico, fino a quando non le venne mostrata la testa del marito.

Le cronache giudiziarie riportano invece che la sua resistenza fu molto limitata e la confessione arrivò in breve tempo.

Veneranda puntò su quella che si chiamerebbe oggi "legittima difesa", raccontando delle minacce di morte che il marito aveva rivolto a lei e a Fantini e dei violenti alterchi tra i due uomini. Addossò quindi la responsabilità dell'accaduto all'amante, accusandolo di aver ripetutamente colpito Francesco con una mazza di ferro, di averlo poi tagliato a pezzi e di averne sparso i resti per la città.

Passarono alcuni mesi prima che Fantini venisse arrestato, ma appena preso confessò coinvolgendo pesantemente Veneranda, che accusò di averlo sedotto e di avere avuto un ruolo attivo nell'uccisione del marito. La donna aveva tappato la bocca della vittima con la gonna per impedirgli di chiedere aiuto e l'aveva colpita alla gola con un rasoio.

Il caso era praticamente risolto; si trattava solo di attribuire ai due assassini la materiale responsabilità dell'accaduto per stabilire le rispettive pene. Ciò fu possibile grazie alla testimonianza di Vittoria, una delle figlie di primo letto di Veneranda, che aveva assistito al fatto e che confermò il

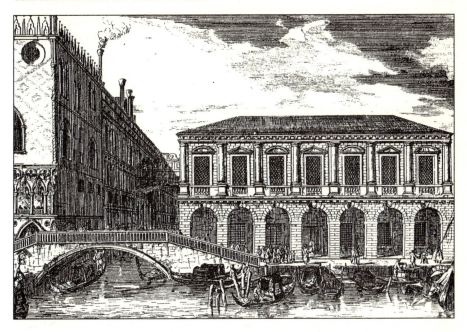

Il Palazzo delle Prigioni, con il Ponte della Paglia in primo piano, in un'incisione di L. Carlevarijs.

pieno coinvolgimento dei due amanti diabolici nelle varie fasi del delitto. Emerse inoltre che essi avevano già cercato in passato, per ben tre volte, di uccidere Francesco con il veleno.

Veneranda Porta e Stefano Fantini vennero condannati alla decapitazione, condanna che fu eseguita il 12 gennaio 1790, ponendo fine a uno dei misteri più sanguinosi dell'epoca.

A questo grave fatto di sangue si ispirarono anche alcune rappresentazioni teatrali.

L'autocrocifissione di Mattio Lovat

Terribile e perversa malattia, l'autolesionismo. Un caso atroce e particolarmente efferato, se possibile reso ancora più agghiacciante da un accanimento contro il proprio corpo per motivi religiosi, si registrò nella zona di Cannaregio, al numero 3281 di calle delle Muneghe.

Quello che segue è il racconto del terribile fatto emerso dagli archivi dell'ospedale di San Servolo, e precisamente da un opuscolo redatto dal professor Cesare Ruggeri titolato *Storia della crocefissione di Mattio*

Lovat da se stesso eseguita, dal quale Sebastiano Vassalli ha tratto l'ottimo romanzo *Marco e Mattio* per i tipi di Einaudi.

Proprio in calle delle Muneghe, nel luglio del 1805, si consumò l'epilogo di una follia autolesionista a sfondo religioso che da tempo aveva colpito un semplice calzolaio. L'uomo, Mattio Lovat, era conosciuto nel quartiere per avere già provato a crocifiggersi, conficcandosi due chiodi in una mano e in un piede nel quartiere di San Canciano, proprio nella via che porta il nome di "calle della Croce".

Solo, e sempre più devastato dal delirio mistico che lo affliggeva, dopo aver fallito nell'impresa di emulare il supplizio di Cristo era comunque riuscito a evirarsi, e solo perché in quell'occasione la sua follia si era manifestata in pubblico poté salvarsi.

Ma la pazzia covava inesorabile nella sua mente ormai perduta: complice un'estate torrida che induceva i veneziani a cercare riparo nel chiuso delle abitazioni, Mattio Lovat si asserragliò in casa e studiò un modo efficace per ultimare il suo folle progetto di emulare il supplizio cristiano.

Lo spettacolo che si offrì, nella sera più fresca, a chi passava nella calle doveva essere raccapricciante: Mattio Lovat era riuscito a inchiodare il suo corpo, già provato dai precedenti tentativi di strazio, ad una rudimentale croce, che aveva appeso al soffitto vicino alla finestra che dava sulla strada. Agli sguardi increduli e orripilati apparve lo spettacolo del suo corpo inchiodato, con il capo sormontato da una corona di spine che egli stesso aveva confezionato.

L'atrocità non era ancora terminata, purtroppo. Lovat non era ancora morto, nonostante il dissanguamento. I suoi giorni terminarono poco dopo, tra spaventosi dolori causati dall'infezione prodotta dalle ferite, nell'isola di San Servolo, nella solitudine tetra del manicomio che allora alloggiava in quella piccola area staccata della laguna.

Un delitto razziale

Il 24 dicembre 1810 il patrizio Vincenzo Gritti faceva ritorno in gondola al suo palazzo sul Canal Grande, dopo essere stato a pranzo fuori; i servitori erano riuniti a pianterreno a mangiare tutti insieme, quando echeggiarono due colpi di pistola provenienti dalle stanze della servitù.

Tutti accorsero ed incontrarono sulle scale il giovane servo Giovanni Pietro Cotin sconvolto e ferito, e subito dopo scoprirono a terra il corpo di una cameriera, Marianna Panfilio.

Palazzo Pisani in un'incisione settecentesca di L. Carlevarijs.

Nella confusione generale arrivarono il medico, la polizia e il giudice di pace; per prima cosa si tentò di salvare la giovane Marianna ma al dottor Cesare Ruggeri (lo stesso che già abbiamo incontrato nel caso del povero Mattio Lovat che si era autocrocifisso) non restò che constatarne il decesso.

Il medico si occupò quindi di Cotin, in preda ad un delirio incontrollabile, e impedì il tentativo di suicidio; dalle sue scarne parole si apprese di una possibile gravidanza di Marianna e quindi il dottore eseguì un taglio cesareo che confermò la presenza di un feto di poche settimane, mulatto.

Sentite le varie testimonianze si cominciò a fare un po' di luce su questo fatto criminoso: Giovanni Pietro Cotin era un servitore di ventiquattro anni di pelle nera proveniente dall'isola di Santo Domingo, arrivato a Venezia al seguito del generale francese Louis Baraguey d'Hilliers, comandante di piazza della città che con lui si era stabilito a palazzo Pisani in campo Santo Stefano. Passò poi al servizio di casa Gritti quando il generale fu trasferito in Ungheria: fu così che Giovanni Pietro conobbe la bella Marianna con la quale iniziò una relazione nota a tutti.

Quando la ragazza rimase incinta scoprirono che una recente legge napoleonica vietava i matrimoni tra bianche e neri e questo gettò il povero Giovanni in uno stato di profonda prostrazione. Era angosciato dal fatto di non poter regolarizzare la loro situazione, e poiché aveva un equilibrio piuttosto instabile, incline alla melanconia ed alla depressione, come fu confermato da alcuni particolari della sua vita precedente emersi durante il dibattimento processuale, si parlò di "malattia morale", portando alcuni medici a definire "delirio melanconico" il suo stato, che si manifestava con improvvisi cambiamenti di umore e con gravi alterazioni psichiche.

Il processo sottolineò soprattutto lo stato psichico dell'accusato, e la malattia mentale fu il tema principale della difesa ed oggetto del maggior numero di domande ai testimoni.

Aspetto sotteso ed eluso furono invece gli effetti delle leggi razziali napoleoniche, che invano furono invocati degli amici di Cotin ma che non ebbero alcuna considerazione da parte della corte.

Era ancora troppo presto, ed i tempi nuovi stavano solo iniziando a cambiare il diritto ed il senso della morale; stavano emergendo nuovi modi di intendere la società, non più limitati ad una dimensione locale ma rivolti ad un ambito europeo e mondiale in cui il tema razziale, della segregazione, della conflittualità cominciava ad emergere nella gravità e complessità dei nostri giorni.

Sissi a Venezia

>...quando i raggi del sole
>ti accarezzeranno sopra le dune
>...
>Un volo di bianchi gabbiani
>continuerà a planare su di te
>...
>O felicità dei miei occhi
>o gioia della mia vita.
>Al mattino sei la mia prima speranza
>e al crepuscolo
>è a te che rivolgo il mio ultimo sguardo.

Sono solo alcuni dei versi scritti dalla principessa Elisabetta di Baviera, più nota come Sissi, dedicati al mare che aveva conosciuto ed imparato ad amare in Italia. Il suo luogo prediletto sull'Adriatico era il castello di Miramare, a Trieste, ma viaggiò molto attraverso il territorio fino a raggiungere Venezia, da dove poteva partire in qualsiasi momento con la sua imbarcazione sempre disponibile a salpare.

La prima apparizione ufficiale nel Lombardo-Veneto risale al 1856, quando Sissi e il marito Francesco Giuseppe visitarono ufficialmente Venezia.

La coppia imperiale era sposata da appena due anni quando, recandosi in Italia, dovette dare prova di grande coraggio, ignorando con un atteggiamento ineccepibile i gesti ostili della popolazione; Sissi e il suo sposo soggiornarono per quattro mesi nei vecchi palazzi reali di Venezia e di Milano.

Pare che sia stata proprio la principessa, nota per i suoi modi pacati e la sua grande clemenza, a stemperare, convincendo il consorte ad atti di indulgenza, il sentimento di odio e di disprezzo che caratterizzava le genti del Lombardo-Veneto, animate da «un unico sentimento», come scrisse da Venezia il console inglese, «dalla curiosità di vedere l'imperatrice la cui fama di donna meravigliosamente bella» l'aveva preceduta. Durante la permanenza imperiale nella città della laguna, l'atmosfera aveva registrato effettivamente un miglioramento, «soprattutto grazie alla buona impressione destata da Sissi», come aveva confidato lo stesso Francesco Giuseppe in una lettera alla madre Sofia, da sempre critica nei confronti della giovane nuora. Forse, secondo una voce che circolava a Vienna, Sissi con la sua bellezza stava riuscendo a conquistare l'Italia meglio di quanto avrebbero potuto fare i soldati e i cannoni dell'imperatore.

A Venezia Sissi tornò nel 1895 per visitare la prima Biennale. In quell'occasione cercò inutilmente di passare inosservata ma, quando si sparse la voce della sua presenza, dovette incontrarsi con i reali d'Italia Umberto I e Margherita di Savoia.

L'affare dei russi, uno scandalo nella Belle Epoque

Il Lido di Venezia fa da sfondo a questo dramma dalle tinte forti tipiche del romanzo d'appendice e dai personaggi disegnati dalla cronaca dell'epoca come stereotipi di un feuilleton: la bella e crudele maliarda, il giovane amante focoso, l'anziano gentiluomo. Non per nulla dallo scandalo che per mesi appassionò la Venezia di inizio Novecento sono stati tratti film e novelle. Gli ingredienti, come abbiamo detto, ci sono tutti.

Protagonista dello scandalo e del processo che appassionò e richiamò a Venezia pubblico e stampa anche straniera fu Maria Nicolaievna O'Rurke, di nobile casato, nata a Kiev nel 1877: vivace e irrequieta, Maria sopportò con disagio la disciplina impostale dal rigido Collegio delle Nobili di Kiev e a soli diciassette anni, contro il volere della famiglia, sposò il conte Vassili Tarnowsky, uomo dalla vita brillante, per non dire dissoluta. Maria, che nelle carte del processo verrà descritta come amante del lusso e delle frivolezze nonché maestra di finzione, non trovò difficile, in quel clima di incontri amorosi cui il marito l'aveva abituata, innamorarsi a sua volta, iniziando così una collezione di amanti grazie al suo grande fascino, ma probabilmente anche per un desiderio di rivalsa nei confronti del maschio, di dominio o addirittura di distruzione che il suo stesso avvocato difensore cercò di mettere in luce, durante il processo. La prima "vittima" fu il conte Paolo Tolstoi, nipote del grande scrittore, che perse un braccio in un duello con un altro ammiratore di Maria. La seconda fu un ufficiale degli ussari, amico di famiglia, il conte Borgeswky, con il quale Maria intrattenne una relazione appassionata ed assieme tragica.

Borgeswsky fu protagonista di un episodio al limiti del grottesco, se lo si volesse analizzare nelle logiche dei normali rapporti umani: un gioco in cui per dimostrare all'amante il suo incondizionato amore accettò che la donna gli puntasse la pistola contro una mano. E lei, non da meno, sparò.

Le leggi della società permettevano al conte Tarnowsky di circondarsi di amanti, e a Maria di fare la stessa cosa: c'era il duello, pronto a riparare l'onore degli offesi, e l'accordo tra il marito tradito e l'amante sembra fosse proprio quello di ricorrere a questa ipocrita, orribile prassi.

Vassili, però, forse per il timore che l'ufficiale, certamente più allenato, avesse la meglio o per un gesto troppo sfacciato di costui, non fu capace di attendere. Borgeswsky venne ferito alla testa con una revolverata da Vassili, che fu arrestato. Si dirà poi che fu Maria l'istigatrice, capace di ordinare la morte dell'amante e di curarlo per il lungo periodo di malattia e di sofferenze che seguirono il ferimento. L'ufficiale morirà e Maria, che per resistere al suo capezzale aveva incominciato a consumare insieme a lui la morfina, divenne tossicomane.

Ci piacerebbe scavare più a fondo nell'animo di questa donna e comprenderne le passioni, sicuramente più complesse di quelle trasmesse dalla storia, ma pressati dal secondo evento drammatico andiamo avanti.

Il secondo amante fu Vladimir Stahl, il medico che aveva in cura l'ufficiale; innamoratosi di un breve e travolgente amore, si suicidò sparandosi un colpo in bocca quando si rese conto che Maria era diventata l'amante

Santa Maria del Giglio in un'incisione di L. Carlevarijs.

dell'avvocato del marito Vassili, processato per la morte dell'ufficiale. Per la cronaca, Vassili ebbe una condanna mite, grazie alle attenuanti concesse dalla morale dell'epoca. E sempre per la cronaca, anche il fratello del medico Vladimir, conte Paolo Stahl, sarebbe morto di lì a poco in un duello per difendere l'onore di Maria. E sarebbe morto anche il fratello di Vassili, giovane e perdutamente innamorato di Maria: si impiccò.

Maria abbandonò il marito per l'avvocato Donato Dimitrievich Prilukoff, strappandolo alla famiglia e fuggendo con lui da Mosca. Seguendo la versione storica che dipinge Maria anche come una perfida calcolatrice, aggiungiamo che sarebbe stata la donna a indurre l'avvocato ad impossessarsi di una grossa somma prima della fuga da Mosca. Ciò consentì alla coppia di viaggiare per l'Europa e il Nord Africa. Secondo un'altra versione Maria ottenne invece una grossa parte del patrimonio di Vassili che, forse per difendere quel poco di onore rimasto alla sua famiglia, chiese il divorzio dalla donna, la quale fuggì da Mosca, dilapidò il suo patrimonio per procurarsi la droga della quale non poteva ormai più liberarsi e incrementò la lista dei suoi amanti in ogni tappa del suo viaggio.

In entrambi i casi, le storie dell'avvocato e di Maria si ricongiunsero e i due vissero insieme finché durò il loro amore: che, pare, finì contemporaneamente ai rubli. Maria, abbandonato l'avvocato, ripartì per la Russia e l'avvocato tentò il suicidio avvelenandosi.

Maria impiegò poco tempo ad innamorarsi o a far innamorare, per dare credito alla versione processuale, un amico di famiglia, un gentiluomo tanto ingenuo quanto facoltoso, il conte Paolo Kamorowsky, da poco rimasto vedovo.

La donna intanto continuava però ad intrattenere rapporti non solo con il vecchio amante Prilukoff, ma anche con il nuovo protagonista del futuro dramma, il venticinquenne Nicola Naumow, un giovane debole e incline all'alcool che – dirà l'accusa – era lo strumento ideale per i piani di Maria.

Potremmo chiamare questa prima parte "antefatto": ora il sipario si apre sul palcoscenico veneziano.

Il conte Kamorowsky si trasferì infatti nella sua casa di Venezia, in Santa Maria del Giglio, con la promessa di Maria di raggiungerlo al più presto. La donna, però, con l'aiuto dell'avvocato Prilukoff, era impegnata ad organizzare la sua vita futura agendo contemporaneamente in due direzioni: da una parte convincendo il conte a stipulare una polizza di assicurazione a suo favore con un ricco capitale prima del matrimonio; dall'altra a persuadere il giovane Nicola che il conte la perseguitava e la minacciava. Nicola finì per ritenere che il conte andava eliminato e partì per Venezia, dove Prilukoff l'aveva preceduto per assumere due poliziotti privati ed organizzare le cose in modo da far arrestare Nicola subito dopo l'omicidio e al tempo stesso dimostrare che si trovava a Venezia per "evitare" quella tragedia.

Il conte, intanto, ingannava l'attesa dedicandosi alla lettura e lasciandosi coinvolgere nella bella vita veneziana, fatta di salotti, feste, teatri.

E arrivò finalmente il giorno del delitto: un mattina di settembre Nicola, sicuramente confortato da una buona dose di alcolici, si presentò a casa del conte con una pistola in mano e gli scaricò in corpo l'intero caricatore. Forse per l'emozione, forse per la scarsa lucidità di Nicola, i colpi lo ferirono soltanto, sia pure gravemente. Mentre il conte veniva trasferito in fretta all'ospedale, Nicola fuggì senza che gli investigatori assunti dall'avvocato riuscissero a fermarlo. Venne comunque arrestato e confessò il suo delitto giustificandolo con l'inganno da parte di Maria.

Ma non è finita. Il conte, curato in ospedale, sembrò riprendersi perfettamente. Poi l'iniziativa di un medico che volle operarlo egualmente fece precipitare la situazione.

A questo punto, la morte del conte non era più certamente dovuta a Nicola soltanto.

Maria e Prilukoff vennero arrestati e imputati, ognuno per una parte di colpa. E a rileggere la storia, non è davvero facile attribuire la responsabilità a ciascuno dei protagonisti di questa drammatica vicenda.

Il processo, come si è detto, appassionò l'opinione pubblica che si divise subito in colpevolisti e innocentisti; tra chi difendeva Maria, subendo forse il suo fascino c'erano le donne chel a imitavano negli abiti e nella pettinatura e gli uomini che la ammiravano incantati. Si dice che durante il processo ricevesse addirittura dei biglietti d'amore da un avvocato e da un cancelliere.

Alla fine la sentenza per Maria fu tutto sommato mite: otto anni e quattro mesi. Per Naumow solamente tre anni e un mese. Fu l'avvocato Prilukoff a pagare la posta più alta: dieci anni di galera.

Maria Nicolaievna Tarnowska morì nel 1949 in Argentina, ormai dimenticata.

Cronache del terzo millennio

Venezia sembra essere una città immobile, stregata, avvolta nella nebbia dei suoi misteri in cui nulla e tutto possono accadere.

Abbiamo fino ad ora parlato di delitti e misfatti di un passato lontano, in cui figure furtive, avvolte in ampie cappe scure, scivolavano silenziose lungo le ombre delle calli e dei campielli. Nessun rumore, nessuno sparo a rompere la quiete della notte, ma solo sibili di lame o di silenziosi cappi, o il tonfo sordo di un corpo che cade nell'acqua scura del canale. E che dire dei sottili stiletti un tempo in uso, armi terribili di vetro tagliente, che si piantavano nel corpo della vittima come fosse di burro: un colpo secco ed esperto li spezzava quindi alla base perché restassero nei visceri della vittima senza poter essere estratti, invisibili quanto mortali.

Delitti di ieri, che appaiono lontani e inverosimili, quasi una rappresentazione teatrale di quel grande palcoscenico dei misteri che è Venezia.

La cronaca odierna racconta una verità amara. Ieri come oggi... Sono molti, troppi, i misteri dell'oggi per poterli raccontare, e i delitti irrisolti e i colpevoli arrestati dopo anni di ricerche.

Abbiamo raccolto qualche caso emblematico della realtà dei nostri giorni: per ognuno esiste una lunga serie di fatti similari, di storie analoghe che raccontano le miserie del nostro vivere. I piccoli misteri risolti e irrisolti della cronaca nera.

Radica, ad esempio, è rumena, ha solo 26 anni quando scompare nel viaggio che la riporta dalla Romania in Italia, dove da anni lavora. L'ultima telefonata la fa da Venezia, il 13 settembre del 2002, al suo compagno, per rassicurarlo sul suo rientro. La descrizione diramata ha la freddezza delle comunicazioni burocratiche: statura: 1,65 metri; capelli tinti, ramati; indossa un tailleur pantalone beige a righe nere.
È diretta a Roma, dove non arriverà mai.

Si imbarca da Venezia anche Massimo, in partenza per una crociera attraverso il Mediterraneo. Una partenza festosa, quella con l'emozione della vacanza e l'eccitazione di un ambiente fatto apposta per rilassare e divertire. Non è solo, Massimo, ha con sé il figlio e una donna filippina. Viene da Bolzano dove, proprio la sera prima, sua moglie Irida è scomparsa senza lasciare traccia. L'allarme per la scomparsa della figlia lo dà la suocera Anna Elisa, preoccupata per un ritardo incomprensibile.
Le indagini accertano che i due coniugi stavano vivendo un momento difficile, perché Massimo, innamorato della filippina, aveva lasciato la famiglia per alcuni mesi ed era rientrato solo in seguito alla minaccia di divorzio da parte di Irida: poi l'idea della crociera, loro due assieme ai figli, forse un modo per riallacciare i rapporti. Irida, dicono le amiche, sembrava finalmente felice. Ma la sera prima della partenza Massimo cambia il nome dell'intestatario di un biglietto. Dirà poi che la moglie, saputo che lui sarebbe partito con un'altra, era fuggita via, come impazzita.
È il 13 luglio del 2002 quando Irida scompare. Di lei, più nessuna notizia. Contro Massimo è stato aperto un procedimento in cui si ipotizzano l'omicidio e l'occultamento di cadavere.

Clifa Maroci, sembra un nome inventato. Quasi certamente lo è. È quello con cui si era presentato ad un controllo di polizia un giovane arabo, forse marocchino, forse tunisino. Tra il 7 e l'8 agosto camminava lungo la linea ferroviaria Venezia-Trieste, all'altezza di San Michele al Tagliamento. Forse non si è accorto del sopraggiungere del treno. Forse. Certamente il suo cadavere resterà senza nome.

Spostiamoci a Mestre, per scoprire in una notte fredda di febbraio il cadavere di un uomo chiuso in uno scatolone, a sua volta infilato nel baga-

Palazzo Labia e l'imbocco di Cannaregio in un'incisione settecentesca di A. Visentini.

gliaio aperto di una Mercedes parcheggiata. Sono le tre di notte e alcuni giovani, notando il bagagliaio aperto, si avvicinano incuriositi. Nello scatolone vi è il cadavere di un genovese, Fabio Magliacane, freddato da un colpo di pistola al cuore. Fabio, che lavora nel settore dei preziosi, è a Venezia per consegne a qualche cliente: Verona, Chioggia, Mestrino, Padova... le sue tracce si interrompono lì, alle 15,30 del pomeriggio. Alle 17,30, secondo quanto accertato nel corso delle indagini, Fabio era già morto; ma la sua Mercedes era ancora in viaggio e dal suo cellulare partiva ancora una telefonata: una chiamata ad un bar di Genova di soli 17 secondi. Sembra essere il tempo sufficiente per una telefonata di conferma. O, come si accerterà più tardi, un tentativo di depistaggio dell'omicida.

L'assassino di Fabio, infatti, viene scovato e confessa: due i complici, un uomo, Timpani, e una donna, Goldini, in una storia dei giorni nostri.

Timpani ha premeditato la rapina seguendo un'asta televisiva. Non è solo un passatempo, la televisione. Ha dato appuntamento al giovane genovese a casa propria, l'ha ucciso, ne ha chiuso il cadavere nella Mercedes che ha personalmente guidato fino a Mestre. La carabina è finita sul fondale di un canale. Il bottino? Solo 7-8 milioni delle vecchie lire. Ma evidentemente bastano per uccidere e per acquistare il giorno dopo un'Alfa 33 station wagon usata.

Jennifer Zacconi aveva solo vent'anni. Vent'anni e un figlio in arrivo: era al nono mese di gravidanza e le foto del feto vestito con un completino bianco, pubblicate su un quotidiano, faranno poi scalpore.

Jennifer, una ragazza di Olmo di Martellago, è scomparsa improvvisamente la sera del 29 aprile, dopo una telefonata rassicurante ai genitori: «Non vi preoccupate, vado al casinò di Nova Gorica con amici». E poi il silenzio. Sette giorni di silenzio e di disperazione per la famiglia, che lancia appelli e offre una ricompensa per avere notizie della figlia. Sette giorni di inutili ricerche con le unità cinofile a rastrellare le campagne e i sommozzatori a dragare il fondo dei canali. Le indagini si stringono attorno ad un trentunenne, sposato, spaventato da quel figlio che non avrebbe potuto giustificare, Lucio Nerio: scomparso, anche lui, in un tentativo disperato di salvarsi. Fermato, confesserà di avere ottenuto un incontro da Jennifer, di avere perso la testa, di averla assassinata per poi seppellirne il corpo in una buca già pronta nei pressi di Maerne. Lì è stata trovata Jennifer, morta per un figlio che non sarebbe mai nato.

Un piccolo esercito di oltre venti bambini, tra i sette e i sedici anni, tutti nomadi, tutti abili nell'infilarsi in appartamenti e palazzi, trafugare soldi e preziosi e scomparire. No, non è la versione cinematografica veneziana di *Oliver Twist*... ma la storia è molto simile. Cannaregio, Santa Croce... Le comunicazioni avvengono grazie a moderni cellulari e, appena effettuato il furto, i piccoli ladri pranzano al MacDonald's... ma la storia è quella. Ancora quella.

Gelsomina Veronese ha ottant'anni e sette coltellate alla schiena e al ventre che la fanno crollare sul pavimento della cucina. Alessandro Darisi ne ha quarantadue, è suo figlio e la accudisce da tempo. Troppo tempo per sopportare la sua malattia e lo stato depressivo che, giorno dopo giorno, non gli lascia vedere nessun'altra soluzione che non sia la morte di sua madre. Alessandro è suo figlio ed il suo assassino. Un pomeriggio di primavera afferra un coltello da caccia con una lunga lama e sferra le coltellate che uccidono Gelsomina. Poi scappa via, ma non per fuggire: va dai vicini, dai parenti. Continua a ripetere: «Ho ucciso la mamma, ho ucciso la mamma, ho ucciso la mamma».

Ne ha invece soltanto quaranta, di anni, Giampaolo Granzo, incaprettato con mani, piedi e collo legati insieme e finito a sprangate. Un fruttivendolo di Cannaregio, trovato cadavere una mattina di aprile nel magazzino dove teneva la merce. Quali le ragioni di tanta ferocia? La cronaca nera, per quanto possa essere attendibile, parla di debiti insoluti o di uno "sgarro" a qualcuno che si muoveva nel mondo della droga. Quello che è certo è che i suoi assassini cercavano qualche cosa che non hanno trovato. L'abitazione dell'uomo è stata messa a soqquadro, i mobili rovesciati, gli oggetti fracassati.

E per concludere un caso "ufficialmente chiuso".

La donna nel baule

«Il Gazzettino» del 14 agosto 2007 riportava in prima pagina: «Feroce assassino evaso. Dopo sessant'anni la giustizia si arrende. È morto» e dedicava un'intera pagina di cronaca alla ricostruzione dei fatti.
Si trattava del famoso "caso Cimetta" che aveva riempito per mesi le pagine dei quotidiani dell'immediato secondo dopoguerra e per cui ora si chiedeva che l'assassino, Bartolomeo Toma, praticamente impunito, fosse dichiarato ufficialmente morto. Lo chiedeva il procuratore aggiunto della Repubblica al tribunale di Venezia, con apposita iscrizione legale apparsa sulla Gazzetta Ufficiale e sui quotidiani «Il Gazzettino» e «la Repubblica».
I fatti risalgono al 30 aprile 1947, quando Anna Gaiotti si era presentata al dottor Dattilo, comandante della Squadra Mobile di Venezia, per denunciare la scomparsa della sua amica Linda Cimetta in Azzalini, da due giorni sua ospite a San Marco.
Linda Cimetta risiedeva con la famiglia a Belluno, dove gestiva il bar-tabaccheria Vittoria. Si trovava a Venezia dal 28 aprile, ospite dell'amica, per acquistare sigarette alla borsa nera. Il 29 aprile Linda Cimetta, con 110.000 lire, si recò al bar Imperiale al Ponte del Dai, dove sapeva di trovare chi poteva fornirle la merce; qui venne avvicinata da Bartolo-

meo Toma, brindisino di trentanove anni, da alcuni anni residente a Venezia in calle de la Bissa al terzo piano del civico 5471. Dopo poche parole i due si diressero verso la tabaccheria in campo della Guerra di proprietà di Elisa Cudignotto, socia in affari di Toma e sua padrona di casa. Toma, come riportava all'epoca «Il Gazzettino Sera», «...viveva di commerci più o meno borsaneristi, di traffici illeciti, insomma di continui espedienti».

Conclusi i necessari accordi con la tabaccaia veneziana e con Toma, fu fissato un incontro nel pomeriggio per ritirare la merce.

Alle 15 Linda Cimetta salutò l'amica dicendole che sarebbe rientrata per le 17, ma non tornò più a casa: Bartolomeo Toma, attiratala nella sua casa in calle de la Bissa, la uccise per impadronirsi della sua borsetta che conteneva solo 110.000 lire e non la cifra che egli immaginava.

Toma fu inchiodato dal rinvenimento in casa sua, a cui la polizia era arrivata grazie alle indicazioni dell'amica della vittima, delle molte tracce di sangue e di un fazzoletto, anch'esso sporco di sangue, appartenente a Linda Cimetta, nonché dalle dichiarazioni della moglie la quale affermò di aver visto, verso le 17 del 29 aprile, il marito rincasare in compagnia di una donna: gli chiese spiegazioni e, per tutta risposta, venne spinta malamente in soffitta e lì rinchiusa con il figlio e la vecchia madre.

Dopo un primo tentativo di negare e respingere ogni addebito, il 2 maggio 1947 Toma confessò di avere chiuso il cadavere di Linda Cimetta in un baule e di averlo gettato in laguna. Il 4 maggio rivelò di avere avuto un complice e chiamò in causa Luigi Sardi, gondoliere di 45 anni, un buon uomo ed un grande lavoratore, ma un po' strano: nell'ambiente dei gondolieri era noto come *Gigio el mato*.

Toma ricostruì i fatti in questo modo: attirata Linda Cimetta in casa, lasciato l'uscio accostato, chiusi in soffitta i testimoni scomodi, fece entrare Sardi che si nascose dietro la porta della camera, dopo avere preso un sacco contenente la scure fornitagli da Toma; quando la donna entrò, Sardi le vibrò un primo potentissimo colpo alla testa che la fece cadere a terra, e poi ancora altri colpi alla cieca. Ripulita la vittima dal sangue, i due la rinchiusero in uno stanzino e poi ciascuno uscì per conto proprio.

Il giorno seguente, allontanati con una scusa i famigliari, per disfarsi del cadavere che cominciava ad emanare odore decisero di portarlo in laguna: Toma procurò il baule, mentre Sardi attraccò la sua gondola nei pressi della corte dell'Orso vicino alla casa del delitto. Ma «il cadavere era irrigidito e non era possibile piegarlo. Impossibile farlo entrare nel baule», disse Toma; quindi, continua nella sua confessione, Sardi gli chiese una sega con la quale tagliò i tendini delle ginocchia e le gambe all'altezza delle anche così che il cadavere entrò nel baule e fu possibile portarlo sulla gondola.

Si diressero in laguna aperta verso il Casino degli Spiriti, gettarono il baule in acqua ma, dato che rimaneva a galla, lo caricarono nuovamente sulla gondola e andarono verso il canale delle Fondamenta Nuove dove Sardi, sempre secondo Toma, prese alcuni massi, li legò con funi e catene al baule che, appesantito, lentamente andò a fondo. La gondola, sporca di sangue, fu ripulita scrupolosamente.

Sardi negò con tutte le forze la sua partecipazione all'omicidio, ammettendo solo il ruolo di ignaro esecutore del trasporto del baule che pensava contenesse oggetti rubati; cadde in contraddizione e, alla fine, fece una disperata confessione che in seguito ritrattò, dichiarandosi nuovamente innocente.

Intanto, poiché il cadavere non si trovava, Toma venne portato in laguna su una lancia ed indicò il punto preciso dove cercare, vicino alla bricola 21: le ricerche non diedero risultati.

La mattina presto del giorno 8 maggio 1947 il baule venne casualmente rinvenuto da Luigi Robelli che, con i figli Gino e Giovanni, si trovava sul proprio sandalo a pesca di seppie.

La notizia fece immediatamente il giro della città ed una foto del «Gazzettino» dell'epoca mostra la folla che, assiepata sulle Fondamenta dei Mendicanti, assisteva al passaggio della gondola che trasporta il baule.

Da allora si parlerà sempre del "delitto del baule" o "della donna a pezzi nel baule".

Nell'obitorio del cimitero di San Michele il baule fu aperto, e il cronista del «Gazzettino» scrisse:

> ...la salma della Cimetta si presentava piegata di fianco, con la testa nascosta in un sacco e con l'epidermide spappolata dall'opera di corrosione dell'acqua. Il Procuratore Generale Pietro Pace arguiva che il cadavere doveva essere stato parzialmente segato all'altezza dell'inguine, onde permetterne il piegamento. La donna era vestita di una sottoveste azzurra, portava le calze e le vesti erano appena lievemente logorate dall'opera dell'acqua. Apparivano immediatamente, in chiarissima luce, i colpi orribilmente inferti dai due assassini: uno spacco longitudinale all'altezza della nuca indicava chiaramente la proditoria aggressione. Successivamente, sulla tramortita donna, l'assassino o gli assassini, infierivano crudelissimamente deturpandole il viso con altri colpi che la raggiungevano all'altezza della mascella sinistra, della tempia destra, dello zigomo destro. Fatta a pezzi ma ancora con i suoi gioielli addosso: la fede ed un brillante all'anulare sinistro, gli orecchini ai lobi.

Il primo fascio di rose fu del questore Mazza, primo omaggio del cordoglio popolare e dell'intensa partecipazione della città che sempre accompagnò la salma della disgraziata Cimetta, come risultò dai funerali, celebrati sontuosamente a spese del comune nella basilica dei Santi Giovanni e Paolo l'11 maggio, dalla gondola "fiorata" che trasportò il feretro, seguito da un corteo di altre cento gondole, a piazzale Roma; qui quattro gondolieri portarono a spalla la bara fino al furgone che avrebbe condotto la salma al cimitero di Ceneda, a Vittorio Veneto, per tumularla finalmente nella tomba di famiglia.

Conclusi i funerali, cominciò il percorso processuale per Toma e Sardi, ritenuti il primo "la mente", il secondo "il braccio" del delitto.

Il 18 giugno il Tribunale Militare di Padova condannò entrambi all'ergastolo per omicidio e rapina aggravati (l'accusa aveva chiesto la pena di morte), mentre Elisa Cudignotto venne assolta dall'accusa di favoreggiamento.

Il 21 novembre 1949 la Corte di Cassazione, su ricorso di Toma, annullò la sentenza del Tribunale Militare per difetto di giurisdizione.

Il 17 ottobre 1950 Toma, dal carcere di Porto Azzurro, e Sardi, dalla casa per minorati psichici di Saluzzo, si ritrovarono nel carcere circondariale di Santa Maria Maggiore per il primo processo della Corte di Assise di Venezia. Il 18 ottobre il verdetto: ergastolo per entrambi. Questa sentenza fu confermata il 10 giugno 1952 dalla Corte d'Assise d'Appello.

Sardi presentò un nuovo ricorso per semi-infermità mentale (i periti del manicomio giudiziario di Reggio lo giudicarono "imbecille"), che gli fu riconosciuta dalla Corte d'Assise d'Appello tre anni dopo, il 12 marzo 1955. La condanna quindi venne ridotta a trent'anni (di cui sei condonati): uscì dal manicomio di Reggio nel 1973 dando origine ad un'altra storia.

Per Toma la condanna fu di ventiquattro anni per omicidio e di venticinque per rapina (la pena fu cumulata nell'ergastolo).

Ma il caso della donna nel baule non era finito: Linda Cimetta venne rievocata almeno altre due volte nella cronaca di Venezia.

La sera del 6 luglio 1960 due ergastolani non risposero all'appello nel penitenziario dell'isola di Santo Stefano, vicino a Ventotene: uno era il nostro Bartolomeo Toma, l'altro un rapinatore di nome Giovanni De Luca, di Bologna.

Le ricerche furono vane: si pensò che potessero essere fuggiti su un'imbarcazione con l'aiuto di complici esterni o su una zattera con un'operazione improvvisata. Quella sera la zona era stata flagellata da una bufera, e quindi prevalse l'ipotesi che i due fossero annegati; ciò nonostante le ricerche proseguirono a lungo, ma invano, e poi si spostarono nella zona di Venezia, dove Toma poteva ancora contare su qualche amicizia.

Da allora di lui non si è più saputo nulla fino a quando, nell'agosto 2007, si richiede che Bartolomeo Toma, nato a Brindisi il 10 ottobre 1908, venga dichiarato «presumibilmente morto».

Sono passati sessant'anni dal delitto di calle de la Bissa, quarantasette dall'evasione dal carcere-fortezza, ed ora avrebbe novantanove anni: per la giustizia è giunto il momento di dichiararlo defunto!

L'altra occasione in cui si riparlò del "delitto del baule" risale all'evento della sera del 9 gennaio 1980.

Quella sera, nella calle dei Fabbri all'angolo con calle Gregolina, Luigi Sardi, uscito dal manicomio criminale di Reggio Emilia nel 1973 e divenuto venditore ambulante di dolciumi in campo Santo Stefano, attese nel buio il maresciallo di Polizia e capo della squadra distrettuale della Polizia giudiziaria Savino Sinisi e lo aggredì alle spalle colpendolo ripetutamente con un tubo Innocenti all'interno del quale aveva inserito un bastone di legno.

Sardi conosceva Sinisi, che fino a tre anni prima si era interessato alle sue pratiche quale sorvegliato speciale, ma che non aveva avuto alcuna parte nelle indagini sul delitto Cimetta, essendo al tempo dei fatti una giovane guardia in servizio presso la Polizia di frontiera del porto.

Sinisi morì la mattina seguente all'aggressione.

Luigi Sardi, bloccato ed immediatamente arrestato, ripeteva in continuazione: «Ero innocente...», e continuò a ripeterlo per tre anni... fino alla morte.

Potremmo continuare per pagine e pagine, con la stessa domanda senza risposta sul mistero più oscuro, che non appartiene a Venezia, ma all'intera umanità. Perché?

Maghi, streghe e alchimisti a Venezia

Venezia, crocevia di destini nonché di storie, di culture, di conoscenza. Venezia città multietnica e cosmopolita, luogo ideale per l'incontro tra Occidente e il fantastico Oriente. Venezia terra di intrighi, tollerante e comprensiva, quando non opportunisticamente connivente, a tal punto da attrarre un uomo come Giordano Bruno o da far incontrare due personaggi come Casanova e Cagliostro.

Venezia punto strategico e tappa obbligata sulla via che unisce la Terra Santa al nord d'Europa, per questi stessi motivi coinvolta nella storia dei Templari e della loro ricerca del Santo Graal.

Venezia, incontro di civiltà, di lingue e religioni diverse, che ha accolto migliaia di profughi, ebrei in particolare, e ha dato i natali al termine "ghetto".

Venezia magica

Da sempre Venezia è stata luogo di incontro di culture diverse, punto di contatto tra l'Europa e l'Oriente, di cui si rinvengono evidenti tracce non solo linguistiche ed artistiche, ma anche nelle conoscenze scientifiche. Anche nella toponomastica si individuano richiami alla storia antica della città: il nome del quartiere Giudecca sembra proprio segnalare la presenza a Venezia dei giudei, tradizionalmente maestri di alchimia e studiosi di cabala.

Accanto alle influenze ebraiche si rilevano influssi di matrice araba: numerose sono infatti le simbologie che rimandano alle raffigurazioni di Mori, ad esempio presenti nel quadrante della torre dell'Orologio tra simboli astronomici ed astrologici. Anche la rappresentazione dei "Quattro Mori", cioè i tetrarchi Diocleziano, Galerio, Massimiano e Costanzo, in un angolo vicino alla basilica di San Marco, sarebbe in realtà legata ad una tradizione alchemica.

L'intera città lagunare per alcuni sorgerebbe addirittura su una rete di correnti telluriche positive e negative; l'insidioso serpente simbolo di terribili forze enigmatiche sarebbe rappresentato dallo stesso Canal Grande, che proprio come un serpente o un drago si snoda attraverso la città, dividendola quasi esattamente in due parti, la testa (*caput draconis*) e la coda (*cauda draconis*). In corrispondenza della testa del serpente si trova l'isola di San Giorgio, con la chiesa dedicata proprio al santo che, secondo la tradizione cristiana, uccise il drago; dalla parte opposta vi è la basilica di San Marco, collocata in un punto non casuale, utile per esorcizzare queste energie. Nella *cauda* troviamo il misterioso palazzo stregato, Ca' Dario, edificio sinistramente noto per la maledizione che ne colpisce i proprietari, morti suicidi o di morte violenta; a testimoniare il nucleo di energie negative su cui sorge la dimora sarebbe l'iscrizione «Genio urbis Joannes

Dario» che, anagrammata, racchiuderebbe l'enigmatica predizione della rovina dei suoi abitanti: «Sub ruina insidiosa genero».

Se l'alchimia e le pratiche magiche ebbero tra il XIV e il XVIII secolo grandissima diffusione anche a Venezia, è necessario sottolineare che le manifestazioni di stregoneria e magia nel territorio della Serenissima non assunsero mai la drammatica rilevanza di episodi avvenuti in altri luoghi d'Europa. A Venezia, maghi e streghe furono persone che credettero, o fecero credere per ragioni di guadagno, di essere capaci di muovere forze oscure e misteriose al fine di migliorare, o peggiorare, la propria o l'altrui vita. Si trattò di un fenomeno condiviso da tutte le fasce sociali che, a diversi livelli, si ritennero in grado di poter agire sul mondo.

L'Inquisizione, in particolare nella Repubblica di Venezia, ma in generale in tutto il territorio italiano, non si distinse in Europa per il furore repressivo e sanguinario che, ad esempio, caratterizzò paesi come Inghilterra e Francia. A Venezia, poi, il potere politico contrastava apertamente l'operato giuridico del papato e pertanto non sempre venivano seguite fedelmente le direttive del Sant'Uffizio in materia processuale: in pratica, mentre in altre città non si esitava a condannare quotidianamente al rogo maghi e streghe, a Venezia le pene erano più leggere, dalla berlina a punizioni corporali, all'esilio. Anche le pratiche di stregoneria nel territorio veneto avevano una connotazione più ludica che malefica: il diavolo veniva, per lo più, invocato per realizzare incantesimi amorosi.

Per tutte queste ragioni, alcuni noti personaggi legati a pratiche segrete o riti magici scelsero di trascorrere almeno parte della loro vita nella Repubblica di Venezia, luogo che avrebbe dato loro la possibilità di praticare le proprie arti senza correre troppi rischi: tra i tanti, il filosofo Giordano Bruno, il veneziano Giacomo Casanova e il conte Alessandro di Cagliostro.

Venezia, i Templari e il Graal

Il filo che lega la città di Venezia all'Ordine dei Templari risale all'epoca delle crociate ed ha origini economiche e commerciali prima ancora che spirituali. A quell'epoca, infatti, la città lagunare era uno dei porti principali, non solo dal punto di vista mercantile, ma soprattutto perché vi confluivano pellegrini e crociati diretti in Terra Santa e in altri luoghi di pellegrinaggio come Roma e Santiago di Compostela: i rapporti di alleanza tra Templari e veneziani erano, quindi, quanto mai importanti da un punto di vista strategico. I cavalieri avevano bisogno dei fondamenta-

Cavaliere templare in un'incisione ottocentesca.

li appoggi logistici di Venezia per salpare verso l'Oriente, e l'attività del porto veneziano era frenetica e senza sosta: arrivi e partenze si susseguivano in una incredibile girandola di razze e dialetti lontani. *La buona ventura*, *La rosa del tempio*, *Il falco del tempio* sono alcuni dei nomi delle più conosciute imbarcazioni templari del periodo. Queste navi partivano con tutti i prodotti necessari, dal legname ai cavalli, dalle armi agli indispensabili cereali per la permanenza nei luoghi santi, ma anche con carichi di pellegrini chiassosi ed impazienti. Il passaggio sulle navi dei Templari dirette in Terra Santa era, per i fedeli, molto vantaggioso, almeno sotto due punti di vista: il viaggio era molto economico, ma soprattutto era sicuro, perché la serietà dei Templari tranquillizzava i passeggeri riguardo al pericolo di un loro possibile commercio come schiavi al porto di sbarco.

Inoltre, per non intralciare il commercio della Repubblica, furono allestite navi esclusivamente per il trasporto dei pellegrini e nella città furono istituiti una speciale magistratura e un *Codex Peregrinorum* per tutelare i viandanti.

Per comprendere bene le caratteristiche peculiari di quest'ordine di monaci guerrieri e delle loro attività è necessario risalire alla prima crociata.

Una volta riconquistata Gerusalemme, i crociati, che non erano un esercito regolare, per la maggior parte tornarono in Europa, alle loro case e alle loro famiglie, lasciando così Gerusalemme quasi senza protezione: Hugues de Payns insieme ad altri otto cavalieri – Bysol de Saint-Omer, Andrè de Montbard zio di san Bernardo di Chiaravalle, Archambaud de Saint-Aignan, Gondemar, Rossal, Jacques de Montignac, Philippe de Bordeaux e Nivar de Montdidier – partirono dalla Francia per andare in Terra Santa con lo scopo di difendere i pellegrini dagli attacchi delle bande dei musulmani e si presentarono al re di Gerusalemme Baldovino II, mettendosi a disposizione per la protezione dei pellegrini ed il pattugliamento delle strade a Gerusalemme e dintorni.

Venivano chiamati inizialmente i "Poveri Cavalieri di Cristo" ed erano un vero e proprio ordine monastico guerriero: oltre ai tre voti di obbedienza, povertà e castità, ne pronunciavano, infatti, anche un quarto, cioè lo "stare in armi". Il re fu entusiasta del loro operato e così, in breve tempo, il numero dei cavalieri aumentò sempre più, al punto che dovettero trasferirsi in una sede più ampia, presso la spianata del tempio di Salomone. Il loro nome fu cambiato in "Ordine dei Poveri Cavalieri di Cristo e del Tempio di Gerusalemme", e furono più semplicemente riconosciuti come "Templari".

All'inizio incontrarono parecchie difficoltà, soprattutto di natura economica. Tuttavia, nel 1127 avvenne la svolta; Hugues de Payns tornò in Francia per cercare rinforzi morali ed economici e arrivò a Troyes dopo avere incontrato a Roma il papa Onorio II. Fu proprio nel Concilio di Troyes che vennero presentati la Regola e l'Ordine, al cospetto del papa, di San Bernardo e degli arcivescovi di Reims, Sens, Chartres, Amiens e Tolosa, oltre ai vescovi di Auxerre, Troyes e Payns. Tutti gli statuti dell'ordine furono approvati, la Regola Templare fu sottoscritta interamente e vi fu apposto il sigillo papale, mentre Hugues di Payns venne nominato gran maestro dell'Ordine.

A Troyes i Templari adottarono un motto: «Non nobis Domine, non nobis, sed nomini Tuo da gloriam», ossia «Non a noi, Signore, non a noi, ma al Tuo nome dà gloria».

San Bernardo di Chiaravalle, monaco cistercense che aveva fortemente influenzato i princìpi dei Templari, trasmise ai cavalieri la devozione a Maria e il grande rispetto per la donna. Secondo la Regola, infatti: «Maria presiedette al principio del nostro Ordine, ne presieda anche, se questa sarà la volontà del Signore, la fine». Non è un caso, quindi, che molte delle chiese templari siano dedicate proprio a Notre Dame; le grandi cattedrali francesi in stile gotico sono, anzi, accomunate da tratti che le rendono, per certi aspetti, misteriose. Una dopo l'altra, sorsero quelle di Evreux, di Rouen, di Reims, di Amiens, di Bayeux, di Parigi, fino ad arrivare al trionfo della cattedrale di Chartres. Le cattedrali hanno tutte lo stesso orientamento, cioè con l'abside rivolta verso est, verso la luce; sono tutte dedicate alla Vergine Maria e se unite insieme formano esattamente la costellazione della Vergine.

Il grande rispetto per le donne prevedeva anche che fosse vietato qualsiasi contatto; addirittura, non si poteva baciare neanche la madre, ma bisognava salutarla compostamente chinando il capo. Si può, quindi, dedurre quanto la Regola Templare fosse rigida. Non si poteva andare a caccia, erano banditi il gioco dei dadi e delle carte, aboliti mimi, giocolieri e tutto ciò che potesse essere motivo di divertimento, non si doveva ridere scompostamente, parlare troppo o urlare senza motivo, i capelli dovevano essere corti o rasi, bisognava dormire "in armi" per essere sempre pronti alla battaglia; c'erano regole anche sul modo di mangiare e di vestirsi.

Dopo l'approvazione ecclesiastica ufficiale, la fama – e di conseguenza la ricchezza – dell'Ordine crebbe notevolmente: tutti, indipendentemente dalla classe sociale, si prodigavano in elargizioni e donazioni all'Ordine, che le utilizzava per il finanziamento della campagna di guerra in Terra Santa. In questo modo, tutti, pur non partecipando direttamente alla guerra, potevano però dare il loro sostegno, in quanto donare ai Templari significava contribuire materialmente alla liberazione dei "Possessi di Dio".

Col tempo, l'Ordine crebbe anche in prestigio, tanto che i cadetti delle famiglie nobili facevano a gara per entrare a farne parte, sia per avere garantita una sistemazione, sia per avere un baluardo cristiano in Terra Santa. La quantità di donazioni ed elargizioni fu tale che Hugues di Payns dovette lasciare in Francia parecchi confratelli che amministrassero l'enorme patrimonio acquisito. Le ricchezze accumulate erano smisurate e i Templari furono bravi a gestirle.

Gli affari che svolgevano erano soprattutto relativi al deposito di somme di denaro da trasferire in Terra Santa, oppure alla riscossione delle decime pontificie per le crociate o, infine, al prestito di denaro a prìncipi o nobili che avessero pie motivazioni per richiederne; proprio in queste circostanze, si deve a loro anche l'invenzione dell'assegno o della lettera di cambio.

I Templari si rivelarono uomini astuti e abili sotto tutti i punti di vista. Come soldati, si distinsero per il loro coraggio e la loro determinazione: avevano disciplina ferrea e una spietata fermezza di fronte all'avversario. Furono i più forti a resistere agli assalti nemici e gli ultimi ad abbandonare la Terra Santa; nel 1291, quando con la caduta di Gerusalemme si concluse l'avventura delle crociate, i Templari avevano lasciato sul terreno dei regni cristiani quasi dodicimila morti. Ma avevano anche accumulato ricchezze immense.

Numerose sono le teorie che riguardano il famoso tesoro dei Templari, sicuramente costituito da oro, monete, oggetti d'arte, che forse facevano parte del bottino sottratto dai Romani al tempio di Salomone, durante l'impero di Tito. Il tesoro dei Templari potrebbe essere stato messo al sicuro in qualche città francese o forse, al contrario, andato del tutto perso. Una teoria, infatti, vuole che Filippo il Bello, nell'assalto dell'alba del 13 ottobre 1307 – data in cui il re di Francia mise sotto arresto in una sola volta tutti i Templari di Francia con l'accusa di eresia –, sia riuscito a catturare solo i Templari, non il loro tesoro, messo in salvo grazie ad una informazione segreta; una seconda ipotesi, invece, postula che l'attacco del re francese sia andato a buon fine e che il favoloso tesoro sia caduto in mano sua.

A proposito del tesoro, una leggenda dice che i Templari arrivarono a Venezia con un notevole patrimonio che venne sotterrato nella piccola isola lagunare di San Giorgio in Alga, tesoro che avrebbero dovuto prelevare in un secondo tempo ma di cui poi non si seppe più nulla.

Quel che è certo è che, in virtù del ruolo strategico che Venezia aveva nella rete delle vie per la Terra Santa, i Templari si fermarono in modo stabile e duraturo nella città lagunare.

Troviamo la prima notizia del loro insediamento a Venezia in un atto di donazione risalente al XII secolo: Gerardo, arcivescovo di Ravenna, cedeva alcuni terreni situati in località Fossaputrida, affinché venissero fabbricati la chiesa, il convento con il chiostro e l'ospizio per i pellegrini. Si può a buon diritto pensare che si trattasse del nucleo primitivo della attuale parrocchia di San Giovanni in Bragora, nel sestiere di Castello,

Uno scorcio della zona di San Marco in una stampa del 1517.

la cui edificazione era necessaria anche per accogliere alcune reliquie del santo. La chiesa aveva cinque altari, uno dei quali era dedicato alla presentazione di Maria al Tempio, elemento comune anche ad altre chiese di appartenenza templare. Attualmente, la chiesa è ad una sola navata e di epoca templare rimane solo il chiostro.

Delle due costruzioni templari probabilmente esistenti, rimane solo questa ma, quasi certamente, c'era un'altra "mansione templare", quella di Santa Maria in Capo Broglio, di cui non è rimasto nulla. Da alcuni documenti si desume, comunque, che si trovava presso San Marco, nell'attuale calle dell'Ascensione. In epoca templare la chiesa era ricca di reliquie, tra cui un frammento della Santa Croce, dono fatto nel 1280 dal doge Giovanni Dandolo.

L'Ordine dei Templari si sciolse nel 1312 e successivamente, dopo la soppressione, il cavaliere fra' Nicola da Parma, priore di Venezia dell'Ordine dei Cavalieri di San Giovanni di Gerusalemme, accompagnato dal cavaliere fra' Bonaccorso Trevisan, fece ufficiale richiesta al doge Soranzo per ottenere che i beni già appartenuti ai Templari fossero riconosciuti proprietà dei Giovanniti. L'assegnazione fu concessa il 6 novembre 1312, anche se i cavalieri ne entrarono in possesso solo nel 1313. Il complesso di San Giovanni del Tempio passò poi ai cavalieri di Rodi ed infine a quelli di Malta.

La casa e la chiesa di San Giovanni del Tempio sono ora sede del Gran Priorato di Lombardia e Venezia. La più antica raffigurazione del Priorato è contenuta nella famosa pianta di Venezia realizzata da Jacopo de Barbari nel 1500: nella xilografia di questo artista, infatti, si vedono disegnati la chiesa e il convento di San Giovanni del Tempio nell'aspetto planimetrico e volumetrico che conservano immutato. In seguito ai molteplici restauri succedutisi nel corso del tempo, l'aspetto degli edifici è stato certamente modificato, ma la loro struttura fondamentale è rimasta intatta. Il segno forse più inconfutabile della presenza templare a Venezia è comunque l'iscrizione «Non nobis» sulla facciata del palazzo del casinò e cioè Ca' Vendramin Calergi. "Non nobis" sono le prime parole del motto dei Cavalieri Templari: «Non nobis Domine, non nobis, sed nomini Tuo da gloriam».

Se la presenza dei Templari a Venezia è certa e documentata, lo stesso non si può dire dell'ipotetico passaggio del Graal nella città, forse proprio per mano dei Templari o di altri crociati.

Comunque, la città di Venezia è ricca di leggende che riguardano, più in generale, antiche reliquie cristiane. Infatti, i rapporti commerciali con il mondo orientale erano strettissimi e dunque non sarebbe così improbabile che, nel caso fosse davvero esistito, il Graal nel suo cammino mistico fosse davvero giunto nella città. La favolosa reliquia sarebbe arrivata in laguna provenendo da Costantinopoli, l'odierna Istanbul, città conquistata dai crociati e strettamente legata al capoluogo veneto. In particolare, è

La quadriga di San Marco in un'incisione di fine Ottocento.

certo che durante la quarta crociata cavalieri e mercanti portarono a Venezia non solo la cultura e le tradizioni mediorientali, ma anche moltissimi tesori provenienti dalla città turca: i quattro cavalli in rame presenti sulla basilica di San Marco, che secondo la tradizione avrebbero preziosi rubini al posto degli occhi, sarebbero proprio testimonianza di quel bottino.

Si sa ancora che da Costantinopoli sarebbe provenuta la corona di spine di Gesù che Luigi IX di Francia riuscì a sottrarre alla città per portarla in Francia, presso la Sainte Chapelle.

Secondo la leggenda, il Graal sarebbe nascosto nel trono di San Pietro, il sedile in cui si sarebbe davvero seduto l'apostolo durante i suoi anni ad Antiochia, costituito da una stele funeraria musulmana e decorato con i versetti del Corano; oggi si potrebbe trovare nella chiesa di San Pietro in Castello o forse sarebbe stato trasferito a Bari, città legata a quella veneta da interessanti tradizioni comuni.

Inoltre, secondo alcune tradizioni locali, nella chiesa di San Barnaba sarebbe stato seppellito il corpo mummificato di un cavaliere crociato francese di nome Nicodème de Besant-Mesurier, ritrovato nella zona nel 1612: il personaggio, di cui in realtà non si ha alcuna testimonianza scritta, come del resto di tutto il fatto, era probabilmente legato alla vicenda della traslazione del mistico tesoro.

Evidentemente, è difficile fare ipotesi più precise, anche perché molti sono i dubbi, oltre che sull'esistenza stessa del Graal, anche sulla sua esatta individuazione.

In alcune leggende il Santo Graal viene descritto come il calice usato da Cristo nell'Ultima Cena, mentre per altre sarebbe la coppa in cui Giuseppe d'Arimatea avrebbe raccolto il sangue di Cristo crocifisso; ancora, in una leggenda sorta in Spagna e in Francia intorno al 1100, il Graal è un oggetto sacro e misterioso che viene custodito in Bretagna, e solo i puri possono toccarlo conquistando la felicità terrena e celeste.

Altre versioni precedenti raccontano che la Maddalena, fuggita dalla Terra Santa, portò il Santo Graal con sé a Marsiglia; secondo questa interpretazione, il Santo Graal sarebbe in realtà *sang real*, ovvero il sangue della discendenza di Gesù, sposato con Maria Maddalena. La Maddalena, assieme ad altre donne citate nei Vangeli, dopo la crocifissione sarebbe fuggita, assieme al figlio avuto da Gesù, in Provenza, da dove si sarebbe unita alla tribù dei Franchi, ovvero alla tribù ebraica di Beniamino nella diaspora; i merovingi, i primi re dei Franchi, proprio a causa di questa origine avrebbero avuto l'appellativo di re taumaturghi, ovvero guaritori, per la loro facoltà di guarire gli infermi con il solo tocco delle mani, come il Gesù dei Vangeli.

Secondo una antica tradizione mitologico-letteraria, la vicenda del Graal sarebbe legata anche alle figure di Merlino e dei Cavalieri della Tavola Rotonda.

Per secoli, poi, non si parlò più del Graal, finché, verso la fine del XII secolo, esso tornò improvvisamente alla ribalta a causa delle crociate; a partire dal 1095, infatti, i cavalieri cristiani che si erano recati in Terra Santa, tra cui i Templari, erano inevitabilmente entrati in contatto con le tradizioni mistiche ed esoteriche del luogo. Proprio grazie ai crociati la leggenda raggiunse l'Europa e vi si diffuse. Insieme alla leggenda, c'è anche chi ritiene che il Graal – qualunque cosa sia – sia stato riportato dai crociati in Europa. Il passaggio da Venezia sarebbe stato, allora, obbligato.

Ma chi sono i marrani?

La Venezia del XVI secolo era al massimo del suo splendore: il porto, attivissimo, collegava la Serenissima con le principali capitali d'Europa, favorendo un commercio intenso e gli scambi culturali. Non era raro che mercanti di altri Paesi si trattenessero a Venezia per concludere i propri affari. Con una tolleranza comune solo alle città di mare, Venezia accettò di buon grado la presenza degli stranieri, ma impose loro di rispettare una condotta regolare e conforme alle usanze dei veneti.

Lo strumento di cui si servì per controllare l'ordine sociale fu il Tribunale del Sant'Uffizio, attento giudice della condotta di quanti – vagabondi, uomini d'avventura o semplicemente individui dalla poco chiara occupazione – avevano un comportamento che li collocava ai limiti o al di fuori dei ruoli sociali stabiliti. In tutti questi casi interveniva l'Inquisizione, che a Venezia assunse tinte meno fosche e più "quotidiane" rispetto a quella spagnola, ma che comunque non esitò a istituire processi a carico di quegli individui la cui reputazione veniva messa in discussione.

Nel corso del XVI secolo approdarono nell'accogliente città lagunare diverse ondate di profughi. Il 1492 fu infatti un anno cruciale: l'arrivo dei sovrani a Granada segnò la fine di ben tre secoli di presenza dei Mori in Spagna e l'unificazione del Paese sotto un nuovo potere. Poco tempo dopo fu emanato un decreto di espulsione per gli ebrei spagnoli. Molti dalla Spagna si stabilirono a Venezia. Qui vennero accolti dapprima benevolmente, con la possibilità di esercitare i propri affari, possedere beni immobili e commerciare, ma in seguito la Serenissima dispose per tutti gli ebrei la residenza nel ghetto, oltre ad una serie di limitazioni nei loro traffici e possedimenti. Si trattò del primo ghetto istituito in Italia. Forse molti non sanno che la parola "ghetto" è nata proprio in questa occasione: "ghetto" deriva infatti dal dialetto veneto *geto*, ovvero "getto", "gittata", poiché esso si trovava nei pressi di una fonderia. Dalla pronuncia gutturale del termine, probabilmente da parte degli ebrei di provenienza germanica, deriva il termine "ghetto", che da allora si diffuse in tutta Europa.

Gli ebrei di Venezia compresero ben presto che era necessario osservare le regole imposte loro se non volevano destare l'attenzione della Santa Inquisizione. Ma tra gli abitanti del ghetto vi erano anche individui dalla vita piuttosto avventurosa, la cui sofferta identità non era per nulla chiara. Molti di essi pensavano che una volta giunti a Venezia avrebbero potuto continuare a vivere senza dover rendere conto ad altri del loro operato, ma si sbagliavano: l'occhio dell'Inquisizione era pronto a cogliere ogni gesto rivelatore. Molti ebrei preferirono convertirsi al cristianesimo per mantenere la propria libertà di azione ed espressione, dando luogo ad un fenomeno singolare: il marranesimo.

Ma chi sono i marrani?

I marrani (in spagnolo *marranos*, che significa "maiali" e che deriva probabilmente dall'arabo *moharrama* o *muharram*, cioè "cosa proibita") erano quegli ebrei sefarditi (ovvero provenienti dalla Penisola Iberica) che nel 1492 si erano convertiti al cristianesimo per poter rimanere in Spagna anche dopo il decreto di espulsione. Molti di questi individui però, si erano convertiti solo esteriormente, ma erano rimasti ebrei nel proprio intimo, e continuavano a praticare i precetti dell'ebraismo tra le mura domestiche, cercando di mascherare la loro vera fede in pubblico. L'Inquisizione spagnola, molto più feroce e attenta di quella italiana, condannava duramente i marrani smascherati, ma anche a Venezia l'atteggiamento verso costoro fu di istintiva diffidenza. I rigidi criteri di ordine e gerarchie che vigevano a Venezia e che, se rispettati, garantivano una sorta di pari dignità anche a individui di provenienza diversa, male si adattavano alla personalità dei marrani, in perenne conflitto tra l'identità personale e quella scelta per convenienza o forza maggiore.

Dei profughi marrani che giunsero a Venezia alla fine del Quattrocento, molti decisero di restare in città, attratti dalla relativa liberalità del clima in vigore. Molti si rivelarono fin dall'inizio come ebrei e scelsero di vivere nel ghetto; altri, dopo avere apprezzato i piaceri della libertà, non erano disposti a rinunciarvi per vivere in un luogo chiuso e sottoposto a controlli.

I più restarono in bilico tra il mondo cristiano e quello ebraico, avvicinandosi di più all'uno o all'altro a seconda delle necessità del momento. E fu proprio questo stato di incertezza, questi comportamenti ambigui che turbarono Venezia, sempre ben disposta verso gli stranieri sino a quando rispettavano le regole.

Gli atti dei processi dell'Inquisizione veneziana ci mostrano come spesso il Tribunale del Sant'Uffizio si sia occupato con scrupolo dei problemi creati dalla presenza di questi immigrati spagnoli, che offrivano motivo di scandalo con il loro comportamento.

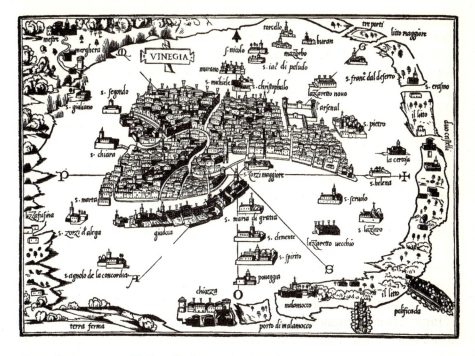

Pianta di Venezia, con il Lido sulla destra, in un'incisione cinquecentesca.

Scorrendo gli atti dei processi scopriamo così la storia di Aaron, un giovane di circa vent'anni, che dichiarò inizialmente di chiamarsi Giacomo e di essere originario della zona di Siena, ma che poi, incalzato dalle domande dei giudici, confessò di essere stato ebreo e di essersi fatto battezzare non una, non due, ma ben quattro volte! La prima a San Geremia, dove era diventato Giacomo, la seconda a Modena, dove gli era stato dato il nome di Paolo, la terza a Ravenna, in cui aveva assunto quello di Battista, ed infine a Badia, dove gli era stato assegnato quello di Francesco. Perché farsi battezzare tutte queste volte? Il giovane rispose di avere agito così perché era «male in ordine di vestito e per avere qualche recapito». Aaron intuì i vantaggi dell'essere cristiano: aveva sempre vissuto di espedienti, ma ora aveva l'opportunità di integrarsi meglio nella società e, per essere sicuro, non esitò a farsi battezzare ben quattro volte in luoghi diversi.

C'è poi la storia di Francesco Olivier, che usava andare in giro con il berretto nero e la spada, come ogni cristiano, ma che un bel giorno venne visto con la berretta gialla degli ebrei. Ma cosa scatenò in lui il cambiamento? Perché improvvisamente Francesco si rivelò nel suo essere ebreo? Pare che fosse stato ferito misteriosamente in casa di una cortigiana, tale Laura Romana, che abitava in calle del Pestrin. Un amico della vittima gli aveva prestato i primi soccorsi e lo aveva accolto in casa propria, ma qualche giorno dopo Francesco lasciò quella ospitale casa cristiana e preferì rifugiarsi nella locanda degli ebrei all'interno del ghetto, dove rimase fino a completa guarigione. Da quel momento in poi, più di un testimone riferì di averlo visto andare in giro con la berretta gialla degli ebrei. Probabilmente lo spavento per l'aggressione subita e la successiva guarigione indussero Francesco a ritornare alla fede originaria.

Ma il mistero più interessante è senza dubbio quello di Pietro di Nixia, un frate dell'ordine di San Francesco. Pietro venne chiamato dai giudici del Sant'Uffizio con delle accuse gravissime: alcuni testimoni affermavano che aveva rinnegato la fede cristiana per convertirsi all'ebraismo e, in seguito, senza alcun pudore, aveva osato ritornare alla chiesa cristiana senza quelle penitenze che avrebbero potuto permettere una riconciliazione; ma non solo: aveva ripreso a celebrare i sacri uffici senza alcuna autorizzazione.

Catturato a Cipro, Pietro era stato imbarcato su una nave e riportato a Venezia, e a suo carico si ipotizzava persino una conversione alla fede turca. Nelle mani dei giudici giunse un ricco carteggio con accuse precise, ma contenente anche vaghi sospetti e molte illazioni.

Interrogato dai giudici, Pietro raccontò di essere un chierico ordinato a Roma e diventato in seguito frate francescano. La sua vita era davvero notevole per il periodo: nato a Nixia, qui visse fino all'età di undici anni, per poi trasferirsi prima in Ungheria e poi in Francia, a Parigi, dove studiò teologia.

Affermò di essersi allontanato dall'Italia per viaggiare e «vedere il mondo»: si recò prima a Candia, dove trascorse alcuni mesi, e da qui ad Alessandria. Poi, insieme ad altri compagni di viaggio, decise di recarsi niente meno che in India: raggiunse il Cairo, dove si fermò ospite di amici per alcuni giorni, quindi partì alla volta di Suez, ma qui non proseguì, «per timore e sospetto dell'armata del Turco». Fece quindi ritorno al Cairo e da qui decise di dirigersi a Cipro.

Si era mai vestito da ebreo? Una volta partito dall'Italia, Pietro ammise di avere smesso le vesti da frate per vestirsi da ebreo, e una volta ritornato di avere rimesso gli abiti clericali.

I giudici gli chiesero allora conto delle voci che lo dicevano circonciso e Pietro, in effetti, ammise di essersi fatto circoncidere al Cairo «per causa di passare più sicuramente per quelle bande».

E perché si era diretto a Cipro? Pietro rispose che la sua intenzione era quella di raggiungere Gerusalemme, ma che non aveva trovato un passaggio per mare.

Non si trattava quindi di una fede oscillante, ma di un marrano al contrario: un cristiano che si era finto ebreo per passare inosservato e viaggiare senza preoccupazione in terra d'Oriente. Un moderno viaggiatore assetato di conoscenza che non indugiava a mescolarsi il più possibile con le altre culture, se questo poteva facilitarlo nel suo viaggio.

Ma l'Inquisizione di Venezia, sebbene di stampo moderato, non era di vedute abbastanza larghe per accettare un simile comportamento, e per di più da un esponente della Chiesa: padre Pietro venne condannato per apostasia della religione, del suo Ordine e della fede in Cristo; fu accusato di essere diventato un ebreo circonciso e di avere vissuto per svariati mesi alla giudaica, riprendendo poi a indossare l'abito talare e a celebrare la messa senza avere espiato e senza avere ricevuto la dovuta autorizzazione. Per tutte queste pene Pietro fu condannato ad abbandonare l'Ordine e a servire come marinaio per cinque anni nelle galere della Serenissima.

Giordano Bruno e la maledizione di Ca' Mocenigo

La città di Venezia è ricca di leggende che riguardano maledizioni e case stregate, legate a personaggi o eventi misteriosi. Un'inquietante tradizione vuole che Ca' Mocenigo Vecchia sia visitata dal fantasma, in eterna ricerca di giustizia, di un illustre eretico: Giordano Bruno.

Le vicende del sacerdote, originario di Nola, sono strettamente legate a Venezia e, in particolare, alla dimora del patrizio Giovanni Mocenigo in campo San Samuele che ospitò il filosofo.

Mocenigo ebbe modo di leggere ed apprezzare il *De minimo* di Bruno, avendolo acquistato presso il libraio Ciotti; proprio a lui affidò una sua lettera nella quale invitava Bruno a Venezia perché gli insegnasse «li secreti della memoria e li altri che egli professa, come si vede in questo suo libro».

Il giovane Bruno, entrato nell'ordine domenicano nel 1565, oltre alla teologia coltivava interessi per la mnemotecnica, le dottrine ermetiche e neoplatoniche, l'occultismo e la magia, e proprio a causa di questi suoi studi poco ortodossi fu tenuto sotto controllo dai superiori, di cui più volte si attirò i richiami per l'eccessiva libertà di pensiero; nel 1576 subì addirittura un processo, rimasto però in sospeso per il suo allontanamento da Napoli. Risulta poco chiara, alla luce della sua repentina fuga dal capoluogo campano, la ragione per cui Giordano Bruno abbia ugualmente accettato di ritornare in Italia: probabilmente confidava nella relativa liberalità della Repubblica veneta, coltivando l'illusione di poter vivere e insegnare in terra veneziana senza subire persecuzioni.

In ogni caso, nell'agosto 1591 Bruno giunse una prima volta a Venezia, dove si trattenne per pochi giorni prima di recarsi a Padova per incontrare Besler, il suo copista di Helmstedt. Tenne per qualche mese lezioni agli studenti tedeschi che frequentavano quella università e sperò invano di ottenervi la cattedra di matematica. A novembre, quando motivi familiari costrinsero Besler a tornare in Germania, Bruno si ripresentò a Venezia e dalla fine del marzo 1592 si stabilì in casa del patrizio veneziano, ancora interessato ad apprendere le arti della memoria e altre discipline magiche.

Tuttavia, il rapporto con Mocenigo fu difficile ed ebbe un esito tanto imprevisto quanto tragico.

Sembra che Mocenigo non fosse del tutto soddisfatto degli insegnamenti di Bruno, forse perché pensava che questi non volesse realmente metterlo a parte delle sue conoscenze; quando il 21 maggio il filosofo lo informò di voler tornare a Francoforte per stampare alcune sue opere, Mocenigo sospettò che Bruno stesse solo cercando un pretesto per abbandonare le lezioni e il giorno dopo lo fece relegare in casa, nel solaio, dai suoi servitori.

Il 23 maggio 1592 presentò all'inquisitore di Venezia Giovan Gabriele di Saluzzo una denuncia scritta, che conteneva imputazioni gravissime. Accusò Bruno di blasfemia, di disprezzare le religioni, di non credere nella Trinità divina e nella transustanziazione («È biastemia grande quella de' cattolici il dire che il pane si transustantii in carne»), di credere nell'eternità del mondo e nell'esistenza di mondi infiniti, di praticare arti magiche («Dice di voler attendere all'arte divinatoria, et che si vuole far correre dietro tutto il mondo; che san Tommaso et tutti li dottori non hanno saputo niente a par di lui»), di credere nella metempsicosi, di negare la verginità di Maria e le punizioni divine.

Quella sera stessa Bruno fu prelevato dalle guardie dalla casa di Mocenigo, arrestato e rinchiuso nelle celle dell'Inquisizione di Venezia, in San Domenico a Castello; in questo carcere, non più esistente e che sorgeva nell'attuale via Garibaldi, Bruno divise la cella con altri sette detenuti, che non esiteranno ad accusarlo in sede processuale.

Inizialmente, finché rimase a Venezia, Bruno riuscì abilmente a difen-

Giordano Bruno in un ritratto giovanile.

dersi, negando, tacendo, e anche mentendo su alcuni punti delicati della sua dottrina, confidando che gli inquisitori non potessero essere a conoscenza di tutte le sue pratiche e teorie.

L'Inquisizione romana chiese però la sua estradizione, concessa, dopo qualche esitazione, dal Senato veneziano: nel febbraio del 1593 Bruno fu rinchiuso nelle carceri del palazzo del Sant'Uffizio a Roma, raggiunto da nuovi e altrettanto gravi capi d'imputazione.

Il processo romano si protrasse per sette anni. Interrogato anche sotto tortura, Giordano Bruno non rinnegò i fondamenti della sua filosofia: ribadì l'infinità dell'universo, la molteplicità dei mondi, la non generazione delle sostanze, il moto della Terra, dotata di un'anima, la natura angelica delle stelle, il non essere l'anima la forma del corpo; come unica concessione, si dichiarò disposto ad ammettere l'eternità e immortalità dell'anima umana. Dopo essersi detto pronto all'abiura, nel settembre 1599 cambiò irrevocabilmente idea, anche se nel dicembre dello stesso anno venne ulteriormente accusato di aver avuto fama di ateo in Inghilterra e di avere scritto il suo *Spaccio della bestia trionfante* direttamente contro il papa.

Dopo avere dichiarato per l'ultima volta di non avere nulla di cui pentirsi, Bruno ascoltò impassibile la sentenza di morte: fu riconosciuto «eretico, impenitente e recidivo» e condannato al rogo secondo la formula «Vivus in igne mittatur» ("Sia gettato vivo nel fuoco").

A piazza Carupo de' Fiori, sette frati, all'alba del 17 febbraio del 1600, eseguirono la condanna: lo spogliarono, lo legarono al palo e gli serrarono la lingua con una mordacchia di legno perché non bestemmiasse. E appiccarono il fuoco.

Casanova e Cagliostro: un magico incontro a Venezia

Giacomo Casanova, nato a Venezia nel 1725 e morto a Dux, in Boemia, nel 1798, è sicuramente uno fra i più famosi avventurieri del XVIII secolo, dalla personalità multiforme e ricca di sfaccettature: fu, infatti, letterato, uomo di chiesa, mago, musicista e impenitente libertino.

Il cavaliere di Seingalt – fantasioso titolo che egli stesso si era attribuito – confessò nella sua autobiografia che la curiosità intellettuale fu la molla che lo spinse a darsi tanto da fare in giro per l'Europa; e tra le attività che maggiormente lo attrassero – secondo un cliché che fa del Settecento non solo il secolo dei lumi di Voltaire e Diderot, ma anche quello dei vari Cagliostro, Mesmer e altri avventurieri – non potevano mancare la pratica delle scienze occulte e l'interesse per le massonerie e le confraternite esoteriche. Tuttavia, nella sua *Histoire de ma vie* Casanova tende sempre a sminuire queste inclinazioni, attaccando addirittura Cagliostro e Saint-Germain, apostrofati come volgari ciarlatani. Eppure, Casanova praticò abbondantemente varie forme di magia, anche se le descrizioni delle sue numerose pratiche occultistiche sono state spesso apertamente disprezzate dall'autore stesso come un semplice gioco o un espediente fraudolento per ingannare gli stolti creduloni.

La giovinezza di Casanova non fu affatto semplice: figlio di attori che lo lasciavano spesso solo – unico affetto sincero, quello della nonna materna –, si rivelò da subito poco incline alla disciplina e al rispetto delle regole. Così, non riuscì a portare a termine né la carriera ecclesiastica, a cui era avviato avendo preso gli ordini minori nel 1741, né quella militare, decisamente inadatta alla sua indole.

La svolta della sua vita avvenne nel 1746, quando il giovane Gian Giacomo – che allora abitava a Venezia e si guadagnava da vivere suonando il violino – incontrò un noto personaggio veneziano, il senatore Matteo Bragadin, che divenne suo amico e protettore. Fu proprio a seguito del rapporto con Bragadin che Casanova ebbe un primo contatto con le scienze arcane: questo potente personaggio, infatti, lo spinse inconsapevolmente verso un primo pericoloso imbroglio occultistico.

*Giacomo Casanova in
un ritratto settecentesco.*

«Un giorno il signor Bragadin mi disse che per essere così giovane la sapevo troppo lunga e che quindi dovevo possedere qualche virtù soprannaturale»: con queste parole, Casanova giustificò la sua invenzione di possedere una formula grazie alla quale poteva sapere tutto ciò che voleva. Secondo la sua pratica magica, gli bastava trasformare in cifre un certo quesito per ricevere una risposta, a sua volta cifrata.

Casanova raccontò di aver appreso l'esercizio della cabala da un eremita che abitava sul monte Carpegna, mentre era prigioniero dell'armata di Spagna e, per confermare l'affidabilità della sua tecnica, confidò che era stato l'oracolo cabalistico a fornirgli il suggerimento che lo aveva indotto ad uscire ad una certa ora, tre settimane prima, in modo da realizzare per la prima volta il fortunato incontro con il suo protettore. Bragadin, allora, rimase stupefatto e volle sperimentare subito i poteri della formula, ponendo una domanda misteriosa al presunto cabalista; senza esitare, Casanova fornì una risposta altrettanto misteriosa, composta da quattro versi in cifre ordinarie che, disse, Bragadin solo avrebbe potuto interpretare. Il nobile veneziano rimase interdetto e ammirato per tanta sapienza, e anche i suoi amici cominciarono ad interrogare Casanova, pregandolo di insegnare loro la meravigliosa formula. L'abile truffatore si dichiarò disposto a farlo immediatamente, dimostrando di non credere assolutamente all'ammonizione dell'eremita che, rivelandogliela, aveva aggiunto che se l'avesse insegnata a qualcuno prima di avere raggiunto cinquant'anni sarebbe morto improvvisamente in tre giorni. A quel punto nessuno osò più mettere a repentaglio la vita del generoso giovane, e la sua preziosa conoscenza sarebbe rimasta segreta.

Grazie alla sua tattica, Casanova non ebbe mai difficoltà ad accontentare tutte le numerose richieste riguardo alla conoscenza di fatti presenti, passati o futuri: le sue risposte, infatti, erano sempre a doppio senso, uno dei quali non si lasciava interpretare che a fatto compiuto. In questo modo, la sua cabala non sbagliava mai e la sua fama continuava a crescere: grazie al sostegno di Bragadin, Casanova abbandonò definitivamente il misero mestiere del violinista ed ottenne una casa ed una discreta rendita. Nel 1750 era anche entrato a far parte di una loggia massonica, a Lione, dove aveva avuto modo di approfondire le sue conoscenze esoteriche. Iniziò per lui un intenso periodo di viaggi, soprattutto in Francia, nel corso dei quali diede prova di avere acquisito tecniche occulte sempre più efficaci, che spaziavano da miracolose guarigioni a rischiose ma fortunate operazioni economiche.

Ad un certo punto, però, la buona sorte sembrò voltargli le spalle. Stabilitosi nuovamente a Venezia, ricevette la visita di un conoscente, un tale Manuzzi, apparentemente interessato alle capacità dimostrate da Casanova; questi non si fece pregare e raccontò con dovizia di particolari le sue imprese. Manuzzi, in realtà, era una spia degli inquisitori di Stato che, sottratti alcuni volumi di magia dall'abitazione del povero Casanova, lo denunciò.

Nel luglio del 1755 il capo delle guardie veneziane Mario Varutti lo fece arrestare: a causa della sua condotta e di alcuni suoi scritti, fu accusato di disprezzo pubblico della religione, appartenenza alla massoneria, libertinaggio, magia e vilipendio alle istituzioni e fu condannato a cinque anni di prigione. Rinchiuso nelle carceri di Venezia, i Piombi, tentò inutilmente di fuggire una prima volta, ottenendo solo un inasprimento della sua prigionia, ma riuscì in seguito ad evadere grazie all'aiuto di padre Marino Balbi, nella notte tra il 31 ottobre e il primo di novembre del 1756. Questa romanzesca fuga contribuirà considerevolmente alla nascita del suo mito.

Costretto a lasciare Venezia, Casanova si rifugiò in Francia; qui conobbe una figura importante, la sua futura protettrice e sovvenzionatrice, la marchesa Adelaide Marie-Thérèse d'Urfé, affascinata dal mondo della magia e dell'occulto. La donna era rimasta colpita dall'abilità taumatur-

Il Palazzo delle Prigioni Nuove in un'incisione di inizio Ottocento.

gica di Casanova che, grazie ad una misteriosa applicazione, le aveva risanato il nipote afflitto da sciatica.

Negli anni successivi, si divise tra Parigi e varie altre località europee, fino a quando lo raggiunse, nel 1774, la notizia tanto attesa della concessione del provvedimento di grazia che gli avrebbe consentito di rientrare a Venezia. L'ultima permanenza nella sua terra natale portò con sé, però, una delle esperienze più umilianti e tristi della vita di Casanova, che da vittima di una delazione diventò, a sua volta, una spia: offrì, infatti, agli inquisitori della Serenissima i suoi servigi come confidente in cambio di uno stipendio mensile di quindici ducati. L'incarico ebbe breve durata: gli venne revocato dopo soli tre mesi per scarso rendimento. Iniziò così un inarrestabile declino, che lo portò ad essere allontanato definitivamente dalla laguna a causa del libello *Né amori né donne,* scritto contro il potente Zan Carlo Grimani. Si ritirò a Dux, in Boemia, dove si dedicò fino alla morte alla stesura dell'autobiografia.

Da quest'opera emerge un personaggio poliedrico, raffinato e spregiudicato, abile a manipolare le persone e a dare un'immagine di sé sempre all'altezza della situazione; una figura perfettamente inserita in quella galleria di personaggi settecenteschi a metà strada tra falsità e candore, scetticismo e ingenuità, razionalismo e magia, che ha visto fra i suoi esponenti più celebrati anche il conte Cagliostro. A differenza di quest'ultimo, tuttavia, Casanova si dimostrò un miglior dissimulatore, riuscì a sopravvivere all'Inquisizione e a morire in tarda età. I due avevano avuto modo di incontrarsi almeno due volte, in un primo tempo in Francia, poi a Venezia. Dei loro contatti Casanova stesso ha lasciato notizia nell'*Histoire de ma vie*, dove descrisse Cagliostro come «...un bell'uomo ma con una faccia patibolare».

La prima conoscenza tra i due avvenne nel 1769, ad Aix-en-Provence, dove Giacomo Casanova era convalescente a causa di una terribile pleurite. Di ritorno da un pellegrinaggio a Santiago di Compostela i coniugi Balsamo – con questo nome, infatti, Casanova conobbe Cagliostro e la moglie – si erano fermati in quella stessa città per rifocillarsi prima di riprendere il cammino. Casanova si trovava in una locanda della cittadina francese, nella quale aveva sentito dire che si era fermata una coppia misteriosa, un uomo maturo ed una bellissima giovinetta. Casanova non poté frenare la sua innata curiosità e volle conoscerli. La donna disse di essere napoletana e di chiamarsi Serafina Feliciani; il marito, con un sospetto accento siciliano, dichiarò invece di essere napoletano e di chiamarsi Balsamo. Casanova incontrerà i due una seconda volta, a distanza di quasi dieci anni: a Venezia, nel 1778, dove Balsamo si presentò, però, con il nome di "conte Pellegrini".

Sulla vera identità di Alessandro, conte di Cagliostro, il mistero è molto fitto: infatti, questo personaggio, cresciuto da un mercante palermitano – Pietro Balsamo – che lo aveva salvato da morte certa, potrebbe coincidere con Giuseppe Balsamo, suo fratellastro, nato a Palermo nel giugno del 1743. Tuttora non si sa con certezza se i due siano un'unica persona o se Giuseppe Balsamo, di professione truffatore, non abbia invece sfruttato questo equivoco per restare impunito. Pare che, giovanissimo, Giuseppe avesse frequentato il seminario di San Rocco e, in seguito, fosse entrato come novizio in un convento di Caltagirone; proprio qui, forse, apprese le prime nozioni di farmacologia e chimica, affiancando un frate speziale nel suo lavoro.

In ogni caso, chiunque fosse veramente, il conte di Cagliostro divenne noto in tutta Europa come mago, guaritore e chiaroveggente: sapeva preparare cosmetici, lassativi, antidoti, pomate, e questo gli fece guadagnare la stima degli ammalati, specie i più poveri, ai quali non chiese mai compensi. Sicuramente, il più noto preparato di Cagliostro fu l'"elisir di lunga vita", che veniva ancora preparato in alcune farmacie italiane alla fine degli anni Quaranta del Novecento; grande diffusione ebbero anche il suo vino egiziano e le polveri rinfrescanti.

Per guarire malattie che erano anche considerate mortali, usava elementi di origine naturale insieme alla potenza della suggestione, che agiva come una leva sulla volontà dell'ammalato; talvolta faceva credere di essere in possesso di saperi superiori e segreti, e sosteneva con forza l'importanza della sfera spirituale nella guarigione fisica. Curava anche imponendo le mani, come un pranoterapeuta, senza uso di altri strumenti, e si servì anche del procedimento per indurre la trance ipnotica nei pazienti.

Nel 1779 i suoi esperimenti di magia conquistarono addirittura la stima della zarina Caterina II, e tra le sue numerose guarigioni si annoverarono quella del segretario del marchese De la Salle e del cavaliere di Langlais; predisse anche la data precisa della morte dell'imperatrice Maria Teresa e lo scoppio della rivoluzione francese.

Viaggiò per tutta Europa e, in Francia, aderì alla massoneria; assunse il titolo di "gran cofto" all'interno della massoneria di rito egizio da lui fondata, nella quale aveva assegnato importanti compiti anche alla moglie. Nel 1785 Cagliostro, divenuto ormai famosissimo, sostituì Mesmer come guaritore alla corte parigina.

Ma, giunto all'apice della sua fortuna, arrivò il primo tracollo: venne sospettato di avere rubato la collana della regina di Francia e fu rinchiuso nella Bastiglia per nove mesi. L'accusa si rivelò infondata, ma una volta scarcerato Cagliostro fu comunque costretto a lasciare la Francia e a trovare rifugio in Inghilterra. L'episodio aveva gettato su di lui un irrecuperabile discredito.

Tornato in Italia, a Roma, continuò le sue attività, ma cominciò ad essere strettamente controllato dal Sant'Uffizio; forse, nel momento in cui fu arrestato e rinchiuso nelle carceri di Castel Sant'Angelo, gli tornarono alla mente le parole profetiche di Casanova che, nel loro secondo breve incontro, a Venezia nel 1778, gli aveva raccomandato di non mettere più piede a Roma.

Nel 1789 la Santa Inquisizione lo accusò di eresia, negromanzia e, soprattutto, lo condannò a morte per la sua attività massonica. Il pretesto per procedere contro di lui fu fornito proprio dalla moglie che, su consiglio dei parenti, aveva rivolto al marito accuse molto gravi durante la confessione: lo aveva, infatti, denunciato come eretico e massone. Cagliostro, sapendo di non potersi fidare della moglie e sperando di poter rientrare in Francia, scrisse un memoriale diretto all'Assemblea nazionale francese, dando la massima disponibilità al nuovo governo. La relazione venne, però, intercettata dal Sant'Uffizio, che stese un dettagliato rapporto sulle attività antireligiose del gran cofto: papa Pio VI non poté che decretarne l'arresto. Era il 27 dicembre del 1789. Cagliostro, dunque, venne dipinto dal Sant'Uffizio come il capo di un credo esoterico che, avendo anche preannunciato il movimento rivoluzionario che aveva cancellato una delle monarchie più solide d'Europa, quella francese, aveva dato prova tangibile del male di cui poteva essere origine: l'Inquisizione di Pio VI, nella sua lotta spietata alla massoneria, fu eccessivamente spietata nei confronti dell'eclettico avventuriero, colpevole soltanto di avere tratto vantaggio dalle innocue suggestioni create ad arte per la gioia degli ingenui clienti. Cagliostro fu, in un primo tempo, condannato a morte e i suoi manoscritti vennero pubblicamente bruciati; in seguito alla pubblica rinuncia ai principi delle sue dottrine ottenne di commutare la pena con il carcere a vita, nella fortezza di San Leo. Per paura che grazie alle sue arti magiche potesse fuggire, venne rinchiuso nell'umida cella del Tesoro e successivamente trasferito in quella del Pozzetto, ritenuta la più sicura. La morte lo colse, come egli stesso aveva predetto, alle quattro del mattino del 27 agosto 1795, in seguito ad un colpo apoplettico.

Tuttavia, come tutta la vita dell'eclettico personaggio, anche la morte e la sepoltura sono avvolte nel mistero, oggetto delle più stravaganti ipotesi. Alcuni ritengono che la morte non sia stata naturale, ma causata da un colpo ricevuto in testa durante un tentativo di evasione; un'altra leggenda contempla la fuga in abiti da sacerdote, la morte dopo la caduta dalla rupe di San Leo, la sepoltura in una legnaia; altri ancora lo vorrebbero fuggito, a bordo di una mongolfiera, grazie all'aiuto dei massoni.

Tutte queste incredibili supposizioni non fecero che aumentare il fascino di Cagliostro e l'alone di mistero di cui sempre seppe circondarsi, accresciuto dalle storie che lui stesso amava raccontare di sé, dalla mitica infanzia alla Mecca alla conoscenza degli antichi misteri egizi attraverso gli insegnamenti del leggendario sapiente Altotas. Le parole più adatte per ritrarre questo personaggio le fornì egli stesso quando affermò: «Io non sono di nessuna epoca e di nessun luogo: al di fuori del tempo e dello spazio, il mio essere spirituale vive la sua eterna esistenza».

I misteri della fede

Nel tempo, la fede ha trovato forza e vigore anche in fatti eccezionali, interpretati nell'immaginario popolare come miracolosi. Ne abbiamo voluto ricordare qualcuno a livello esemplificativo, tra quelli associati ai simboli più cari ai veneziani.

Quando le storie di devozione si allontanano dalla cronaca e dalle inconfutabili testimonianze storiche ed artistiche, il nostro racconto si snoda, avviluppandosi come una pianta rampicante su un muro riarso e corroso dalla salsedine della laguna, e si affianca alle leggende e alle narrazioni che si confondono nella memoria del tempo. E quindi abbiamo storie più dolci e sognanti in cui si fa più sottile e indefinito il confine tra reale e fantastico.

San Marco: l'enigma delle reliquie e altri misteri

La basilica di San Marco è sicuramente, insieme alla sua piazza, il simbolo di Venezia, un edificio di incomparabile pregio artistico e luogo carico di suggestioni simboliche, anche misteriose.

Se la vita del santo patrono è documentata dagli *Atti degli Apostoli* e da alcune lettere che informano sulle vicende del giovane Marco, prima ad Antiochia, poi ad Aquileia, la sua morte e la traslazione a Venezia delle reliquie dell'evangelista sono avvolte nel mistero. Marco, il cui vero nome usato con i connazionali ebrei era Giovanni, ebbe modo a Gerusalemme di ascoltare i racconti di Paolo e Barnaba sulla diffusione del Vangelo ad Antiochia e, quando questi vi ritornarono, volle accompagnarli. Li seguì nel primo viaggio apostolico fino a Cipro, ma quando dovettero attraversare una regione inospitale e paludosa sulle montagne del Tauro, Giovanni Marco rinunciò, intimorito dalle difficoltà, e tornò a Gerusalemme. Tuttavia, con il passare del tempo riuscì a riconquistare la fiducia degli apostoli, tanto che divenne fedele collaboratore di Paolo e non esitò a seguirlo a Roma, dove rimase, poi, al servizio di Pietro, anch'egli presente nella capitale. Durante questi anni Marco trascrisse, secondo la tradizione, la narrazione evangelica di Pietro, di cui nel frattempo era divenuto discepolo e segretario, e per questo fu inviato ad evangelizzare l'Italia settentrionale; ad Aquileia, convertì Ermagora, che sarebbe poi diventato primo vescovo della città. Portata a termine la sua missione, Marco intraprese il viaggio di ritorno verso Roma lungo i canali lagunari che collegavano Aquileia con Ravenna, ma fu sorpreso da una tempesta che lo fece approdare fortunosamente su un isolotto, primo nucleo della futura Venezia. Qui si dice che, caduto in estasi, abbia sognato un angelo che lo salutò con la frase: «Pax tibi Marce evangelista meus» ("Pace a te, Marco, mio evangelista") e gli promise che in quelle isole avrebbe dormito in attesa dell'ultimo giorno.

Secondo un'antichissima tradizione, Pietro lo mandò poi ad evangelizzare Alessandria d'Egitto, dove Marco, diventato primo vescovo della città, morì nel 68. Le modalità della sua morte sono incerte: cause naturali, secondo alcuni, martirio secondo un'altra tradizione.

Le sue reliquie, comunque, furono custodite nella chiesa innalzata al Canopo di Alessandria, che fu incendiata nel 644 dagli Arabi e, in seguito, ricostruita dai patriarchi di Alessandria, Agatone e Giovanni di Samanhud.

È in questo luogo che, nell'828, giunsero i due mercanti veneziani – Buono da Malamocco e Rustico da Torcello –, forse inviati dal doge stesso, che si impadronirono delle reliquie dell'evangelista, minacciate dagli Arabi, e le trasferirono a Venezia, dove giunsero il 31 gennaio dell'anno 828.

Il percorso da Alessandria a Venezia fu ricco di peripezie, a partire dalla necessità di occultare i resti del santo sotto un carico di carne di maiale per sfuggire ai controlli: i doganieri, di religione musulmana, non si sarebbero mai azzardati ad ispezionare un simile bagaglio.

Prima di arrivare a Venezia, all'altezza della città calabrese di Cropani la barca su cui venivano trasportate le sacre reliquie si trovò nel bel mezzo di una tempesta, dalla quale tutti uscirono incolumi grazie all'intervento dei marinai cropanesi. Per questa ragione, delle spoglie di san Marco la rotula è conservata nella chiesa di Santa Lucia a Cropani, appunto, come simbolo di gratitudine per l'aiuto offerto.

Le reliquie giunsero finalmente a Venezia, dove furono accolte con grande onore dal doge Giustiniano Participazio e riposte provvisoriamente in una piccola cappella, nel luogo in cui oggi si trova il tesoro di San Marco.

Nell'832 fu portata a termine la costruzione della basilica, che nel corso del tempo fu più volte distrutta e, infine, consacrata nel 1094, quando era doge Vitale Falier. La cerimonia della dedicazione e consacrazione della basilica, avvenuta il 25 giugno 1094, fu preceduta da tre giorni di penitenza, digiuno e preghiere, per ottenere il ritrovamento delle reliquie dell'evangelista, delle quali – in seguito alle vicissitudini che si erano susseguite – non si conosceva più l'esatta ubicazione. Ecco, allora, un avvenimento misterioso e miracoloso: dopo la messa celebrata dal vescovo, si spezzò il marmo di rivestimento di un pilastro della navata destra, a lato dell'ambone, e comparve la cassetta contenente le reliquie, mentre un profumo dolcissimo si spargeva per la basilica. Le reliquie del santo sono oggi conservate nell'altare maggiore della basilica veneziana. O forse no.

Veduta della piazza e della basilica di San Marco in un'incisione di Luca Carlevarijs.

Una recente ricerca di uno studioso inglese, infatti, sostiene la possibilità di uno scambio di reliquie: al posto delle spoglie di san Marco, nella tomba potrebbero esserci quelle di Alessandro Magno. La sostituzione, avvenuta ormai circa 1200 anni fa ad opera dei due mercanti che avrebbero portato a Venezia le spoglie di Alessandro Magno al posto di quelle di San Marco, sarebbe stata favorita da circostanze e convenienze storiche. È certo che Alessandro, morto a Babilonia, fu imbalsamato e dopo qualche tempo fu sepolto nella città egiziana da lui fondata, che porta il suo nome.

La tomba monumentale di Alessandro era posta nel cuore di Alessandria d'Egitto e per secoli era stata luogo di culto imperiale: la tomba risulterebbe dispersa proprio in concomitanza con la comparsa delle prime testimonianze sul culto di un sepolcro di san Marco ad Alessandria.

Inoltre, si sa che sia il corpo del santo che quello di Alessandro erano stati mummificati e avvolti in lenzuola di lino, ciò che le rendeva assai difficili da distinguersi; però, mentre sulla conservazione del corpo mummificato dell'eroe macedone non ci sono ragionevoli dubbi, assai più incerte sono le vicende post mortem dell'evangelista. Probabilmente, nel IV secolo, nell'urna del santo furono introdotte le reliquie di un eroe pagano – Alessandro Magno, forse – per proteggerle dai saccheggi di fanatici cristiani.

Il dubbio è confermato dalle discrepanze tra l'entità delle spoglie dell'evangelista – che secondo la tradizione dovrebbe essere privo del capo e di molte ossa – e dalla consistenza dei resti accertata nella ricognizione effettuata nel 1811 nella basilica di San Marco: è verosimile, dunque, l'ipotesi che nell'urna siano conservati i resti di almeno due cadaveri. Marco resta, comunque, il santo patrono di Venezia, celebrato il 25 aprile, data della sua morte, ma non solo: ai tempi della Serenissima, infatti, si festeggiavano anche il 31 gennaio – *dies translationis corporis* – e il 25 giugno, giorno in cui nel 1094 avvenne il miracoloso ritrovamento delle reliquie del santo nella basilica. In tutte le raffigurazioni artistiche Marco è rappresentato con il suo simbolo di evangelista: un leone alato, armato di spada e munito di un libro sul quale, in tempo di pace, si poteva leggere la frase: «Pax Tibi Marce Evangelista Meus», un libro che veniva minacciosamente chiuso quando la spada, durante la guerra, si sporcava di sangue.

I segreti della basilica

Alla basilica di San Marco sono legati anche alcuni avvenimenti connessi alle pratiche dell'Inquisizione.

All'angolo destro della chiesa, ad esempio, è presente un cippo che la tradizione vuole utilizzato per le esecuzioni, mentre, guardando le colonne del primo loggiato del vicino Palazzo Ducale, se ne possono individuare due di colore diverso dalle altre dove, sempre secondo la tradizione, venivano pronunciate le sentenze di morte, poi eseguite nella piazzetta antistante o nel vicino campanile.

Ecco, allora, che anche questo meraviglioso monumento che svetta nella piazza si carica di macabre suggestioni: è, infatti, legato alla tradizione del *suplissio dea cheba*, o supplizio della gabbia, pena riservata, per lo più, ai reati commessi da membri del clero. Si trattava di una gabbia in ferro appesa al campanile e, quindi, sospesa nel vuoto, nella quale i condannati venivano esposti al pubblico scherno anche per lunghi periodi, sfidando le intemperie. La morte, spesso, sopraggiungeva quasi come una liberazione.

Sullo stesso lato della basilica, inoltre, sono presenti due pilastri prove-

Uno dei quattro cavalli in bronzo portati da Costantinopoli nel 1204 e collocati sopra il portale della basilica di San Marco.

nienti da Acri, nelle quali è tangibile la mistica commistione di immagini tra cultura cristiana e mora: in particolare, si notano tre enigmatici criptogrammi, da alcuni interpretati come invocazioni al dio islamico Allah.

Anche i quattro cavalli della loggia della basilica, oggi sostituiti da copie per esigenze di conservazione, rappresentano un chiaro legame con l'Oriente. Infatti, si ipotizza che provengano dall'edificio dell'ippodromo di Costantinopoli, inviati come bottino di guerra in occasione della IV crociata dal doge Enrico Dandolo a Venezia, dove rimasero per oltre cinquant'anni in Arsenale. Intorno alla metà del XIII secolo vennero collocati sulla basilica, pieni di significati politici – come eredità del potere imperiale di Bisanzio – e religiosi, in quanto immagine della *Quadriga Domini*, allegoria della diffusione della parola divina attraverso l'opera dei quattro evangelisti.

Il mistero più noto a cui la basilica è legata resta, comunque, quello che ha per protagonista il già citato Piero Tasca, di professione fornaio, che, secondo la tradizione, pare abbia trovato un morto pugnalato per strada e sia stato incolpato dell'omicidio. Dopo le crudeli torture a cui lo sottoposero per estorcergli la confessione della propria colpevolezza, il *fornareto* fu giustiziato davanti al lato sud della basilica, poco prima che si scoprisse che, in realtà, era del tutto innocente. Da allora, era il 1507, due lumini rossi – oggi sono lampadine – sono accesi tutte le notti fra due archi della basilica, di fronte al punto in cui c'era il patibolo, a perenne titolo di scuse per una vittima innocente.

Un chiodo misterioso

Il racconto di una suora, la badessa del monastero di Santa Chiara, Maria Felice della Vecchia, ci tramanda un fatto di oltre tre secoli prima, e che ha tutto il fascino misterioso delle narrazioni che fioriscono intorno alle presunte reliquie del corpo di Cristo.

Secondo il racconto della badessa, nell'anno 1262 all'uscio del convento si presentò uno dei tanti pellegrini che si recavano nella laguna per venerare le numerose reliquie che i veneziani avevano portato nella città dalla Terra Santa. Questa volta però il pellegrino non arrivava a mani vuote, ma aveva con sé un cofanetto. L'uomo volle metterlo di persona nelle mani della badessa di allora, intimandole di non aprire mai il piccolo scrigno e di non permettere che nessuno lo toccasse a meno che la persona che ne voleva vedere il contenuto non avesse con sé un anello uguale a quello che egli recava. E così dicendo consegnò alla suora il misterioso scrigno assieme all'anello.

Passarono gli anni, e nessuno veniva a reclamare il cofanetto e il suo segreto contenuto. Il fatto sorprendente è che nessuna delle disgrazie che nel frattempo avevano colpito il monastero aveva in alcun modo danneggiato il misterioso oggetto: sembra anzi che né le inondazioni né i crolli nel frattempo occorsi alla struttura avessero toccato lo scrigno. Molte suore raccontarono di avere avuto visioni celestiali mentre si trovavano in prossimità del cofanetto, e quando finalmente, alla fine del Cinquecento, il coperchio fu aperto, in molte si spiegarono i prodigi accaduti: il cofanetto conteneva, fasciato ben stretto e protetto sotto due distinti scomparti, un chiodo di ferro con un biglietto che lo identificava come uno dei chiodi che avevano trafitto Gesù sulla croce. A portarlo a Venezia, diceva ancora il biglietto, era stato Luigi re di Francia, travestito da pellegrino e morto da crociato a Damietta.

Da allora il chiodo, subito definito "santo", è stato venerato prima nel monastero e dal 1830 conservato in una apposita cappella allestita nella chiesa di San Pantaleon.

Ma ancora si aspetta il misterioso emissario con l'anello gemello.

Il corsaro

Quello che è certo è che nei dintorni della chiesa di Santo Stefano esiste il campiello detto "dei morti": una denominazione che a Venezia ricorre spesso nei luoghi dove esistevano piccoli cimiteri, prima degli editti napoleonici che li avevano confinati in un unico luogo. In particolare questo campiello era stato destinato alla sepoltura dei frati della chiesa vicina, e rialzato per motivi igienici dopo che, durante la pestilenza del 1630, vi erano state ammassati decine di cadaveri.

Ma tornando indietro di qualche secolo, ovvero al Quattrocento, è il caso di raccontare la storia di un corpo in particolare che qui si dice sia sepolto, anche se le versioni sulla sua identità sono discordanti e il mistero sulle ossa che vi furono trovate è ancora fitto e forse mai ci sarà risposta definitiva. Parliamo di Paolo da Campo, un feroce corsaro originario di Catania, noto come un vero flagello per le sfortunate navi che si trovavano nel golfo di Venezia, nello specchio di mare tra l'Albania e la Puglia. Le sue scorribande terminarono nel 1490, quando la flotta veneziana finalmente riuscì a catturarlo, e il capitano Tommaso Zeno assicurò da Campo alla giustizia.

La cattura, e quindi la fine di una carriera di peccati e infrazioni alla legge, determinò un cambiamento di rotta drastico nella vita del corsaro, che si ritirò a far vita di penitente al punto da arrivare alla fine della sua esistenza quasi in odore di santità. Il suo cadavere fu addirittura sepolto proprio nel cimitero dove riposavano i frati, e un primo ritrovamento di parte delle ossa, datato al 1836, parla di un corpo ritrovato quasi intatto e in uno stato di conservazione decisamente inspiegabile. Si parla di una tavoletta di pietra, adagiata sul corpo, che citava le imprese di un pirata distintosi per le sue gesta efferate ma interrotte dalla cattura e convertito poi a servire la Serenissima. Restano comunque i dubbi sia su come i resti abbiano potuto conservarsi così bene sia sull'identità del cadavere.

Niente peste

Come è possibile che, mentre la peste infuria in tutta la laguna, un quartiere della città, unico, sia risparmiato? E che le bombe, che cadono ovunque, possano sfiorare una strada senza alcuna conseguenza? Eppure le cronache ci consegnano questa realtà, e una iscrizione posta all'entrata di uno dei sottoporteghi di accesso alla corte che va da calle di San Zorzi a corte Nova ci rammenta un misterioso arresto dell'epidemia proprio sulla soglia di questa zona di Venezia, che guarda verso Santa Giustina e le Fondamenta Nuove. Nell'iscrizione si dice che in ben sei periodi storici diversi, ovvero nel 1630, 1636, 1849, 1855, 1917 e 1918, questa zona di Venezia, presa nel morso della peste prima e minacciata dalle bombe durante la prima guerra mondiale poi, fu risparmiata dall'epidemia e dalla distruzione.

Né morbo né guerra sono mai entrati qui, e ancora ci si domanda come ciò sia possibile. Si parla di energia positiva che aleggia tra quelle calli e di una particolare devozione degli abitanti alla Vergine Maria: una concentrazione così intensa di fede e di preghiera capace di allontanare il male e la violenza.

La storia racconta che durante la terribile peste del 1630 una giovane molto devota, una certa Giovanna, avesse esortato la popolazione del quartiere a rivolgere un forte e collettivo pensiero verso la madre di Cristo, in modo da creare una sorta di cerchio protettivo dal male. La giovane aveva disegnato una tela raffigurante la Madonna e i santi Rocco, Giustina e Sebastiano, e collocato il suo dipinto proprio al limitare del sotoportego. Proprio lì, dinanzi alla potente effigie evocativa di Maria, il male si era arrestato.

Nel tempo il sotoportego si è arricchito di diverse tele che raccontano, quasi come una processione, gli eventi che hanno portato a creare una cortina di protezione intorno alla zona. Vi sono rappresentati i cittadini e le cittadine in adorazione davanti alla Vergine e ai santi protettori, grati e sbigottiti per essere stati risparmiati di fronte alla città stremata dalla malattia.

Una misteriosa area benefica, dunque, che né batteri invisibili né pesanti bombe sono mai riusciti a penetrare.

La chiesa di Santa Maria della Consolazione

Una storia d'amore, morte e miracolo è legata alla chiesa dedicata a santa Maria della Consolazione. A Venezia, però, questa chiesa è più nota con il nome di "Santa Maria della Fava"; sorge nel campo omonimo, di fronte al ponte della Fava che, a sua volta, confina con la calle della Fava. L'etimologia del toponimo è incerta: forse, quello delle fave poteva essere, anticamente, un tipo di commercio molto attivo in quella zona, o forse tutta l'area deve il nome ad un pasticciere del passato che, nel giorno dei morti, si dice preparasse le fave dolci, un tipico dolce veneziano. L'attuale edificio religioso fu eretto nel 1711, mentre la storia che ha per protagonisti Maria e Gregorio è di poco precedente.

Esisteva, allora, una più piccola chiesetta che si affacciava direttamente sulla riva e, dove sorge l'attuale, all'epoca c'era il piccolo cimitero di pertinenza della chiesetta antica.

Maria era la figlia di un ricco commerciante veneziano che, come spesso accadeva, e accade tuttora, si era innamorata di un ragazzo senza l'approvazione della sua famiglia. Gregorio, questo il nome dello sfortunato amante, era un pittore di immagini sacre; da tre anni i due si amavano clandestinamente quando un giorno il padre di Maria decise di darla in sposa ad un altro. Si trattava, naturalmente, di un giovanotto ricco e di buona famiglia, a differenza dello squattrinato pittore. Maria dovette ubbidire alla famiglia e, a malincuore, sposò l'uomo che il padre le aveva assegnato. La vita della giovane ragazza fu infelice e breve: dopo soli tre anni, infatti, morì a causa di una rapida malattia e venne sepolta proprio nel cimitero della piccola chiesetta di fronte al ponte della Fava.

La leggenda vuole che, durante una nevicata invernale, nel piccolo cimitero si verificasse un miracolo. Improvvisamente si levò una figura: era Maria che, per grazia di una volontà superiore, era tornata in vita. Andò allora a farsi vedere dal suo sposo, ma egli la cacciò come fosse il demonio in terra. Maria si recò, quindi, dai genitori, che non riconoscendola come vera figlia la ripudiarono come già aveva fatto il marito. Allora andò dal suo antico amore. Quando Maria gli si accostò, Gregorio era chino sul suo tavolo da lavoro; stava dipingendo l'immagine della Madonna da donare alla chiesa e certo non si sarebbe mai aspettato una simile apparizione. La ragazza lo tranquillizzò subito, dicendogli: «Non aver paura, non ti farò del male...». Gregorio non ebbe paura e con impensata gioia strinse la cara Maria tra le braccia.

Due giovani scendono dalla gondola. Incisione degli inizi del Novecento.

I due si prepararono a rientrare, questa volta insieme, nel mondo. Senza dire niente a nessuno, Gregorio curò e vestì la sua amata fino a condurla in chiesa, al proprio fianco, il giorno di Natale, tra lo stupore generale.

Alcuni, vedendoli e riconoscendo la fanciulla da tempo morta, gridarono al miracolo. Anche i genitori di Maria, ritrovando alla fine la figlia, acconsentirono al matrimonio con Gregorio, ora che la morte l'aveva separata dal primo sposo.

L'immagine della Madonna che Gregorio stava dipingendo prima di ritrovare Maria venne donata alla chiesa e fu considerata da tutti miracolosa. Fu allora che i parrocchiani vollero che venisse eretta una nuova chiesa, che prese il posto di quella più piccina allora esistente. Fu giustamente dedicata alla Madonna della Consolazione, in virtù di quel sentimento che aveva riunito le sorti degli amanti e ricondotto a più miti consigli i genitori di Maria, e vi fu riposta l'immagine della Madonna dipinta da Gregorio.

Non solo si volle ricordare la vicenda dei due innamorati all'interno della chiesa; sulla facciata vennero create due nicchie per contenere le statue a ricordo di Gregorio e Maria. Il mistero accompagnò la sorte dei due giovani fino alla fine. Pare, infatti, che un giorno, mentre erano ancora in corso i lavori della nuova chiesa, sia l'immagine della Madonna che le statue di Maria e Gregorio scomparvero nel nulla.

Ancora oggi, ai lati dell'ingresso della chiesa si possono notare le due nicchie vuote, senza le statue. Il ricordo dei due amanti, comunque, è rimasto.

Un'altra curiosità è legata alla facciata della chiesa della Consolazione. Osservando, infatti, il portale dell'ingresso, si nota che sopra si trova una conchiglia in marmo appartenente ancora all'edificio precedente. La leggenda vuole che il celebre pittore Botticelli passando dal ponte della Fava vedesse una donna bellissima che usciva dal tempio e che fornì l'ispirazione per il celebre quadro della *Venere*, immortalata su una conchiglia uguale a quella che vide sopra il portale di Santa Maria della Consolazione.

Santa Maria della Salute

Ormai a Venezia, come in tutte le altre città italiane, sono poche le ricorrenze popolari veramente sentite e festeggiate secondo la tradizione. La festa della Madonna della Salute è una di queste. Ogni anno, il 21 novembre i veneziani, credenti e non, si recano in pellegrinaggio alla chiesa della Madonna della Salute: sul Canal Grande viene creato un ponte di barche, il cosiddetto "quarto ponte", che congiunge San Marco alla basilica della Salute, ed è usanza che tutti i veneziani, in quel giorno, vadano ad accendere un lumino nella chiesa sulla punta della Dogana. Il significato del rito non è solo un buon auspicio per l'anno che verrà, ma soprattutto un modo per esprimere riconoscenza per la grazia concessa dalla Madonna che liberò Venezia dalla peste del 1630: la costruzione stessa della chiesa si deve proprio ad un ex voto da parte dei veneziani. Non era la prima volta che essi facevano la triste esperienza di quanto fosse terribile la peste e decisero di ricorrere all'aiuto divino: già nel

1575, per scongiurare il contagio, la Serenissima aveva fatto, e poi rispettato, il voto di costruire la chiesa del Redentore alla Giudecca.

Venezia viveva nel XVII secolo un momento di grande difficoltà, sotto molti punti di vista, impegnata com'era nella guerra contro i pirati per il dominio dell'Adriatico e nel conflitto per la successione al ducato di Mantova. Lo spettro della peste si stava nuovamente e pericolosamente affacciando sull'Europa; Venezia, città di mare e di grandi commerci, forte dell'esperienza passata, pensò di avere preso ogni precauzione per evitare che il male si diffondesse, ma il morbo comparve improvvisamente in città portato, forse, dall'ambasciatore di Carlo Gonzaga Nevers, il marchese de Strigis, che si era recato a trattare la pace con l'imperatore Ferdinando II, portando con sé preziosi doni e una lettera per il doge Nicola Contarini.

Il Senato della Repubblica lo bloccò al suo ingresso in città, obbligandolo ad una quarantena, prima nell'isola del Lazzaretto Vecchio e poi, per sua comodità, nell'isola di San Clemente.

Ma per inevitabile fatalità, o per imprudenza da parte del falegname che aveva eseguito alcuni lavori nella casa, la peste che aveva colpito l'ambasciatore ed i suoi familiari si diffuse nella contrada di San Vito, poi in quella di San Gregorio, ed in breve in tutte le contrade.

I provveditori alla Sanità, che già si erano adoperati durante la precedente pestilenza del 1575, emanarono molte disposizioni per cercare di contenere la diffusione del terribile morbo: fecero bonificare le case insane, divisero gli ammalati nei vari ospedali, mandarono a lavorare nelle campagne le persone non infette e vietarono la vendita di alimentari ritenuti pericolosi. Uomini e donne malati venivano portati nell'isola del Lazzaretto Vecchio; le persone che erano state a contatto con gli appestati erano invece trasferite nell'ospedale dell'isola del Lazzaretto Nuovo, fatto costruire per la nuova emergenza, a scopo cautelativo. Su una nave era stata issata una forca per giustiziare i trasgressori delle ordinanze igieniche e alimentari.

Ma tutto ciò sembrava non bastare: le vittime nel solo mese di novembre furono quasi dodicimila. Fu allora tentata la via della fede: il patriarca Giovanni Tiepolo ordinò che si svolgessero in tutta la città preghiere pubbliche e processioni per implorare la clemenza del Cielo; il doge ed il Senato della città deliberarono che per quindici sabati si recitassero in San Marco particolari preghiere.

Il 26 ottobre, primo dei quindici sabati, dopo la processione, sotto le volte di San Marco, il doge, a nome di tutta Venezia, pronunciò il solen-

I MISTERI DELLA FEDE

L. Carlevarijs, la chiesa di Santa Maria della Salute.

ne voto «di erigere in questa Città e dedicar una Chiesa alla Vergine Santissima, intitolandola Santa Maria della Salute, et ch'ogni anno nel giorno che questa Città sarà pubblicata libera dal presente male, Sua Serenità et li Successori Suoi anderanno solennemente col Senato a visitar la medesima Chiesa a perpetua memoria della Pubblica gratitudine di tanto beneficio».

Per la costruzone della chiesa fu scelta l'area della Trinità, nel posto dell'antica dogana marittima, fino ad allora occupato dal Seminario. Tra i tanti, venne preferito il progetto di Baldassarre Longhena, allora ventiseienne, ed il primo giorno di aprile 1631, nonostante la malattia del doge, fu benedetta la prima pietra alla sua presenza. La costruzione, però, iniziò solo nel 1633, e si protrasse a lungo: per poter erigere la basilica in quel luogo ci vollero ben 1.156.650 pali conficcati nel terreno, e fu necessaria una vasta opera di bonifica del suolo. La chiesa potrà essere solennemente consacrata dal patriarca Alvise Sagredo solo il 9 novembre del 1687, a lavori ultimati.

Sarà stata la naturale evoluzione dell'epidemia o il voto avrà sortito i suoi effetti? Dopo avere raggiunto il numero tragicamente alto di quasi cinquantamila vittime, la peste finalmente finì e il 28 novembre del 1632 fu decretato giorno ufficiale della liberazione dal morbo. Una leggenda narra che la peste fu fermata grazie all'apparizione della Madonna, nel sottoportico di corte San Zorzi, vicino a San Marco. In molti quadri di quegli anni è rappresentata la scena con la Madonna che, con il palmo della mano, ferma la peste, raffigurata come uno scheletro completamente nero.

Nel luogo dell'apparizione, ancora oggi si può vedere una mattonella rossa sul lastricato della corte.

Seduto nella tomba

Non si sa mai: e se la morte del corpo fosse solo una fase transitoria, e svegliandosi nella tomba non si trovasse modo di comunicare a chi è ancora sulla terra che vogliamo rivedere la luce? Fu questo il pensiero che attraversò la mente del compositore Benedetto Marcello, al quale è dedicato il Conservatorio di Venezia, e che nella chiesa dei Santi Apostoli, il 16 agosto 1728, si ritrovò svenuto all'interno di una tomba posta al centro della chiesa. Durante la messa evidentemente un lastrone di marmo aveva ceduto, e il musicista era scivolato franando alcuni metri sotto la superficie, fortunatamente senza riportare gravi ferite. E tuttavia le cronache riportano che dopo quell'episodio il compositore, conosciuto per la sua indole scherzosa e allegra, si era fatto più triste e meditabondo. Un cambiamento d'umore che lo aveva portato a scavare nella sua storia familiare, alla ricerca di qualche traccia che confermasse le sue crescenti paure della morte apparente. Benedetto non aveva sbagliato: un suo antenato di due secoli prima, Girolamo Marcello, era stato infatti creduto morto e sepolto nella chiesa dell'isola di Certosa. Una notte i monaci, che per fortuna dimoravano accanto alla cripta, avevano sentito dei rumori e delle grida disperate provenire dalla tomba e l'avevano trovato vivo. Quella rivelazione cambiò la vita del compositore, che da quel momento fu letteralmente ossessionato dal rischio di cadere preda dello stato di morte apparente senza avere la possibilità di uscirne. Fu così che insistette affinché, nelle ultime disposizioni testamentarie, fosse a chiare lettere scritto che voleva essere sepolto seduto, con le gambe sotto ad un tavolo arredato di tutto punto con una lampada e un acciarino, in modo da poter far luce, e con in mano una cordicella collegata ad una campanella, con la quale poter fare rumore per attirare l'attenzione al suo risveglio. E così fu. Oggi le spoglie di Benedetto Marcello riposano così, nella stessa chiesa dove il suo antenato si era risvegliato.

I MISTERI DELLA FEDE

Palazzo Pisani a campo Santo Stefano, sede del Conservatorio Benedetto Marcello (incisione di L. Carlevarijs).

Un crollo misterioso

Il *paron de casa*: così le genti veneziane chiamano il campanile di San Marco, inconfondibile presenza il cui profilo segna in modo peculiare la fisionomia della città, stagliandosi nel colpo d'occhio straordinario che è simbolo di una delle piazze più note e amate al mondo. Ma non sono molte le persone che sanno che proprio questo "padrone" ebbe un cedimento del quale ancora non sono chiare le motivazioni, e sul quale si susseguono dicerie, misteri e ipotesi non del tutto confermate da oltre un secolo.

Erano quasi le dieci del mattino del 14 luglio del 1902; circa mezz'ora prima l'ingegnere capo del genio civile, il signor Toni, accompagnato dall'ispettore dei vigili Gaspari e dal sottocapo Pozzi, avevano compiuto un sopralluogo, chiamati da alcuni passanti che, allarmati, avevano denunciato alle autorità la presenza di rumori e scricchiolii preoccupanti da oltre due giorni.

Sembrò proprio che il campanile attendesse con pazienza che la piazza fosse sgomberata, quasi a volere essere certo di poter cadere senza ferire nessuno, perché qualche minuto dopo lo sgombero della piazza la torre collassò su se stessa. Dopo un primo momento di sgomento una folla iniziò a raccogliersi intorno alle macerie, e i testimoni furono tutti concordi nell'affermare che il crollo era stato spettacolare perché i mattoni sembravano essere stati risucchiati dall'interno della torre, piuttosto che essere spinti in fuori come ci si aspetterebbe in uno schianto simile.

Ma le sorprese che il *paron de casa* aveva in serbo per la città non erano terminate: il vecchio campanaro della chiesa, uno degli ultimi ad avere lasciato la piazza poco prima della frana, emerse da un cumulo di macerie con una meravigliosa coppa di Murano nelle mani, perfettamente intatta, e mai prima vista all'interno della chiesa, né tanto meno nella torre del campanile. Nessuno riuscì a capire non solo come si fosse potuto salvare dallo schianto un oggetto così fragile, ma soprattutto dove potesse essere stato nascosto, dal momento che mai era stato visto prima.

La gente non si era ancora riavuta dall'emozione del ritrovamento che qualcuno fece notare un'altra stranezza: nel crollo la statua dell'arcangelo Gabriele che sormontava la torre del campanile era caduta in piedi proprio sulla soglia di quella che prima era l'entrata del campanile. La scultura si trovava proprio lì, in ginocchio, senza un graffio, in una posizione che non lasciava dubbi: stava pregando davanti alla folla, come a ringraziare dello scampato pericolo. Nel corso dello sgombero delle macerie, poco tempo dopo, fu ritrovata, anche questa misteriosamente intatta, l'amatissima Marangona, la campana più grande del campanile. Ci vollero oltre dieci anni prima che la torre fosse ricostruita, al grido unanime e da tutti condiviso «com'era dov'era», lo stesso che riecheggerà durante la ricostruzione della Fenice.

L'inaugurazione fu fissata per lo stesso giorno del crollo nel 1912, con il suono possente della campana rimessa al suo posto e la coppa sconosciuta conservata nella sua nuova casa del Museo del Vetro della città. Per ricordare l'evento le macerie sono state compattate e poste a circa 14 metri di profondità, tre miglia al largo di San Nicolò, di fronte alla città.

Storie straordinarie: le leggende della laguna e le ombre dei campielli

In questa sezione abbiamo raccolto le leggende che da generazioni si tramandano nella laguna. Storie straordinarie, fuori dal tempo e da spazi definiti, che riflettono non solo il tentativo di svelare misteri e superstizioni, ma anche la dimensione popolare delle nostre paure e dei nostri desideri.

Favole da raccontare. Abbiamo quindi scelto di narrarle con il tono di voce con cui si parla ai bambini, a metà strada tra la gioia del narrare e il piacere del ricordo. E con la cadenza cantilenante di un nonno che attraverso i ricordi trasmette un sapere semplice ed antico, regalando il gusto della scoperta.

Il pescatore e la sirena

A volte, quando si racconta una storia, per convincere il pubblico che è vera, che si è svolta proprio così come la si racconta, si dice: «Vedete, il protagonista abitava qui»; oppure: «È proprio lì, in quel posto, che è successo quello che vi sto narrando».

Così è nato il castello di Helsingor, costruito qualche secolo dopo la vicenda di Amleto, e così un balcone nel centro di Verona è diventato, per tutti, quello di Giulietta.

Forzature, a cui noi vogliamo credere, perché ci piace la storia, e vogliamo sentirla fino in fondo. A noi raccontano che il protagonista di questa storia viveva alla Bragora, cioè proseguendo un po' oltre San Marco, dove c'è uno dei sottoportici più bassi di Venezia. Sulla volta del sottoportico c'è un cuore di pietra rossa, chissà chi ce lo ha messo, però si dice che quel cuore sia legato proprio a questa storia.

Insomma, la storia narra che nella casa sopra il sotoportego vivesse Orio, un giovane pescatore. Una notte di novembre, ben prima dell'alba, Orio prese la sua barchetta come tutti i giorni faceva per andare a pescare. Vogò fino alla bocca da porto di Malamocco, dove gettò le sue reti. Era ancora notte sulla laguna, una notte che sembrava assolutamente tranquilla, quando, improvvisamente, dalle reti in acqua sentì provenire un lamento: «Per piacere, liberami, ti prego!».

Dalle acque scure della laguna apparvero le mani ed il viso di una splendida ragazza.

Orio si spaventò, facendo un balzo all'indietro e rischiando di cadere dalla barca. Poi si riprese, si riaffacciò al bordo della barca e chiese, tremante: «Non... non sarai mica una strega caduta in acqua... vero?»

«Non avere timore», rispose quel volto, «non sono una strega. Mi chiamo Melusina», e gli sorrise in modo dolcissimo.

E lui, in qualche modo rasserenato, rispose al sorriso.

La ragazza si avvicinò al bordo della barca e con un agile movimento si tirò su.

E... quale meraviglia! Dalla vita in giù, il suo corpo terminava con una grande coda di pesce! Orio non se ne turbò affatto, e rimase invece a parlare con lei fino al sorgere del sole.

Al momento del commiato, al giovane pescatore piangeva il cuore... resosi conto di essersi innamorato di lei, le chiese di poterla incontrare la notte successiva. E così fu.

Passò il tempo e passarono le notti, e ogni notte Orio prendeva la sua barca, gettava le reti e attendeva la sua Melusina, che ogni notte lo raggiungeva, saliva sulla barca, e rimaneva con lui fino al sorgere del sole.

Finché Orio decise di chiederle la mano: la voleva sposare. Quando glielo disse, Melusina lo guardò a lungo, senza parlare.

Poi disse: «Io sono una sirena, Orio. Come puoi chiedermi di sposarti?».

Senza battere ciglio, Orio rinnovò la sua richiesta.

Allora Melusina disse: «Se io ti sposo, non avrò più la libertà del mare...».

«Avrai quella della terra», ribatté subito il pescatore.

Melusina sembrava pensierosa: «Non più la coda, ma un paio di gambe...».

Orio insistette ancora: «Ti sposerò, con la coda o con le gambe».

Alla fine lei acconsentì, ma ad una condizione: fino al giorno delle nozze non si sarebbero potuti vedere di sabato.

Ogni notte i due innamorati si incontravano, parlavano e facevano progetti per il futuro, ma questo fino al venerdì: il sabato Orio, fedele alla promessa, restava nella sua casetta sopra il sotoportego.

Anche il secondo sabato Orio riuscì a restarsene a casa. Ma al terzo sabato il giovane non seppe resistere: e salpò con la sua barchetta per recarsi al solito posto.

Nella fredda notte d'inverno, tutto era buio, e l'acqua liscia e nera. Orio aspettò, ma della sua promessa sposa nessun segno. Ad un certo punto un turbinio di acque scosse la notte: una grande serpe si dimenava mostruosamente nell'acqua davanti a lui.

E Orio riconobbe la voce di Melusina: «Ti avevo detto di non venire! Per un maleficio sono costretta a trasformarmi in questa orribile serpe ogni sabato. Solo così potrò ottenere le gambe e vivere con te sulla terra».

Orio sorrise: a differenza di quello che pensate non si spaventò affatto. E disse: «Io ti sposerò comunque, mia amata».

Allora quella grande serpe con la voce di Melusina si contorse ancora,

Pescatori in laguna (incisione cinquecentesca).

poi si fece immobile e parlò: «Il tuo amore è così grande che quando mi sposerai rimarrò per sempre bella come mi conosci».

Alla fine, ci dice la storia, i due si sposarono: Orio, il giovane e bel pescatore che tutti conoscevano, e Melusina, una ragazza bellissima e dolcissima che nessuno aveva mai visto, ma che tutti impararono presto ad amare per la sua gentilezza e la sua bontà. I due ebbero tre figli. Ogni notte Orio andava a pescare, e le sue reti si riempivano magicamente di pesci di ogni tipo.

Ma la felicità, lo sappiamo, non dura in eterno neppure nelle favole, cosicché un giorno Melusina si ammalò e morì. In omaggio alla volontà della donna, Melusina fu seppellita in mare.

Orio, rimasto da solo in casa con i figli a cui badare e il lavoro da svolgere, non sapeva come fare. Usciva di notte con l'apprensione di lasciare a casa i figli ancora in tenera età. Ma qualcosa di strano avveniva in quella casa. Ogni volta che rincasava, alla mattina presto, Orio trovava sia i figli che la casa perfettamente a posto. Sulle prime pensò che fosse opera di qualche sua vicina. Ma un giorno, di sabato, rincasato prima del solito, trovò in cucina una serpe. Spaventato per il pericolo che potevano correre i suoi bambini, prese il bastone e la colpì fino a farla stramazzare senza vita.

La notte successiva Orio uscì a pescare e quando ritornò, poco dopo l'alba, trovò tutta la casa in disordine, i figli che piangevano, le porte e le finestre aperte che sbattevano e lasciavano entrare le intemperie.

Fu allora che comprese che la serpe era la sua Melusina e che lui, il giorno prima, l'aveva uccisa, questa volta per sempre.

A ricordo di questa storia bella e triste un cuore in pietra è stato posto dove in origine era la casa di Orio e Melusina. Non si sa che ce lo abbia messo.

Il *bócolo* di San Marco

Il *bócolo* è un fiore: un fiore rosso, il colore dell'amore e della passione. Il fiore che, nel giorno di San Marco, ogni uomo offre alla sua amata secondo una tradizione antica che ha il gusto dolce-amaro di molte leggende e che, come ogni leggenda appunto, ha le sue radici in un fatto storico, realmente avvenuto.

Maria Partecipazio era una nobildonna, forse figlia di quello stesso doge Giovanni che resse Venezia all'inizio del IX secolo: una famiglia potente quella dei Partecipazio, e un dogato contrastato quello di Giovanni, uomo che per tenere a bada le lotte intestine della città seppe affrontare gli avversari con spietata determinazione. La storia racconta che per spegnere le congiure di Obelerio, già doge, che tentava di scalzarlo, fece radere al suolo Malamocco, colpevole di una pericolosa sommossa, catturò Obelerio e lo fece decapitare, esponendo poi la testa del suo nemico alla folla, secondo la barbara consuetudine dell'epoca. Non avrebbe avuto lunga vita, Giovanni, come del resto Maria, il cui soprannome, "Vulcana", racconta tutta la passione e l'ardore della giovane patrizia.

Maria si innamorò di Tancredi, un trovatore, forse per la dolcezza delle sue parole, capaci di farla ridere e sognare, forse per il suo aspetto... non lo sappiamo, la storia come sempre è avara di particolari. Racconta solamente di quanto questo amore fosse contrastato, perché Tancredi non apparteneva alla casta di Maria e, date le usanze di un passato in cui i matrimoni nascevano da interessi di potere, certamente non dai sentimenti, è facile immaginare che il destino preparato dalla famiglia per l'ardente Maria fosse un altro.

Ma Maria, la Vulcana, non sapeva rassegnarsi. Ed ecco l'espediente per regalare a Tancredi quella nobiltà formale indispensabile perché il giovane potesse proporsi a lei come sposo: Maria convinse Tancredi a partire per la guerra che l'imperatore Carlo Magno combatteva contro i Mori di Spagna, per guadagnare sul campo una nuova veste di nobiltà. E Tancredi partì per quella guerra che avrebbe regalato al futuro le storie e le leggende dei paladini, eroi cavallereschi che avrebbero alimentato la letteratura di Pulci, Boiardo, Ariosto.

Forse era quello il destino eroico che Maria sognava per il suo Tancredi, nella certezza che un giorno il suo cavaliere sarebbe tornato e sarebbe stato accolto con tutti gli onori riservati ai gloriosi paladini, campioni della fede cristiana contro gli infedeli. Così, tutte le barriere poste per contrastare il loro amore sarebbero cadute.

E Tancredi combatté, distinguendosi per valore e coraggio, tanto che la fama delle sue imprese raggiunse Venezia. Maria, rassicurata dalle buone notizie che arrivano sul valore del suo amato, sognava ed attendeva il ritorno del suo eroe. Ma Tancredi non ritornò. Ferito a morte durante la battaglia, cadde sopra un roseto, tingendolo di rosso con il suo sangue.

Mentre moriva gli occhi e il cuore erano rivolti a Maria. L'ultimo gesto fu per lei: raccolse un *bócolo* e affidò a Orlando il compito di portarlo a Maria, insieme all'ultimo soffio della sua vita, che racchiudeva tutto il suo amore per lei.

Orlando, da buon paladino, obbediente alla promessa fatta, custodì il fiore fino al suo ritorno e si dirisse subito a Venezia per tenere fede all'impegno: vi arrivò proprio nel giorno di San Marco e consegnò il fiore a Maria.

Maria tacque. Non ebbe una lacrima. Non un sussulto. Solo strinse sul cuore quel pegno d'amore e si ritirò nelle sue stanze.

L'avrebbero trovata l'indomani, con il *bócolo* rosso sul cuore, ormai pallida e senza vita.

C'è chi dice che il fantasma di Maria si aggiri ancora per Venezia nel giorno di San Marco, il 25 aprile, diafana presenza senza colore, se non per quel fiore rosso stretto al petto. Come se volesse ricordare al mondo la potenza dell'amore, che può portare alle stelle ma è capace di uccidere.

Il cavaliere misterioso

Alla Giudecca fin dal 1328 sorgeva un monastero di benedettine chiamato di Santa Croce. Il monastero, nel tempo, avrebbe avuto un'altra destinazione, divenendo nel XVI secolo casa di correzione, assieme alla stessa chiesa, riservata ai detenuti là reclusi.

La storia ci informa che quando nel XV secolo la peste colpì Venezia e uccise nello stesso convento quattro monache, badessa del monastero di Santa Croce alla Giudecca era suor Eufemia Giustiziani. Ma non fu lei la protagonista di questa leggenda, ma la suora portinaia, suor Scolastica, che un giorno vide comparire, al di là della grata che separava quell'angolo di pace dal resto del mondo, un misterioso cavaliere.

L'ignoto visitatore, dopo aver chiesto un bicchiere d'acqua, espresse la sua fede in Dio e con essa una lode alla badessa del monastero. Poi predisse alla monaca che nessun'altra suora sarebbe stata più colpita dal terribile morbo.

Da allora, il pozzo da cui la monaca prese l'acqua per offrirla al cavaliere fu chiamato "pozzo di San Sebastiano", dal nome che al cavaliere stesso venne attribuito per ragioni che la storia non ci ha tramandato. E neppure la leggenda, che però racconta che questo miracoloso pozzo fu capace di proteggere e guarire chi ne beveva l'acqua anche durante la peste del 1576.

L'anello del pescatore

Le cronache raccontano che il 15 febbraio dell'anno 1340 Venezia fu investita da una tremenda burrasca. Quel giorno sembrò persino che il sole non sorgesse: all'ora dell'alba, il cielo era rimasto scuro come il resto della notte, coperto da nubi nere e minacciose. E aveva iniziato a piovere... e piovere era dir poco. L'intensità della tempesta fu tale da minacciare seriamente di sommergere in breve la città: verso mezzogiorno le acque dell'Adriatico infatti avevano già superato con la loro violenza le difese del Lido e di Pellestrina. Ma poi alle tre di pomeriggio, minuto più minuto meno, la tempesta improvvisamente cessò, e le acque tornarono quiete. E spuntò il sole, caldo anche se era quasi il tramonto. Da questo eccezionale quanto curioso evento meteorologico nacque la leggenda nota come *L'anello del pescatore*. L'episodio finale di questa vicenda è raffigurato in un quadro cinquecentesco del pittore Paris Bordon, custodito nelle Gallerie dell'Accademia. Dovremmo ricordarci sempre, quando si parla del passato, che oggi viviamo il tempo dell'immagine, della fotografia e della ripresa cinematografica e televisiva; dovremmo ricordarlo perché allora, invece, non c'era nulla di tutto ciò, solo la memoria di chi aveva vissuto gli eventi, la parola e il disegno. Chissà se il pescatore raffigurato da Paris Bordon aveva proprio quelle fattezze, quello sguardo immortalato duecento anni dopo sul quadro che oggi vediamo all'Accademia.

La storia inizia sul ponte della Paglia, a fianco di Palazzo Ducale, o meglio, per la precisione, sotto il ponte. Lo stesso ponte dove venivano in passato esposti i cadaveri degli annegati perché qualcuno potesse riconoscerli. Un posto insomma dove la morte era di casa.

Fatto sta che è proprio un umile pescatore al centro di questa storia ai confini con la leggenda, un uomo di mezza età, a giudicare dal quadro, né alto né basso, né grasso né magro, secondo la fantasia del pittore.

E ce lo dobbiamo immaginare seduto sulla sua barchetta, durante l'infuriare della tempesta, mentre si riparava sotto il ponte e vedeva l'acqua del canale salire e quella dal cielo scendere con violenza inusitata. Faceva freddo, era febbraio, in un giorno buio quasi quanto una notte. Solo i lampi, a intermittenza, rischiaravano un quadro di desolante paura, segnato dall'assenza di colori.

Improvvisamente, dopo un altro lampo ed il suo immediato chiarore, il pescatore si accorse che un uomo dal nobile aspetto era in piedi, sulla riva del canale che portava al ponte della Paglia.

Il pescatore incrociò lo sguardo dell'uomo, che gli fece cenno di avvicinarsi alla riva. Il pescatore non ci pensò troppo, prese il remo e, uscendo dal riparo del ponte della Paglia, condusse la sua piccola imbarcazione presso la riva dove il nobiluomo attendeva.

Non ci furono molte parole: lo sconosciuto gentiluomo, rivolgendosi a lui con tono calmo ma autorevole, gli ordinò di condurlo all'isola di San Giorgio Maggiore, che si raggiunge attraversando il tratto di laguna di fronte a San Marco. "Non sono un gondoliere", pensò il pescatore, "ma è pur vero che in giro non vedo nessuno, e poi io sono abituato alla pioggia, non mi costa tanto". Così fece accomodare il gentiluomo sulla barca e pose mano ai remi.

Una volta giunti sulla sponda opposta, i due videro che all'imbarco li aspettava un guerriero, alto e armato di spada e di corazza. Appena la barca si accostò, lo sconosciuto guerriero salì a bordo, mentre l'altro gentiluomo se ne stava in silenzio. Il guerriero si rivolse al pescatore e con tono tranquillo ma fermo, come di chi è abituato a comandare, gli ordinò di vogare fino al Lido, fino alla riva della chiesa di San Nicolò. Dopo di che si sedette di fianco al gentiluomo.

Il pescatore guardò i due, pensò che la traversata da San Marco a San Giorgio era pure andata bene, ma che quella fino al Lido avrebbe potuto risultare più complicata, vista la tempesta che continuava ad infuriare; però non si sentiva stanco, e a remare un po' il freddo era passato. «E poi come faccio a dir loro di no? Io sono solo un umile pescatore, questi due mi sembrano davvero personaggi importanti, non li conosco, ma sono sicuro che sono davvero importanti», e così fu che riprese i remi e diresse la prua verso il Lido.

Quando i tre giunsero a destinazione, nella bufera che non accennava a placarsi, questa volta ad attendere la barchetta c'era un religioso, ma non un prete o un frate qualunque: sembrava addirittura un vescovo, vestito con abiti da gran cerimonia. E la scena si ripeté: l'alto prelato salì a bordo della piccola barca, e naturalmente fu lui ad ordinare al pescatore dove andare. E lo fece in modo così autorevole che l'umile pescatore quasi non si accorse dell'assurdità della richiesta: in mare aperto!

"No! In mare aperto no", pensava il pescatore, "non è possibile che la mia barca regga la violenza dei marosi, andremo a picco di certo!".

Intanto il vescovo si era accomodato di fianco al guerriero e al nobiluomo e insieme aspettavano che il pescatore si accingesse a portarli a destinazione...

Così il pescatore mise mano ancora una volta ai remi, si diresse verso il

Veduta dell'isola e della chiesa di San Giorgio Maggiore in un'incisione d'inizio Ottocento.

Lido, dove avrebbe incontrato il mare aperto, e intanto diceva fra sé: "Io sono solo un umile pescatore, questi tre signori sapranno bene che cosa stanno facendo, forse andiamo tutti verso la morte, ebbene, così sia, la mia anima è nelle mani di Dio".

La navigazione proseguì fra pioggia, vento, fulmini e tuoni, mentre le onde si facevano così violente da far temere che la barchetta andasse in frantumi da un momento all'altro.

Ma appena dopo aver virato verso il mare, a poca distanza dall'imbocco del porto, si presentò loro una visione terrificante. Una grande nave dalle nere vele spiegate era immobile nella tempesta; sulle sartie e alle murate era tutto un viavai di demoni e, a poppa, ritto davanti al timone della nave, si ergeva lo stesso Belzebù, che dirigeva l'assalto degli elementi contro l'ignara città.

Il pescatore rimase impietrito, ma non i suoi tre nobili passeggeri. Il gentiluomo, il guerriero e il vescovo si alzarono in piedi, fissarono l'orribile spettacolo della nave e fecero solennemente per tre volte il segno della croce.

Una improvvisa quiete circondò la fragile imbarcazione, sovrastata dalla gigantesca nave scura. Subito dopo, da più parti si udirono urla terribili, l'aria tremò, e si vide la nave maledetta affondare tra orribili sfrigolii, mentre il vento e la pioggia cessavano ed il mare si rabboniva.

I tre passeggeri si sedettero di nuovo, mentre i raggi del sole iniziavano a farsi strada tra le nuvole; fu il nobiluomo che parlò: «Adesso possiamo tornare», disse.

Per il pescatore non fu difficile la via del ritorno. Remò di buon grado, mentre il calore del sole gli asciugava a poco a poco i vestiti.

Il vescovo scese a San Nicolò, il guerriero a San Giorgio ed il gentiluomo sulla riva di San Marco, appena prima del ponte della Paglia. Ma, prima di scendere, si rivolse al pescatore.

«Buon uomo, oggi sei stato buono e valoroso, e Dio saprà ricompensarti. Ma il tuo compito non è finito. Ora andrai dal principe che governa questa città e dai suoi senatori. A loro racconterai per filo e per segno quanto hai veduto questa notte, con ordine e sincerità. Loro sapranno renderti degna mercede».

Il pescatore scosse la testa.

«No, mio signore, nessuno mi crederà, quello che è successo è... è...», all'umile veneziano mancavano le parole.

Allora il gentiluomo sorrise: «Ti crederanno, se a loro mostrerai questo».

E così dicendo, il gentiluomo gli porse un anello, e aggiunse: «Consegnalo al doge, e davanti a lui e a tutti i senatori dirai che per nostra buona opera oggi abbiamo liberato la città dal diluvio, e che questo diluvio era opera del diavolo in persona. Ma noi siamo più forti del diavolo».

E siccome il pescatore lo guardava ancora incredulo, il gentiluomo disse ancora: «Sì, mio brav'uomo, perché colui che abbiamo incontrato a San Nicolò era proprio san Nicolò, come pure colui che è salito e sceso dalla tua barca a San Giorgio era san Giorgio, ed io, che ti ho chiamato mentre eri al riparo sotto il ponte della Paglia, io che ti ho portato da queste rive prima a San Giorgio e poi a San Nicolò, io che con gli altri due santi ho sconfitto il diavolo e le sue truppe, io sono san Marco, l'evangelista padre della tua nobilissima città. E qui, a San Marco, io ti lascio. Vai ora».

Così dicendo, lo benedisse.

Il pescatore restò solo, rimirando l'anello che aveva in mano.

Poi si diresse a Palazzo Ducale.

Non fece caso al fatto che nessuno lo fermasse, che nessuno gli chiedesse chi era e che cosa volesse, né si accorse che stava muovendosi nella direzione giusta senza essere mai stato in quelle sale e in quei sontuosi corridoi. E neppure gli sembrò strano trovarsi in mezzo alla sala del Consiglio, a parlare ai senatori e al doge stesso narrando la sua incredibile vicenda.

Quando finì il suo racconto, fu il doge a parlare per primo.

«Noi non ti crediamo, tu potresti essere un impostore che vuole estorcere denaro alla nostra Serenissima Repubblica: come puoi dimostrare che ciò che ci vai narrando corrisponde al vero?».

Allora il pescatore aprì la mano e tutti poterono vedere l'anello, quell'anello che tutti conoscevano, e che da secoli era conservato gelosamente da tutti i veneziani.

L'anello che apparteneva alle reliquie di san Marco.

Un luogo speciale

Un luogo decisamente fuori dal normale è campo San Giovanni e Paolo che, insieme agli edifici che lo circondano, offre un condensato di presenze e di storia che da sole fornirebbero materiale per ben più di un libro.

La splendida chiesa gotica di San Zanipolo (santi Giovanni e Paolo in veneziano) è la più grande di Venezia e contiene tra i suoi capolavori le tombe di vari dogi ed eroi della Repubblica veneziana, da Marcantonio Bragadin, eroe di Famagosta di cui ci resta solo la pelle, a Sebastiano Vernier, trionfatore a Lepanto.

Lo splendido monumento equestre del Verrocchio eretto nel campo in memoria di Bartolomeo Colleoni qualche mistero se lo porta dietro, come si può vedere anche da alcune pagine di questo libro.

Costeggiando la chiesa si passa in calle della Cavallerizza dove, nel Seicento, sorgeva un teatro progettato da Giacomo Torelli da Fano e inaugurato con l'opera *La finta pazza*. Il teatro divenne la "cavallerizza dei nobili", maneggio dove i signori tenevano i loro cavalli e dove andavano a cavalcare. In questa stessa calle, in casa della signora Pozzo, la sera del 25 luglio 1755 Giacomo Casanova fu arrestato e rinchiuso nei Piombi di Palazzo Ducale.

La calle vanta un'altra particolarità non poco inquietante: sembra infatti che ogni notte, nelle ore più scure e solitarie, vi si svolga un rito spettrale.

Gli avvenimenti che narriamo hanno origine nel lontano 1355.

Pare che il doge Marin Falier si riunisse in quella zona con un gruppo di persone disoneste per ordire la congiura contro il governo della Serenissima, in crisi economica e sociale e logorata dalla lunga guerra con Genova, al fine di diventare il padrone assoluto di Venezia.

La chiesa e il campo dei Santi Giovanni e Paolo; a sinistra la facciata della Scuola Grande di San Marco; a destra il monumento a Bartolomeo Colleoni. Incisione di Antonio Visentini tratta da un quadro del Canaletto.

Scoperta la congiura, il doge Falier fu giustiziato sulle scale dei Giganti di Palazzo Ducale.

Fu seppellito con la testa mozzata posta tra le gambe come eterno scherno della sua azione. E proprio questo corpo acefalo, non sapendo dove si trovi il suo capo, vaga ancora oggi ogni notte alla sua ricerca.

Sono in molti a giurare di avere visto un corpo evanescente e sfuggevole muoversi disperatamente, con le mani legate dietro la schiena, frugare in tutti i posti dove era stata ordita la congiura, emettendo, non si sa come, un lamento ostinato, continuo, lancinante...

Ma il corpo di Falier non è solo: c'è un altro corpo che lo insegue per procurargli un perenne castigo, quello del doge Enrico Dandolo, conquistatore di Costantinopoli, vittoria ottenuta nel 1192 durante la quarta crociata con atroci massacri. Ora vaga vecchio e cieco, con due tizzoni al posto degli occhi, impugnando la spada per la lama, così le continue dolorose ferite che si procura gli ricordano l'innocente sangue versato. Nessuno può udire le sue urla disperate; è condannato ad inseguire il doge Falier per recuperare l'onore della città e riparare al suo peccato di superbia.

Ironia della sorte, l'incontro tra i due, incredibilmente, non è ancora avvenuto, anche se alcuni segreti spettatori di questo tragico inseguimento assicurano di averli visti avvicinarsi molto l'uno all'altro senza che si potessero vedere.

Indifferente e per nulla coinvolto in questa diatriba tra Falier ed il vecchio Dandolo, poco lontano cammina avanti ed indietro da secoli il doge Tommaso Mocenigo, definito da molti "il doge profeta" per certe sue attitudini a prevedere il futuro, confermate dal fatto che nel 1423, sul letto di morte, disse che se dopo di lui fosse stato eletto doge Francesco Foscari, Venezia sarebbe andata verso la rovina militare ed economica. Foscari divenne doge e la Serenissima visse una grave crisi.

Chi lo ha visto in questi secoli afferma che questo grande vecchio si muove, a lunghi passi, in campo San Zanipolo e nelle calli vicine, muto, gesticolando vistosamente ed estraendo dalla sua bocca un lungo cartiglio su cui è scritta numerose volte la parola "*veritas*"; è agitato, rosso in viso, i capelli arruffati, e lungo le guance rugose scendono lacrime; inoltre cade continuamente inciampando nei cartigli che si arrotolano intorno alle sue gambe. Se qualcuno, incontrandolo, lo aiuta a rialzarsi e gli libera le gambe dagli intoppi, lui riconoscente ringrazia e sorride, poi riprende il suo vagare.

Il campanaro di San Marco

Dando le spalle alla chiesa di San Zanipolo, attraversato il campo, si trova la "corte Bressana": chi passa da lì deve prestare attenzione perché potrebbe incontrare uno degli ultimi campanari di San Marco.

Si dice che quest'uomo, un non meglio identificato Zani, fosse alto più di due metri ed avesse mani enormi.

Successe che un giorno di maggio di metà Ottocento il direttore del Gabinetto Scientifico Veneziano, uscendo dalla messa domenicale in basilica, lo notò e subito pensò che lo scheletro di un corpo di simili, inusuali dimensioni avrebbe dato grande lustro alla sua collezione di anatomia. Dopo molti tentativi lo scienziato riuscì a convincere il campanaro a firmare un contratto con cui si impegnava, dopo la morte, a cedere il suo scheletro all'Istituto Scientifico dietro il versamento di una considerevole somma di denaro.

Il campanaro aveva considerato che, pur essendo già abbastanza anziano, era più giovane del professore e che quindi questi avrebbe potuto morire prima, nel qual caso il contratto sarebbe stato nullo.

Il professore pagò la somma pattuita e disse al campanaro che il suo scheletro sarebbe stato sistemato in una grande teca di vetro, con una campanella in mano, a guardia e difesa di tutti gli altri pezzi della collezione.

Il campanaro con il denaro ricevuto cominciò ad andare ogni giorno a bersi qualche bicchiere di buon vino, visto che lo apprezzava ed ora se lo poteva permettere, finché un giorno mentre era seduto all'osteria il suo cuore si fermò all'improvviso.

Dopo il funerale il professore si presentò, contratto alla mano, a ritirare il suo scheletro, che venne collocato in una teca, la campanella in mano, a guardia della collezione.

Passati gli anni lo scheletro del campanaro di San Marco finì per strani motivi al Museo di storia naturale nell'ex Fondaco dei Turchi: qui sta al suo posto nella teca fino quasi a mezzanotte, poi esce, corre al campanile di San Marco, fa suonare i dodici rintocchi alla Marangona, la campana più grande e più ascoltata dai veneziani, quindi, passando dietro la chiesa, si dirige verso la sua vecchia casa in corte Bressana. Durante questo percorso agita la campanella per attirare l'attenzione dei passanti, ai quali chiede un soldino per rifarsi il gruzzolo che gli permetterà di ricomprare il proprio corpo.

Cuore di mamma

Ritornando sui nostri passi, si attraversa nuovamente campo San Zanipolo e ci si imbatte nella splendida facciata della Scuola di San Marco, l'attuale facciata dell'Ospedale Civile.

La Scuola, eretta nel 1260, fu incendiata e distrutta nel 1485 e dieci anni dopo ricostruita; successivamente, su progetto di Jacopo Sansovino, il fabbricato fu ampliato ed ulteriormente abbellito, assumendo la magnifica forma ed eleganza che tuttora possiamo ammirare.

Proprio davanti a questo storico portone monumentale si sviluppa la storia di Cesco Pizzigani, uno dei più valenti scalpellini veneziani di quel tempo, che contribuì con la sua arte alla realizzazione della facciata

Il monumento al Colleoni e la Scuola Grande di San Marco in una stampa di fine Ottocento.

che divenne famosa in tutta l'Europa per la maestria delle incisioni, degli intarsi e degli effetti di prospettiva.

Purtroppo nel 1501 la moglie dello scalpellino si ammalò di una gravissima malattia e, nonostante tutti i tentativi, i molti medici interpellati nulla poterono fare per lei. Il buon Cesco impegnò tutto il suo denaro, vendendo anche la bottega e gli attrezzi, ma inutilmente. Povero e disperato, si ritrovò a mendicare davanti al portale della Scuola Grande di San Marco che egli stesso aveva contribuito a rendere splendida.

Talvolta, mentre aspettava che qualche passante gli facesse l'elemosina, incideva con un chiodo, ai lati del portone, immagini di navi che caricavano e scaricavano merci d'ogni genere sulla riva di fronte al campo.

Abitava, in quel tempo, vicino al campo una giovane veneziana che aveva avuto un figlio da una relazione con un mercante levantino, ebreo diventato suddito turco.

Il figlio viveva con il padre e con altri mercanti stranieri nell'isola della Giudecca, ma spesso si recava a fare visita alla madre la quale lo riceveva sempre con molta amorevolezza, nonostante il giovane la trattasse duramente e talvolta la picchiasse con violenza, accusandola di essere responsabile della sua condizione di mezzosangue mal accetto sia dalla comunità veneziana che da quella levantina.

Una sera questo stato di cose degenerò ed il giovane, più violento che mai, colpì più volte la madre con un coltello e poi, in preda ad un raptus, le strappò il cuore dal petto. Atterrito da quanto aveva fatto fuggì, liberandosi del coltello ma tenendo sempre in mano il cuore pulsante.

Passò davanti alla Scuola Grande e si diresse verso il ponte di fronte, ma salendo il primo gradino inciampò. Cadendo gli sfuggì di mano il cuore insanguinato che rotolò a terra e, fermatosi contro il parapetto, chiese amorevolmente: «Ti sei fatto male, figlio mio?». Il giovane levantino, impazzito, si diresse precipitosamente verso la laguna, di fronte al cimitero di San Michele, e si gettò in acqua lasciandosi annegare.

A quella scena aveva assistito il povero Cesco, che dormiva come molte altre sere sotto il portale; fortemente impressionato decise di incidere questa storia sul marmo. Ecco perché ancora oggi sui marmi della Scuola Grande di San Marco, oltre agli agili profili delle navi mercantili, possiamo scorgere l'immagine di un turco con un turbante in testa ed un cuore in mano.

Molti concordano nel dire che nelle scure sere senza luna è possibile sentire i lamenti atroci e lancinanti di un giovane che disperatamente va in cerca del cuore di sua madre, per godere almeno per un attimo del suo amorevole calore.

La Malcontenta e la sua Dama Bianca

Potenza della parola e della suggestione... La storia che stiamo per raccontare nasce da un equivoco linguistico, quasi da un errore di stampa: lo abbiamo scoperto andando ad esaminare la genesi geologica della laguna di Venezia, risultato dell'accumulo dei sedimenti provenienti dalle acque dei suoi immissari, primo fra tutti il Brenta.

E abbiamo visto che in un certo tratto l'alveo del Brenta ha un andamento anomalo, che durante le piene primaverili causa sistematicamente qualche problema nel regolare flusso della corrente: questo problema è noto da secoli, e numerose sono le opere di regimazione realizzate per risolverlo, quasi mai con esito definitivo. Un documento del 1444 ci dice che il Senato veneziano era preoccupato perché le acque del Brenta giungevano a Fusina «con massa imponente e disordinata e non potevano essere contenute o malamente contenute». Già nel 1368 il fiume era stato deviato, ma continuava a rompere gli argini, e nel 1444 fu scavato un fosso che doveva fungere da alleggerimento, però con scarsi risultati. E visto che la corrente del Brenta in quel punto sembrava prendersi gioco dell'uomo, l'uomo l'ha battezzata la "male contenuta", con derivazione dal latino "male contempta"... quella che non si riesce a domare, a regimare appunto.

Ma questo nome lo ha dato l'uomo ingegnere, l'uomo esperto di idraulica, solo che... l'altro uomo, quello romantico, quello che ama ascoltare e narrare le leggende, quando ha visto quella villa a poca distanza dal fiume, quella villa quasi abbandonata incorniciata da filari di salici piangenti, ha scelto un altro nome...

Si tratta di una celebre villa palladiana, situata tra le province di Padova e Venezia, non molto distante da Mira, che la leggenda vuole abitata da una nobildonna della famiglia Cornaro, una certa Elisabetta Foscari, negli anni del Settecento veneziano. La leggenda della bella dama sembra risalire all'Ottocento, allorché la villa versava in completo abbandono dopo che i Foscari se ne erano andati con la caduta della Repubblica di Venezia. La nobildonna ci viveva in una sorta di esilio: a Venezia, la sua vita dissoluta e libertina era stata eccessiva anche per quei tempi, e soprattutto per suo marito, che aveva deciso di farle cambiare aria.

Qui, tuttavia, allontanata dalla vita cortigiana e fastosa a cui era dedita, la donna non era riuscita ad adattarsi alla quieta monotonia della vita in campagna, concludendo la propria esistenza in una malinconica depressione.

Da allora in molti giurano di avere visto muoversi leggera nel parco della villa, nelle notti di luna nuova, l'ombra di una splendida donna dai capelli rossi, vestita di bianco: la Malcontenta!

La scimmia dell'avvocato

Se vi avventurate fra San Marco e l'Arsenale, prima o poi vi troverete a passare dal Ponte dell'Angelo. In cima al ponte, guardando bene, potrete vedere un palazzo particolare, dove fa bella mostra di sé l'altorilievo di un angelo, scolpito nell'atto di benedire un globo sormontato da una croce. Non si sa se il palazzo appartenesse alla famiglia Nani o a quella dei Soranzo, ma poco importa. In fondo non se lo chiedono neppure i frati cappuccini che ci hanno raccontato questa storia.

Intorno alla metà del Cinquecento in quel palazzo aveva la sua dimora un avvocato della Curia ducale che non godeva di buona fama: si diceva che le sue ricchezze fossero state accumulate grazie a imbrogli e raggiri, di cui era vittima la povera gente. Ma egli negava, negava fermamente, e quasi per dimostrare di essere invece un uomo pio, proclamava in ogni momento la sua devozione alla Madonna.

Frequentava spesso il convento dei Cappuccini, a cui non mancava mai di elargire donazioni e regalie; eppure, nonostante la sua generosità, il suo patrimonio continuava misteriosamente a crescere, così come la sua fama di uomo disonesto. Come poteva, infatti, un uomo che a tutti pareva di animo pio e generoso, diventare ogni giorno che il Signore manda in Terra sempre più ricco, così straordinariamente ricco? Mistero.

Un giorno padre Matteo, il superiore dei frati cappuccini, fece in modo di farsi invitare dall'avvocato.

«Un pranzetto così, alla buona, non si scomodi avvocato, senza pretese... giusto per fare quattro chiacchiere con un uomo timorato di Dio, un benefattore del nostro convento», insisteva don Matteo. Al che l'avvocato fece una faccia strana, un po' contenta, un po' impaurita, e poi rispose subito di sì.

All'ora convenuta, padre Matteo si fece aprire dal portiere ed entrò nella magnifica casa dell'avvocato. E rimase a bocca aperta, non tanto per la ricchezza dei mobili, dei quadri e delle suppellettili, quanto per la presenza di una scimmia, sì, proprio una scimmia.

Il servitore spiegò subito che la scimmia era tanto intelligente e sveglia da aiutare nelle faccende domestiche. Padre Matteo provò ad avvicinarsi all'animale, ma questo subito si voltò, salì le scale a quattro zampe e andò a nascondersi sotto il letto.

Padre Matteo era un uomo di mondo, e non ci mise molto a scoprire una presenza demoniaca in questo animale. Allora salì in piedi sul letto e disse: «Rivelati per quel che sei, scimmia!».

E la scimmia da sotto il letto parlò, con una voce stridula: «Io sono il demonio e sono venuto in questa casa per prendere l'anima di questo avvocato. Lui mi deve molti dei suoi titoli e delle sue ricchezze».

Allora padre Matteo domandò: «E perché non l'hai ancora portato all'inferno con te?».

Ci fu un attimo di silenzio, poi si udì ancora la voce della scimmia: «Perché ogni sera quell'uomo prega la Madonna. Se lui prega, io non posso portarlo via. Ma basta che se ne dimentichi una volta, solo una volta... allora sì che se ne verrà con me, in men che non si dica, a bruciare tra le fiamme!».

Tentazioni del demonio in un'incisione cinquecentesca.

Intanto era arrivato l'avvocato, che rimase sull'uscio della stanza senza dire una parola. E forse quello che vide non lo stupì: il suo volto sembrava pieno di speranza.

Padre Matteo congiunse la mani, raccolse le sue forze, poi spalancò le braccia e con voce potente e chiara ordinò: «Diavolo, in nome del Signore onnipotente e misericordioso, ti ordino di uscire da questa casa!».

E rimase immobile...

Sotto al letto si sentì un tramestio, un respiro affannoso, poi: «Non posso».

Il vecchio cappuccino fece cadere le braccia, si guardò i piedi e disse: «E perché?».

E la scimmia: «Perché io sono il diavolo, e non posso andarmene da questa casa senza fare almeno qualche danno».

Padre Matteo a quella risposta si voltò verso il muro, indicò davanti a sé e disse: «Farai sì qualche danno. Adesso dalla casa uscirai sfondando il muro, lì, proprio vicino alla finestra».

E aggiunse: «Ora!».

Nessuno fece in tempo a vedere niente: né l'avvocato, né il servitore che se ne stava tutto impaurito alle sue spalle, né tanto meno il padre cappuccino. Tutto quello che ora potevano vedere era un gran buco nel muro, e tanta polvere che si posava piano intorno.

Padre Matteo scese dal letto e disse, rivolto all'avvocato: «Allora, questo pranzetto?».

L'avvocato si riscosse subito e gentilmente fece accomodare il padre superiore nell'altra stanza, dove li aspettava una tavola riccamente addobbata, ricoperta da una finissima tovaglia di lino bianco.

Non sappiamo che cosa si dissero; il servitore riferì in seguito di quella che sembrava in tutto una chiacchierata fra due vecchi amici, sereni e soddisfatti. Ma quando si avvicinava a portare le pietanze calde, le minestre e le carni, i manicaretti e i pasticcini, o quando si affrettava a rabboccare i bicchieri con il generoso vino dei Colli Euganei, sentiva narrare di cose orrende, di ingiustizie perpetrate su vittime innocenti, di furti e di misfatti.

E il servitore giurò, e giura ancora adesso, che ad un certo punto padre Matteo prese un lembo della candida tovaglia, lo torse a lungo fino a che del sangue – sì, proprio del sangue! – cominciò a gocciolare.

Poi vide il religioso fare un segno della croce e dire: «Questo è il sangue dei poveri da te succhiato con tutte le tue ingiuste estorsioni».

La cena finì, l'avvocato e il cappuccino si alzarono: per padre Matteo era l'ora di rientrare.

«E per il buco nel muro lasciato dal diavolo?», domandò l'avvocato.

Padre Matteo si volse verso la camera da letto, ci pensò un momento e sentenziò: «Al posto del buco, quando farai ricostruire il muro, sulla parte esterna, così che lo vedano tutti, farai mettere la statua di un angelo. Non avrai più da temere, gli angeli cattivi alla sua vista fuggiranno».

E così fu fatto.

Un delitto passionale

Nei pressi di campo San Barnaba si incontra calle delle Turchette che finisce sull'omonimo ponte. Il nome di questa strada deriva da alcune prigioniere ottomane, portate a Venezia allo scopo di convertirle alla religione cristiana. Molti erano infatti i turchi che, a seguito della battaglia di Lepanto, si convertivano al cristianesimo per convenienza, e tra il bottino di quella memorabile battaglia figura anche un harem di circa cento giovani fanciulle.

Le ragazze, condotte a Venezia, erano ospitate proprio nei pressi di campo San Barnaba, dove in seguito si convertirono e si sposarono con dei veneziani, taluni anche facoltosi, integrandosi così nella società veneziana del tempo.

Tra le ragazze giunte a Venezia quell'anno, una spiccava per bellezza ed intelligenza. Era la giovane Selima, dai capelli neri come l'ebano, sempre raccolti in una lunghissima treccia, e dagli occhi scuri e profondi. Molti erano i cuori che Selima conquistò e questo, unito alla giovane età, le permise di ponderare con calma la scelta del futuro marito. Nel frattempo, Selima prese servizio come servetta in una delle case dei ricchi turchi in via di conversione.

Qui la ragazza conobbe il giovane mercante arabo Osman, bello e ricco. I due ben presto si innamorarono e Selima giurò fedeltà al promesso sposo, felice di potersi sposare per amore e non per convenienza. La Serenissima impose però che i due rimanessero a Venezia e si convertissero al cristianesimo.

Dal momento che tutta la famiglia del giovane era rimasta nel paese d'origine, egli chiese un permesso straordinario per poter comunicare personalmente ad essa le proprie decisioni e, ottenuto il consenso, partì alla volta dell'Impero Ottomano. Il viaggio tuttavia si rivelò più lungo del previsto e Selima passò invano le sue giornate aspettando il ritorno del promesso sposo. Il tempo trascorse e di Osman non giungevano notizie, tanto che Selima cominciò ormai a dubitare del ritorno dell'amato, a credere che fosse scappato da Venezia e l'avesse dimenticata, a temere che non facesse più ritorno.

Essendo molto bella, a Selima non mancavano certo i corteggiatori, soprattutto tra i giovani veneziani, e molti furono i pretendenti che si fecero avanti, sapendola ancora libera. Selima cedette infine alla proposta di matrimonio del figlio di un mercante veneziano della zona di San Barnaba e di lì a poco si sposò. Erano trascorse solo poche settimane dalle nozze quando Osman finalmente fece ritorno a Venezia e corse immediatamente in cerca della fidanzata. Venuto a conoscenza delle nozze di Selima, Osman non confidò a nessuno la sua delusione e la sua rabbia, ma mandò invece a dire a Selima che desiderava rivederla un'ultima volta. Selima in principio rifiutò l'invito, ma poi l'antico amore si riaccese e la fanciulla acconsentì a rivedere Osman. Indossato un bellissimo vestito bianco, si recò all'appuntamento e da quel momento se ne persero le tracce.

Tutti la cercarono in ogni casa, in ogni calle e in ogni campiello della città, ma Selima sembrava svanita nel nulla assieme al bel mercante arabo. Il marito e i conoscenti, amareggiati e delusi, si convinsero che fosse fuggita insieme all'antico amore e interruppero le ricerche.

Qualche anno dopo la vicenda, nella cantina di una famiglia di ottomani convertiti venne rinvenuta una scatola di legno finemente intarsiata. Aprendola, i padroni di casa trovarono la testa di una donna con una lunga treccia nera. Iniziarono immediatamente le ricerche e scavando nel pavimento emerse lo scheletro di una donna avvolto in una fine veste bianca.

La sventurata Selima, giunta all'appuntamento con Osman era stata uccisa dall'uomo in preda alla rabbia e alla gelosia. Osman aveva poi tagliato la testa della ragazza, per riporla in una scatola di legno pregiato e tenerla così sempre con sé. Lo spirito di Selima aveva però continuato a perseguitarlo tanto che Osman, esasperato e impaurito, aveva deciso di riportare la testa al suo posto e aveva riposto la scatola con la testa di Selima nello stesso luogo in cui l'aveva uccisa.

Ma il rimorso per le azioni malvage, si sa, condanna gli spiriti a vagare senza pace, per questo si narra che una notte un barcaiolo, nelle vicinanze di calle delle Turchette, vide nell'ombra, avvolto da un ampio mantello, un uomo che gli faceva segno di avvicinarsi: quando il barcaiolo gli fu davanti, il fantasma del turco si scostò il mantello e mostrò sotto il braccio la testa di una donna dalla lunga treccia nera. Prima che il poveretto potesse riprendersi dallo spavento, l'uomo era già sparito...

Quel cammello di pietra...

La presenza dei Mori, a Venezia, è ampiamente documentata, sia dalla storia che dalle leggende e dai misteri che fiorirono attorno ai mercanti provenienti dalle regioni mediorientali.

Il gruppo dei "quattro mori", o dei Tetrarchi.

Nel campo dei Mori alla Madonna dell'Orto in passato era probabilmente presente un fondaco, o magazzino, andato poi distrutto; "Mori" sono dette anche le due figure bronzee che battono le ore, in cima alla torre dell'Orologio in piazza San Marco, anche se in questo caso solamente per il colore scuro dovuto all'ossidazione; e "Mori" sono chiamati anche i Tetrarchi, in porfido rosso, sul lato meridionale della basilica di San Marco.

Notizie di schiavi "mori", utilizzati nelle galee o come servitori, nell'accezione più ampia del termine che comprendeva Arabi e Turchi, risalgono ai tempi antichi, e già dal IX secolo si accompagnano a quelle relative ai mercanti bizantini e orientali presenti nelle città costiere italiane e dalmatiche.

Addirittura un gondoliere, moro, viene raffigurato da Carpaccio sul Canal Grande.

Nel XVI secolo poi l'afflusso dei mercanti ottomani divenne intenso. In quell'epoca si sa che erano soliti alloggiare nelle zone comprese tra San Giovanni e Paolo e il sestiere di Cannaregio, a Santa Maria Formosa e a Rialto.

E proprio a Canneregio, a palazzo Mastelli, si trova una misteriosa lapide con un altorilievo raffigurante un commerciante che trascina un cammello; poco lontano, quattro statue, databili al XIII secolo, incassate nei muri, rappresentano mercanti dalle tipiche vesti orientali e dal caratteristico turbante, anch'esse dette dei "Mori". Anzi, una di queste è nota anche con il soprannome popolare di "Sior Antonio Rioba".

Chi furono questi misteriosi stranieri imprigionati nella pietra?

Storia e leggenda divergono, in questo caso: l'una dice che il palazzo appartenne alla famiglia Mastelli, i cui esponenti parteciparono alla crociata condotta da Enrico Dandolo nel 1202 sotto un blasone fatto a scudo con una sbarra a scacchi. La realizzazione dell'edificio sarebbe però dovuta a tre fratelli giunti dalla Morea e quindi presto chiamati "Mori": Rioba, Sandi e Afanie, che avrebbero in esso investito le loro ricchezze. La storia narra ancora che i Mastelli si sarebbero in seguito dedicati al commercio di spezie, con l'insegna del cammello, forse proprio in omaggio alla scultura citata. E che, ritiratisi a godere i frutti del loro commercio, si estinsero con l'ultimo loro rappresentante, Antonio, nel primi decenni del XVII secolo. Forse per questa ragione alla statua di Rioba venne aggiunto il nome "Antonio" in memoria degli antichi proprietari. La storia ci informa inoltre che, probabilmente, a quel corpo di fabbricati apparteneva anche il palazzo che Jacopo Robusti, il grande pittore noto come Tintoretto, abitò fino alla morte nel 1594.

La leggenda è assai più colorita: i personaggi si mescolano allegramente e si introduce nella storia uno dei luoghi comuni sul commercio, quello della disonestà che, in questo caso, viene duramente punita, soddisfacendo così i sogni popolari sulla giustizia finalmente applicata grazie ad un intervento divino.

Rioba, Sandi e Afanie sarebbero stati chiamati Mastelli perché le loro ricchezze erano così grandi che occorrevano appunto dei... mastelli per contenerle. Non paghi della loro fortuna, o forse troppo attenti a difenderla, i tre fratelli si sarebbero un giorno approfittati di una povera vedova.

«Avete delle stoffe, delle belle stoffe per il negozio?», aveva chiesto la donna, spiegando che aveva appena avuto il negozio in eredità dal marito, e che ci teneva a mantenere la tradizione di un'alta qualità delle merci.

«Certo!», sorrise Riba, strizzando l'occhio al fratello.

«Ma certamente!», rincalzò Sandie con un gesto di benvenuto. «Ecco le nostre stoffe, quelle della migliore qualità».

Afanie, cui brillavano gli occhi per la cupidigia, sciorinava intanto davanti alla povera vedova pezze colorate di pessima fattura.

Tre contro una: tre esperti commercianti a convincere una povera donna indifesa. Va da sé che il prezzo sarebbe stato alto e la merce di poco valore, pensavano i tre fratelli. Anzi, ne erano certi, e non si sforzarono più di tanto per convincere la donna.

Ma improvvisamente la vedova, che non solo di stoffe si intendeva, e molto, ma era per di più dotata di poteri particolari, pronunciando ad alta voce il nome di Dio allungò loro tre monete e nell'attimo stesso in cui i fratelli le toccarono, queste si trasformarono in pietra e poi fu pietra Afanie e fu pietra Rioba e infine anche Sandie si immobilizzò per l'eternità.

Il servitore, l'indomani, trovò la bottega deserta: nessuna traccia dei tre fratelli, solo quelle strane statue, così rassomiglianti ai suoi padroni. Il garzone le prese e le incassò per bene nel muro. La leggenda non dice se fu per gratitudine o per il gusto di contribuire a quella vendetta. Comunque sia, i tre Mori sono lì ancora adesso.

Campiello del Remer

Se per qualche strano sortilegio vi poteste trovare a Venezia nell'anno del Signore 1598, e aggirandovi fra le calli e i ponti camminaste in direzione di campiello del Remer, non lontano dal ponte di Rialto, non affacciatevi sulla riva lungo il Canal Grande. Correreste il rischio di imbattervi in una visione agghiacciante: il corpo senza vita di Fosco Loredan che affiora dall'acqua, mentre stringe tra le mani la testa di sua moglie Elena.

Più volte, da allora, la pietà dei veneziani ha cercato di recuperare il corpo del nobiluomo (e la testa della moglie), per dare a quei poveri resti degna sepoltura, ma senza riuscirvi: all'avvicinarsi di mani misericordiose, quel corpo sprofondava nuovamente, e l'acqua scura del canale si richiudeva su di esso.

La storia è cupa, come potete immaginare, ed uno dei protagonisti è nientemeno che il doge di Venezia, al secolo Marino Grimani.

Ma non era cupa la sera in cui si svolge questa storia, anzi, tirava un venticello settembrino che preannunciava una notte fresca e ristoratrice, dopo una giornata ancora afosa d'estate.

Il doge passeggiava per la città, immerso nei suoi pensieri. "Io sono l'uomo più potente della città", diceva fra sé, "eppure non ho giurisdizione sui cuori della gente, i sentimenti dei miei cittadini veneziani sono liberi, anche quando sono sentimenti che portano a violenza e a dolore, ma forse è giusto così, non è al cuore che si comanda".

In quel tratto, sentì una donna gridare, supplicando aiuto. Il doge si voltò e la vide: una giovane donna correva verso campiello del Remer, inseguita da un uomo armato di spada.

Le guardie che, in modo discreto, seguivano il doge intervennero subito, frapponendosi fra la donna e l'uomo. E la donna si trovò fra le braccia di Grimani, che riconobbe nella donna spaurita e in lacrime proprio sua nipote Elena.

«Che hai, piccola mia? Che cosa sta succedendo, dunque?».

La giovane nipote non rispose, e continuava a singhiozzare. Nel frattempo le guardie avevano bloccato e disarmato l'uomo, che presto il doge riconobbe come Fosco, il marito di Elena.

Il doge allora affrontò l'uomo: «Che stai facendo, sciagurato? Rispondi a me delle tue azioni scellerate! Come osi minacciare la mia adorata nipote?».

Fosco, in mezzo alle guardie, teneva gli occhi bassi, ma ad un tratto li rialzò, fissando il doge con aria spavalda.

«Quella donna è mia moglie», disse, «e quella donna sa quali sono i doveri di una moglie».

«Io non ho fatto nulla», intervenne Elena, alle spalle del doge.

Sempre guardando l'uomo, il doge chiese allora:

«Fosco, se questa donna non ha fatto nulla, perché dunque la minacciavi con la spada?»

Il monumento funebre al doge Marino Grimani e alla dogaressa Morosina Morosini nella chiesa di San Giuseppe di Castello.

«Lei sa, che cosa ha fatto», replicò l'uomo.

«Non è vero», disse ancora la donna, «è lui che se lo è messo in testa, io non ho fatto nulla di nulla!».

«Ma insomma!», sbottò il doge. «Mi volete spiegare che cosa è successo? Ve lo ordino, io sono il doge di Venezia e ve lo ordino! Chi comincia?», e si mise a guardare entrambi, aspettando una risposta.

Ci fu silenzio, mentre una piccola folla si era assembrata intorno a loro, quasi ad assistere ad una rappresentazione teatrale.

Fu il marito il primo a parlare. Abbassò più volte gli occhi, poi disse, con voce appena sussurrata:

«Ho visto... ho visto Elena abbracciata a un altro uomo».

«Ma era mio cugino!», proruppe la giovane. «Era mio cugino, il mio compagno di giochi di quando ero bambina, che c'è di male ad abbracciarsi, lo abbiamo sempre fatto...».

E poi aggiunse, d'un fiato: «E nient'altro, non c'è stato nient'altro!».

«Non ci credo!», ribatté Fosco.

«Sì invece!».

«No!».

«Smettetela!», intervenne il doge. «Vi ordino di smetterla!».

Il silenzio in campiello Remier si era fatto totale.

E il doge parlò: «Non solo vi ordino di smetterla, ma vi ordino di fare pace, qui e immediatamente. Su, datevi la mano e ritornate alla vostra casa, siete marito e moglie, e dovete volervi bene, vivere in amore e in accordo come si conviene».

E poi aggiunse, con un sorrisetto che in pochi avrebbero capito: «Anzi, vi ordino di amarvi, e di donare i vostri cuori l'uno all'altra, per sempre».

Così fu: i due si avvicinarono, Elena si deterse una lacrima, emise ancora un singhiozzo, porse la mano al marito e si lasciò abbracciare. E Fosco abbracciò la moglie, e subito si volse verso il doge, quasi in attesa di altri ordini.

Il doge Grimani sembrava soddisfatto: «Andate ora, è quasi buio, e la notte, ne sono convinto, appianerà ogni cosa».

I due sposi si staccarono, fecero entrambi una riverenza al loro doge e parente, poi Fosco andò raccogliere la spada che era rimasta per terra.

Il doge fece ancora un cenno con la mano, e vide allontanarsi i due. La piccola folla si aprì per lasciarli passare. Il doge diede un occhio alle guardie e si accinse a riprendere il cammino.

Subito dopo si udì un urlo, seguito da altri ancora. Le guardie accorsero, seguite dal doge, che un po' per l'età e un po' per il sovrappeso correva con qualche sforzo.

E quello che videro lo potete immaginare: là il corpo della donna, qua la sua testa, e in mezzo Fosco Lorenzan, con la spada che ancora grondava del sangue della moglie.

Non ci fu bisogno che le guardie disarmassero l'uomo: Fosco aveva gettato a terra la spada e si era buttato ai piedi del doge.

«Non voglio il Vostro perdono, Eccellentissimo, sono colpevole, decidete Voi quale sarà il mio castigo».

Il doge era rimasto impietrito. Era troppo per lui.

Prese un respiro, e disse: «No, non sono io, non posso io decidere quale punizione darti, solo Dio lo potrà sapere, solo Lui lo potrà decidere...».

E aggiunse: «Io sono solo il doge di Venezia... Ma se qualcuno può decidere della tua punizione su questa Terra, allora sarà il papa. Va' da lui, e porta la testa di tua moglie, a testimoniare la colpa che hai commesso. Va', io non ti voglio più vedere».

Ciò detto, se ne andò.

Fosco raccolse la testa della moglie, la baciò e si diresse dalla parte opposta. Nessuno lo seguì.

Le cronache narrano che Fosco abbia intrapreso davvero il viaggio verso Roma, e alcuni dicono che tenesse sempre fra le braccia la testa di Elena, guardandola e sospirando. Il papa non volle neppure riceverlo. Aveva altro da fare, gli dissero i segretari del pontefice.

Così il marito omicida ritornò a Venezia, o almeno questo è quello che si crede, perché nessuno lo vide tornare. Quello che si vide, in una fredda mattina di novembre del 1598, fu un cadavere emergere dalle acque scure del Canal Grande, il corpo di Fosco Lorenzan che ancora stringeva fra le braccia la testa della moglie.

Un nitrito rabbioso

Un nitrito rabbioso echeggia, puntuale ogni 21 marzo, dalla possente mole di bronzo che raffigura un cavallo imbizzarrito torreggiante nel campo Santi Giovanni e Paolo, cui si arriva attraverso il Ponte del Cavallo e la calle omonima. Solo effetto casuale del vento? Forse, ma quello che è certo è che dietro alla realizzazione della scultura c'è la drammatica storia di una maledizione che ha colpito ben due degli scultori dell'opera, vissuti nella Serenissima alla fine del XVI secolo.

Il primo, lo scultore Andrea Verrocchio che modellò la statua, aveva indicato nel suo testamento, come ultimatore, il suo allievo, il fedele Lorenzo di Credi. Il primo evento misterioso e funesto fu che, subito dopo aver concepito il blocco equestre, il Verrocchio fu colpito da una misteriosa malattia e morì poco dopo, avendo appena il tempo di indicare il suo successore. Il destino volle che il Senato cittadino non ascoltasse le sue ultime volontà, indicando invece del di Credi un altro scultore come colui che avrebbe dovuto terminare l'opera: il volere dei senatori cadde su Alessandro Leopardi, che già aveva progettato e costruito le basi dei tre pennoni di piazza San Marco. Tutt'altro che lusingato, Leopardi ultimò la statua nel 1496, e la presentazione dell'opera alla città, celebrata come un evento straordinario di popolo, avvenne appunto il 21 di marzo.

L'autore avrebbe dovuto essere compiaciuto dal successo di pubblico e critica con il quale il suo lavoro venne accolto in città, eppure non fu così.

La storia di quel calco ereditato da un collega illustre morto, e per di più il cui desiderio riguardo al successore era stato disatteso, pesava come un macigno sulle spalle del Leopardi.

Tutti sapevano che il Verrocchio aveva già distrutto una volta il calco del possente destriero, quando era girata voce che l'opera avrebbe potuto essere affidata al collega e rivale Bellano da Padova. Già sconvolto da questa prima sventura, Leopardi temeva tra l'altro che questa rabbiosa distruttività che aleggiava intorno al cavallo, unitamente al tradimento dell'ultima volontà del Verrocchio circa il successore, gli si rivolgesse contro.

Non vedeva male, il povero Leopardi: nonostante il suo iniziale rifiuto dovette cedere alle insistenze del Senato, e così iniziò l'opera, che sarebbe stata fatalmente anche l'ultima per lui.

In un certo senso quella scultura lo marchiò, perché da quel momento il suo nome cambiò da Alessandro Leopardi in "Alessandro del cavallo". La statua gli aveva rubato l'identità. Di lì a poco avere accettato l'eredità artistica di un collega morto, che avrebbe voluto un altro al suo posto, gli cadde addosso come una maledizione: Leopardi si ammalò gravemente e poco dopo l'inaugurazione morì di broncopolmonite. La maledizione, ogni equinozio di primavera, si rinnova attraverso quel lacerante, misterioso nitrito.

Il pozzo alle Mercerie e la Bianca Signora

Per trovare l'ambientazione di questa storia dobbiamo muoverci dalle parti delle Mercerie, vicino al ponte dei Bareteri, in corte Locatello. Al posto giusto si arriva percorrendo la stradina parallela delle Mercerie che porta a Rialto, tra Trevissoi e il Sempione.

Al centro di questa graziosa corte, oggi chiusa tra le quinte di negozi lussuosi, c'è un pozzo. Nulla di strano, mi direte, visto che nelle corti di Venezia non è difficile trovare dei pozzi. È vero, qualche volta il pozzo è stato tolto, e ormai sono tutti chiusi da pesanti coperchi di ferro, ma è un piacere vederli ancora, ci permettono di immaginare dei tempi andati, quando si andava a prendere l'acqua sul far della sera e ci si fermava volentieri a scambiare quattro *ciacole*.

Al tempo della nostra storia, però, Venezia stava subendo un periodo di grave siccità. Dal pozzo bisognava prendere per sé meno acqua possibile, per accontentare tutti. E non tutti erano contenti, come non tutti erano onesti ed altruisti.

Si diceva in giro di streghe vaganti nella notte e particolarmente feroci, che rubavano l'acqua alla povera gente, ma forse si trattava di un trucco proprio per evitare i furti d'acqua dopo il tramonto, un sistema per dissuadere i ladri.

Era notte inoltrata quando un barcaiolo, passando accanto al pozzo di corte Locatello, ebbe sete e decise di calare il secchio, contravvenendo alle disposizioni, quando vide sbucare dall'ombra una signora vestita di bianco. Subito ebbe paura per via dell'ora buia e di quelle dicerie. Era forse una delle streghe di cui tutti parlavano? Il barcaiolo decise di sbrigarsi, ma il secchio era ormai sul fondo del pozzo, e vi batteva con un tintinnio metallico. L'acqua non era abbastanza, forse non restava che affrettare il passo e muoversi veloce verso casa.

Ma la signora vestita di bianco lo fermò e disse: «Non temere! Non sono una strega, eppure sento che se non tornerai a casa prima dell'alba, ti capiterà qualcosa di strano».

Il barcaiolo, impaurito, minacciò la signora perché se ne andasse, e continuò testardo a cercare di attingere l'acqua dal pozzo.

La signora invece continuava a pregarlo di abbandonare l'impresa, aggiungendo che l'alba stava per arrivare, e che presto sarebbe successo qualcosa.

«Vattene, vattene», lo supplicava.

Il barcaiolo, dopo qualche altro tentativo di tirare su un secchio sempre vuoto, stava per rinunciare all'acqua quando dal sottoportico uscì un uomo che senza una parola lo assalì alle spalle e lo colpì accanitamente con un lungo coltello.

Il barcaiolo cadde urlando, e nel cadere mostrò il suo volto. L'assalitore stava per colpirlo una seconda volta, ma si fermò con il coltello a mezz'aria: non era quello, il barcaiolo, l'uomo che avrebbe voluto colpire. Fece quindi cadere il coltello e fuggì, lasciando il barcaiolo steso a terra accanto al pozzo.

La signora in bianco allora si avvicinò, prese il coltello intriso di sangue e, accostandosi al pozzo, fece cadere dentro tre gocce di sangue.

Allora, miracolosamente, l'acqua cominciò a salire dal pozzo fino a traboccare. La signora prese il suo fazzoletto, lo bagnò nell'acqua e con quello pulì al barcaiolo la ferita che cominciò subito a rimarginarsi.

Il barcaiolo si riprese, e guardò negli occhi la signora in bianco. "Questa donna è bellissima", pensò, "sembra un angelo, eppure ha lo sguardo triste".

Provò a rimettersi in piedi, appoggiandosi all'orlo del pozzo. Ci riuscì, a fatica, e in quel momento si accorse che il pozzo era stracolmo d'acqua, limpida e pura. Alle sue spalle sentì la voce dolce della signora in bianco, che sussurrava: «Da questo momento in poi, la siccità è finita. Per tutti ci sarà acqua in abbondanza».

Il barcaiolo si voltò per sorridere e ringraziare la signora, ma dietro di lui non c'era più nessuno.

Intanto il cielo si faceva più chiaro, l'alba stava per sopraggiungere. Intorno le finestre delle case che davano su corte Locatello erano ancora chiuse, la gente dormiva ancora.

Il secchio galleggiava sull'acqua. Acuita dalla perdita di sangue, la sete si fece sentire ancora di più; il barcaiolo riempì il secchio e cominciò a bere a grandi sorsate.

Improvvisamente una delle finestre si spalancò, e comparve una donna che lo minacciò: «Fermo! Che fai? Ci stai rubando l'acqua! Adesso ti mando mio marito, che te la farà pagare a suon di bastonate!».

"Non c'è verso che io possa bere dell'acqua in santa pace", pensò il barcaiolo, posando il secchio.

«Signora mia, buona donna», disse il barcaiolo, «venga giù, e venga anche suo marito, venga a vedere quanta acqua c'è adesso nel pozzo».

E, infatti, un uscio del sottoportico si spalancò e ne uscì correndo un uomo armato di bastone.

Il barcaiolo non si scompose, anzi sorrise e disse all'uomo:

«Ecco, guardi anche lei quanta acqua adesso avete nel pozzo».

L'uomo si fermò e guardò il pozzo incredulo: non ce n'era mai stata così tanta, di acqua, a memoria d'uomo. Posò il bastone, si avvicinò al bordo e si riempì anch'egli il secchio. E bevve a grandi sorsate.

Nel frattempo era arrivata la luce del giorno, già qualche altra finestra si era spalancata, già qualcuno si era affacciato all'uscio.

«Che storia è questa?», chiese l'uomo al barcaiolo.

«Una stranezza, vero?», ribatté il barcaiolo. «Sembra proprio che la siccità sia finita... a proposito, conoscete per caso una donna molto bella, vestita di bianco?».

L'uomo si asciugò la bocca e disse: «Ah, ho capito».

E raccontò al barcaiolo una storia di cento anni prima, una storia dolorosa che parlava di una donna uccisa dall'amante geloso, tanto che era stato capace di ferire e di uccidere molti uomini che si avvicinavano a lei, fino

Una vera da pozzo risalente al XIV secolo (disegno settecentesco di G. Grevembroch).

a che, per guarire dalla sua gelosia, aveva deciso di uccidere proprio la donna che amava e di murarne il corpo, vestito di bianco, proprio in quel pozzo, che allora stavano costruendo.

«L'ha vista?», chiese alla fine l'uomo al barcaiolo.

«Sì, l'ho vista», rispose il barcaiolo, e non aggiunse altro.

Torcello e il Ponte del Diavolo

Si narra che, durante l'occupazione austriaca di Venezia, una bella ragazza della Serenissima si fosse innamorata di un ufficiale dell'esercito occupante. La storia d'amore era impossibile: i genitori, imbarazzati e intimamente offesi dal sentimento della figlia, fecero in modo di allontanare la ragazza da Venezia. Eppure i due continuarono segretamente a vedersi; anzi, neppure troppo segretamente, visto che l'ardito ufficiale non si faceva scrupolo di nascondere i suoi sentimenti per la bella veneziana.

Ma la storia non poteva durare: e infatti non durò, perché un brutto giorno l'ufficiale austriaco venne brutalmente ucciso, e non se ne scoprì mai l'assassino... tutti però conoscevano bene i mandanti, bastava cercarli fra l'oligarchia veneziana.

Privata del suo amore, la ragazza iniziò presto a deperire, a non mangiare più, al punto che si cominciò a temere per la sua vita. Si fece allora avanti un amico di famiglia, affermando che forse c'era un modo per farle incontrare nuovamente il suo amato. Costui, infatti, suggerì ai genitori della ragazza il nome e l'indirizzo di una maga che, si diceva, aveva la facoltà di mediare fra le anime, con l'aiuto nientemeno che di demoni e di spiriti diabolici.

E così fu... la ragazza fu accompagnata dalla maga.

Tutto era pronto. In quella stanza scura e fumosa, adorna di teschi e lucertole impagliate, simboli ultraterreni e ampolle di pozioni verdastre, la vecchia maga decise di evocare uno di quei demoni che, secondo la credenza, celano sotto la lingua quelle chiavi soprannaturali che hanno la facoltà di mutare i tempi e gli spazi.

E il demone venne. Dopo i consueti convenevoli, si arrivò al dunque: il patto con la maga era di permettere ai due amanti di ritrovarsi, purché, in cambio, la maga stessa avesse consegnato al diavolo le anime di sette bimbi cristiani morti prematuramente.

Il patto era un po' pesante, ma non era il caso di stare a sottilizzare.

Per il convegno dei due amanti era necessario trovare un ponte in un luogo isolato, e fu scelto il ponte di Torcello. Pochi giorni prima della vigilia di Natale la maga e la ragazza si diedero appuntamento, nella notte, sul lato destro del ponte. Verso mezzanotte la maga consegnò una candela accesa alla giovane veneziana, intimandole il silenzio, quindi salì fin nel mezzo del ponte.

Lì evocò il diavolo, che si materializzò gigantesco e nero davanti a lei. Senza dire nulla il demonio si sfilò da sotto la lingua una delle chiavi d'oro e la porse alla maga. La vecchia lanciò la chiave nell'acqua, dove l'ombra del ponte si rifletteva sotto la luna.

A quel punto dall'altro lato del ponte apparve, per incanto, il bell'ufficiale austriaco. Seguendo le istruzioni, la ragazza attraversò il ponte passando tra il demone e la strega. Quando raggiunse il suo amato, soffiò sulla fiamma e spense la candela. E da qui in poi non sappiamo più nulla. La gente dice che è sparita con il suo amante in tempi e luoghi dove, si suppone, abbiano trovato quella felicità negata loro in questo mondo. Buon per loro.

A quel punto il diavolo e la strega si diedero appuntamento la notte della vigilia di Natale per la consegna delle anime dei bambini che la maga doveva al demone, come pattuito. Si scelse la data del 24 dicembre perché, si sa, in quella notte le forze del bene sono occupate in altre faccende... ma qualcosa andò storto...

La cattedrale e la chiesa di Santa Fosca a Torcello in un'illustrazione di fine Ottocento.

Le case allora erano tutte di legno, e in inverno fa freddo, la gente accende il fuoco, poi se lo dimentica, la fiamma prende vigore... e finì che la maga morì in un incendio e non poté mai recarsi al ponte a pagare il suo debito.

Da allora, c'è chi giura che la notte della vigilia di Natale un gatto nero attenda inutilmente sul ponte di Torcello la vecchia che venga a immolargli le anime di sette bambini cristiani, come promesso...

E quel gatto nero c'è davvero, ma è la Nerina, la gatta della Locanda Cipriani che va a trovare i mici della Giuliana, la decana ultraottantenne di Torcello che abita proprio davanti al ponte di Torcello. Chissà perché lo chiamano "il ponte del Diavolo"...

La Madonna nera di Murano

Murano oggi è quella che è, dominata dalle fabbriche dei vetri, che poi è il motivo per cui è famosa in tutto il mondo, come dimostrano i turisti che arrivano da ogni dove.

Ma se il turista avesse un po' meno fretta, scoprirebbe che Murano non è stata solo vetro e cristallo: il suo antico splendore è testimoniato da alcuni magnifici palazzi cinquecenteschi (valga per tutti palazzo Trevisan, affrescato dal Veronese), ma soprattutto dalla basilica veneto-bizantina dei Santi Maria e Donato, del XII secolo, decorata da bellissimi mosaici policromi.

E sì, Murano non era solo un quartiere alla periferia di Venezia, un'isola vassalla in tutto e per tutto al governo della Serenissima; nei tempi andati, si reggeva con ordinamento autonomo, al punto che solo i magistrati muranesi, ad esempio, potevano imprigionare e processare un muranese. Il suo Comune, dotato di un nunzio presso la Signoria, aveva il diritto onorifico di coniare ogni anno una *osella*, la moneta d'oro commemorativa che si offriva in dono al podestà e agli altri ufficiali della Repubblica.

Perciò, prima di iniziare questa storia, proviamo a immaginarci nella Murano di qualche secolo fa, mentre cerchiamo il luogo dove è ambientata la nostra leggenda.

Da piazzale della Colonna, seguendo le Fondamenta dei Vetrai, superate il Ponte di Santa Chiara (il primo sulla destra) e percorrete le Fondamenta Daniele Manin fino al sotoportego.

Lì, protetta da una rozza cancellata di legno, troverete un'edicola con una Madonna in mosaico. Si tratta della figura sacra che da non molti anni ha preso il posto della "Madonna nera venuta dalle acque", la protagonista appunto della nostra storia.

Siamo nel 1810, quando un mattino viene trovata, su alcuni gradini che scendono sull'acqua, la statua di una Madonna con bambino. Viene subito chiamata la "Madonna nera", dal colore del legno nel quale era stata scolpita. L'autore del ritrovamento non ci mette molto a decidere di portarla al sicuro nella vicina chiesa di San Pietro Martire.

Si tratta intanto di capirne la provenienza: c'è un'unica indicazione, una data incisa sul basamento, il 1612.

Il prevosto della chiesa, intuendone il valore, la ripone in una grande urna, in sagrestia, con tanto di lucchetto.

L'abside del Duomo dei Santi Maria e Donato a Murano in una stampa di fine Ottocento.

Ma all'alba del giorno successivo, nel riaprire l'edificio sacro, il parroco si accorge che l'urna è stata manomessa, il lucchetto forzato e la statuetta della Madonna sparita.

Preoccupato, il religioso si accinge a dare l'allarme, quando sente delle grida fuori dalla chiesa: sono alcuni barcaioli che lo stanno chiamando a gran voce. Il parroco accorre, e vede con i suoi occhi: la statuetta della Madonna nera è tornata al suo posto, sugli scalini della riva, esattamente dove era stata trovata.

Che fare? Null'altro che prendere nuovamente l'immagine sacra e riportarla in chiesa, decide il sacerdote, visto che fra l'altro quegli uomini, pur avvezzi ai pericoli del mare, ne hanno soggezione. E già si inizia a dire che qualcosa di miracoloso sta avvenendo.

«Nessun miracolo», tuona il prete, preoccupato della crescente superstizione nel volgo, «è solo uno scherzo, e di cattivo gusto, per di più!».

Ma in cuor suo non ne è neppure troppo sicuro...

E infatti il giorno successivo la scena si ripete. E sì che questa volta il sacerdote si è premurato di avvolgere una spessa catena intorno all'urna della sagrestia.

Riportando ancora una volta la statuetta verso la chiesa, il prete continua a scuotere la testa: «Non è possibile, questa volta ci dormo in sagrestia, anzi, non dormo neppure, sto sveglio tutta la notte e voglio vedere chi è che ha il coraggio di fare ancora questo stupido scherzo!».

Così fa: ripone la statuetta, avvolge la catena, chiude tutto con un lucchetto ancora più grosso, prende una sedia e si piazza davanti all'urna.

Ma si sa, la notte è lunga, e silenziosa, la sedia non è troppo comoda, però le palpebre si fanno pesanti lo stesso... quando il prete riapre gli occhi, la scena è quella temuta: niente più statuetta, e urna aperta.

Senza neanche pensarci, esce di corsa dalla chiesa, sa già dove andare, mentre fuori ormai l'alba sta rischiarando la laguna. Quando arriva, c'è già una piccola folla di pescatori e di donne intorno alla statuetta, stanno pregando.

Il prete si fa largo: «Ditemi chi è stato! Ditemi chi è stato!».

Ma tutti lo guardano con tanto d'occhi.

«Padre, è un miracolo...», sussurra una donna vicino a lui.

«Niente miracolo! Vi proibisco di pensarlo», e ciò detto va per riprendersi la statuetta. Poi aggiunge, rivolto ai pescatori: «Tu, tu e tu, domani notte non andrete a pescare, starete invece con me in sagrestia, e così risolveremo finalmente la questione!».

I tre pescatori indicati dal prete, tre uomini grandi e grossi, si guardano e poi fanno cenno di sì.

La sera dopo i quattro si ritrovano in sagrestia. Il prete ha disposto tre sedie.

«Padre, siamo in quattro, vado a prendere un'altra sedia?», dice uno dei pescatori.

«Nient'affatto: uno di noi starà in piedi a turno, così non rischiamo di addormentarci tutti e quattro».

Così passano la notte. Lunga e noiosa: non succede niente.

Finalmente arriva l'alba. E il prete è stanco ma radioso di soddisfazione; vedete, sembra dire, vedete che nessuno si è azzardato a giocarci questo stupido tiro...

Ma fuori si sente una voce, stanno chiamando, è la voce di un ragazzino, chiede al prete di venire di corsa. Il prete esce, seguito dai tre uomini, e vanno verso le fondamenta... al solito posto, dove, sul gradino, c'è la statuetta.

Questa volta il prete non si avvicina neanche per riprendersela. Se ne sta invece lì, con la testa china. Intorno a lui c'è sempre più gente, tutti stanno pregando...

Finché uno dei pescatori gli si avvicina: «Padre, ci pensiamo noi».

Così venne costruito il monumentale recinto in legno che per moltissimi anni ospitò la statuetta della Madonna nera di Murano, proprio di fronte ai gradini della fondamenta, a ridosso del muro di una fornace.

E in quel luogo per moltissimi anni la Madonna nera fu venerata dai muranesi, ai quali dispensò piccole grazie, ricevendo in cambio fiori e offerte.

Vi rimase fino a qualche decennio fa, quando, per alcuni lavori di consolidamento, i gradini sulla riva vennero eliminati e la fondamenta divenne in quel tratto dritta e uniforme così come la vediamo oggi. Una volta terminati i lavori, però, la statuetta della Madonna nera scomparve, dissolta nel nulla; sappiamo che ciò avvenne nella notte del 19 dicembre 1974.

Oggi ne rimane solo il ricordo, una edicola votiva e una piccola iscrizione che qualche fedele ha apposto sul mosaico, affinché ognuno sappia dove era posta la Madonna nera e quale fu la sua miracolosa vicenda.

Elefanticidi!

Non è un fatto comune, a Venezia, vedere un elefante che passeggia per le calli. Non lo era nemmeno nel 1819, quando un elefante fuggito dal serraglio in Riva degli Schiavoni imboccò calle del Forno Vecchio a San Giovanni in Bragora.

Le calli non sono fatte per gli elefanti. Infatti il pachiderma distrusse la porta di una casa, sfasciò un pozzo e, tentando con poco criterio di arrampicarsi su una scala di legno, finì per rovinare a terra rumorosamente assieme alla rampa in mille pezzi.

Con la stessa misura di buon senso, furono in molti a sparare contro l'elefante palle di fucile che non lo disturbarono più di tanto, ma rischiarono di ferire una vedova che dormiva nella casa con i suoi quattro figli. Per fortuna – si parlò di miracolo, addirittura – nessuno fu ferito, tranne l'orgoglio dell'elefante che, rialzatosi dalla brutta caduta e spaventato dai colpi, fuggì cercando riparo nella chiesa di Sant'Antonino.

Il panico nella popolazione a quel punto era al massimo.

Ma il destino del povero elefante era segnato: visto che non bastavano le palle di fucile, si chiamarono gli artiglieri che accorsero con una colubrina. E l'elefante fu abbattuto nel bel mezzo della chiesa.

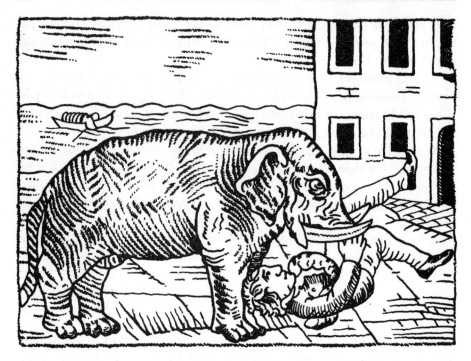

Incisione sul frontespizio dell'«Elefanteide» di P. Buratti (XIX secolo).

L'elefanticidio ispirò anche due opere: l'*Elefanteide* di Buratti e *L'elefanticidio in Venezia dello anno 1819 del nobile signor Pietro Bonmartini Padovano. Venezia, Andreeola, 1819.*

Un mistero svelato a Ponte della Latte

In passato, ma anche ai giorni nostri, sono molti i misteri collegati a spiriti, fantasmi, apparizioni... persino a presenze aliene; anche quello di Ponte della Latte, trasportato ai nostri giorni, potrebbe stuzzicare la fantasia di qualche ufologo.

Si tratta infatti di una misteriosa luce che, nel 1844, appariva in cielo, dalle nove a mezzanotte, fioca e tremolante come un disco volante lontano.

Ma gli abitanti della zona non avevano il timore di incontri ravvicinati con gli alieni: erano le streghe, i fantasmi, le diaboliche presenze a preoccuparli e, la sera, era tutto un accalcarsi di folla spaventata ed assieme curiosa. Qualcuno anzi si dichiarava certo di conoscere quella misteriosa presenza e faceva il nome di una povera donna uccisa proprio in quel punto: la Brocchetta, così chiamata dal nome di chi l'aveva uccisa. C'era chi ne sentiva la voce e il sospiro, chi giurava di averne intravisto per un attimo l'ombra.

La folla premeva e spingeva per avvicinarsi alla luce lontana e gli "sbirri" finirono per intervenire, sgrombrando il ponte dai curiosi e perlustrando la zona, senza trovare alcuna traccia né di fantasmi né di qualche burlone che si fosse divertito a spaventare la gente.

Il mistero fu svelato quando decisero di allargare il campo delle loro ricerche percorrendo il canale; scoprirono così che la fioca luce era tutt'altro che irreale: apparteneva ad una povera casa dei paraggi ed era il suo riflesso nel finestrone della Scuola di San Giovanni ad aver terrorizzato la folla.

Chi sa quante leggende perderebbero il loro fascino se si indagasse su ognuna con altrettanta attenzione!

Bepi del giasso, campanaro di San Lazzaro

San Lazzaro degli Armeni è una bella isoletta situata nel settore settentrionale della laguna veneta. Come in molte altre isole intorno alla città, anche qui c'è qualcosa da vedere e da ammirare, qualcosa che ci potrà fornire lo spunto per raccontare una storia curiosa.

Questo qualcosa è il vecchio convento di rito cattolico-armeno, sorto nel 1717 e funzionante per molto tempo come ospizio per i pellegrini, specialmente per quelli che venivano dalle aree dove si praticava il culto ortodosso. Forse questa è la ragione per cui il convento è scampato ai francesi, quelli che, giunti a Venezia al seguito di Napoleone, non fecero passare dei bei momenti a chi vestiva con il saio, con la tonaca e con il crocifisso cucito addosso, ma questa è un'altra storia...

Quella che raccontiamo comincia invece un bel giorno del 1907, quando si presenta alla porta del convento un giovanotto di circa ventotto anni, che sembra senza arte né parte, ha i baffi e la barba incolti, i capelli in disordine, e dice di chiamarsi Giuseppe. In realtà dice "Josif", e la sua pronuncia non è di queste parti: infatti l'uomo afferma di venire dal Caucaso. L'abate di San Lazzaro lo guarda un po': «Armenia?». «No, Georgia, ma più o meno siamo lì». E lo fa entrare.

Non è che questa storia sia piena di particolari, e facciamo un po' fatica a ricostruire quello che è successo. Ad esempio, non sappiamo se l'abate, o qualcuno degli altri confratelli abbiano mai saputo che Giuseppe era fuggito dalla Russia zarista, dove era un esponente di primo piano di quella frangia estremista del partito socialdemocratico russo che sarebbe poi passato alla storia come partito dei bolscevichi. Come non sappiamo se il giovanotto abbia mai descritto a chicchessia il suo avventuroso viaggio verso l'Italia, nascosto nella pancia di una nave mercantile che trasportava granaglie da Odessa ad Ancona, dove sbarcò verso la fine di febbraio e dove trovò, per qualche tempo, un impiego come portiere d'albergo.

Ma non si fidava: in quell'albergo passava troppa gente, e lui era troppo visibile. Così, sempre in modo clandestino, decise di imbarcarsi nuovamente alla volta di Venezia, dove lo aspettavano gli anarchici. Furono loro a battezzarlo *Bepi del giasso* (Giuseppe del ghiaccio), perché erano convinti che sul Caucaso ci fossero solo ghiaccio e montagne innevate. E lui glielo lasciava credere, si stringeva nelle spalle e accettava quel soprannome. Era di poche parole, Giuseppe, e in effetti sembrava un po' un orso, specie da quando aveva deciso di farsi crescere un bel paio di baffoni.

A Venezia gli tornò utile la sua conoscenza dell'armeno e l'avere studiato alla scuola teologica di Gori e nel seminario cristiano ortodosso di Teflis (o Tbilisi che dir si voglia).

Anche a San Lazzaro degli Armeni si portò dietro quel soprannome. Per sua fortuna, la polizia zarista non era così efficiente da avere spie e delatori anche in quell'angolo remoto di laguna, e così *Bepi del giasso* si quietò per un po'.

L'abate generale del convento di San Lazzaro era davvero un armeno, e al secolo si chiamava Ignazio Ghiurekian: tra i due comunque si stabilì una certa intesa. Bepi si rendeva utile in tanti modi, era grosso e ben piantato per qualsiasi lavoro pesante, e poi poteva contare sul fatto di saper servire messa secondo i rituali latino ed ortodosso, e suonare le campane con i rintocchi richiesti da entrambe le confessioni.

Insomma, per tutti, dentro il convento e fuori, *Bepi del giasso* era noto come il campanaro di San Lazzaro degli Armeni.

Però l'abate voleva che Bepi suonasse le campane sempre secondo il rito latino, mentre egli si intestardiva a volte a suonarle secondo il rito ortodosso. «Ma perché mai», diceva l'abate, «qui siamo in terra cattolica, i nostri fedeli si aspettano di sentire le campane in una certa maniera, non in un'altra...».

Poi, all'ennesima volta che Bepi si era messo a suonare le campane secondo il rito ortodosso, l'abate capì e lo fece chiamare.

«Giuseppe», esordì l'abate, «lo so perché ti ostini a suonare le campane nella tua maniera: tu senti nostalgia del tuo paese, e pensi che il loro suono te lo faccia sentire più vicino».

Bepi si strinse nelle spalle e rimase zitto.

«Giuseppe», continuò l'abate, «non puoi rimanere qui in eterno, e so che questo non è il tuo desiderio. Mi piacerebbe che tu entrassi come novizio nel nostro convento, sei un uomo pio e devoto, ma immagino che questa non sia la tua volontà. Vai, allora. E che Dio sia con te».

Ciò detto lo benedisse.

Senza sapere che stava benedicendo Josif Vissarionovic Djugatchsvili, colui che sarebbe diventato il più grande mangiapreti della storia recente, a tutti noto con il soprannome di Stalin. Forse, per tutti noi, sarebbe stato meglio se quell'uomo avesse continuato ad essere noto come *Bepi del giasso*.

Ca' Dario, la casa maledetta!

Dicono che a Venezia le case costino care. Dicono che chi riesce a comprare un appartamento a Venezia è di certo uno che non ha problemi a unire il pranzo con la cena. Se poi riesce a comprare persino un palazzo, è sicuramente un multimilionario (in euro).

A tutti noi piacerebbe avere una stanzetta a Venezia... ci importerebbe poco dell'umidità, dell'acqua alta, dei turisti...

E però il mercato è il mercato: se tutti chiedono i prezzi salgono. E quindi le case costano care.

Ma forse, anche a Venezia, c'è un'eccezione: c'è un palazzo (non una casa: un palazzo) che forse per quello che è successo ha perso un po' del suo valore... molto del suo valore...

Perché? In fondo si tratta di un palazzo dalla bellezza unica, affacciato sul Canal Grande; splendidi sono i suoi marmi policromi, e originale la facciata piena di archetti e un po' sghimbescia, che colpì persino D'Annunzio (il vate, con il suo stile inconfondibile, lo descrisse «sbilenco come una vecchia cortigiana piegata sotto la pompa dei suoi monili»...). E poi c'è tutto: acqua corrente, luce, riscaldamento, è tutto a norma... e le fondamenta sono solide, i muri reggono benissimo, c'è tanto di perizia del Comune... e allora?

Allora sentite che cosa abbiamo trovato su Internet (dalla rivista online «Veneto globale», anno IX, dicembre 2006, numero 12): «...È ufficiale:

sei mesi fa il gruppo Ferruzzi ha concluso il preliminare con un facoltoso imprenditore americano, che si è aggiudicato Ca' Dario, 800 metri quadri affacciati sul Canal Grande, per soli 8 milioni di euro. Un affare, se non fosse che sul palazzo aleggia una maledizione che colpisce i proprietari. Ma la superstizione, evidentemente, non parla americano...».

Erano più di quindici anni che si aspettava la notizia: Ca' Dario è rimasta ufficialmente in vendita da tre lustri, da quando l'ultimo proprietario, Raul Gardini, che l'aveva da poco acquistata, morì suicida, travolto dallo scandalo di Tangentopoli.

Il problema è che tutti i veneziani sanno che Gardini è stato solo l'ultimo della serie: una serie impressionante, visto che tutti i proprietari del palazzo maledetto hanno avuto una morte violenta, per incidente o per suicidio, oppure sono caduti in disgrazia (lo diciamo per rassicurare i turisti: nulla invece è mai accaduto ai semplici ospiti che hanno dormito nella casa).

Ma andiamo con ordine. Cominciamo con il narrare della sua costruzione, che per le cronache avvenne intorno al 1487, quando Giovanni Dario, senatore della Serenissima, affidò il progetto a Pietro Lombardo, il quale si mise all'opera per sovrapporre caratteri rinascimentali a una struttura gotica già esistente: e già, qualcosa prima del palazzo c'era, una casa forse, magari dotata di un cortile che serviva da magazzino... chissà se Giovanni Dario e il suo architetto sapevano che in quel luogo anticamente si trovava un cimitero dei Templari... forse sarebbe stato meglio lasciar perdere, chissà...

Giovanni Dario era originario della Dalmazia, e non era di ascendenze nobili, e men che meno sua figlia Marietta, figlia illegittima. Ma Dario era un uomo potente e ricco, e – si sa come vanno queste cose – tanto fece che riuscì a dare Marietta in moglie a Vincenzo Barbaro, nobile di antico casato. Terminata la casa, andò ad abitarvi egli stesso, e approntò un'ala del palazzo per i due sposi.

Purtroppo, anche se si è nobili, un po' gli affari vanno curati, specialmente se si vive in una città mercantile come Venezia... e a Barbaro gli affari andarono male, anzi, malissimo, cosicché si ridusse a vivere come un barbone, fra calli e hostarie, e la sua Marietta morì di crepacuore.

Morto il suocero, il palazzo passò comunque in proprietà alla famiglia Barbaro, e subito la maledizione del palazzo colpì: nel 1500 uno degli eredi, Giacomo, venne ucciso in un misterioso agguato a Candia (l'attuale Iraklion, uno dei possedimenti veneziani d'oltremare).

Il palazzo, però, sarebbe rimasto della famiglia Barbaro, che nel frat-

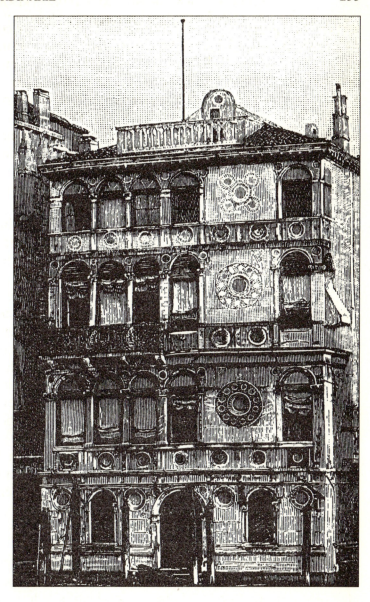

Ca' Dario in un'illustrazione di fine Ottocento.

tempo subì, diciamo, fortune alterne, ma non si registrarono comunque fatti di sangue. Almeno per quanto ne sappiamo...

Forse bisognerebbe specificare che la maledizione colpisce colui che diventa proprietario del palazzo la prima volta, come sembra dimostrare la vicenda di Arbit Abdoll, commerciante armeno di pietre preziose che lo acquistò ai primi dell'Ottocento.

Appena il ricchissimo mercante prese possesso della dimora, iniziò ad andare in fallimento e finì ben presto in rovina. Poco dopo morì.

La proprietà passò di mano, e qualche decennio dopo registriamo il doppio suicidio di Radon Brown, un nobile inglese studioso di Venezia, e del suo coinquilino, da molti ritenuto il suo amante, andati in rovina e travolti dagli scandali: siamo nella metà dell'Ottocento.

È quindi la volta dell'americano Charles Briggs, e la storia è analoga alla precedente: torturato dalle voci sulla sua omosessualità, vera o presunta, fuggì da Venezia e si rifugiò in Messico, dove il suo amante, vero o presunto, si suicidò.

Il XX secolo sembra aprirsi con un momento di relativa tranquillità: Ca' Dario sta lì, quieta, e nessun fatto di sangue balza agli onori delle cronache... forse è merito del positivismo, del progresso scientifico che ha cancellato le superstizioni, o forse anche del mutamento dei costumi, che si sono emancipati, da Oscar Wilde in poi...

Ma negli anni Settanta, la maledizione della Ca' Dario ritornò senza pietà: fu il nuovo proprietario, il conte Filippo Giordano delle Lanze, ad essere ucciso nel palazzo, colpito alla testa con una statuetta dal suo convivente, un marinaio jugoslavo di 18 anni, il quale dopo l'omicidio fuggì a Londra, dove venne a sua volta assassinato.

La terribile fama della dimora era ormai un fatto acquisito, ma evidentemente lasciò del tutto indifferente Cristopher "Kit" Lambert, manager degli Who, uno dei più importanti gruppi rock del mondo; ma anche Kit avrebbe fatto meglio a dare ascolto alle voci, visto che poco dopo aver concluso l'affare morì, cadendo dalle scale nella casa londinese della madre, forse suicida.

Agli inizi degli anni Ottanta, Ca' Dario era di nuovo sul mercato: a sfidare la maledizione fu un uomo d'affari veneziano, Fabrizio Ferrari. Andò ad abitarvi con la sorella Nicoletta: per lui fu la fine della fortuna economica, e la sorella morì in un incidente stradale senza testimoni, a pochi metri dall'auto capovolta. Ferrari, che era di Venezia e aveva capito l'antifona, decise di disfarsi del palazzo, a tutti i costi.

Fra i possibili acquirenti si fece avanti il famoso tenore Mario Del Monaco. La trattativa si interruppe nel momento in cui il tenore, recandosi a Venezia per l'incontro preliminare, fu protagonista di un incidente stradale nel quale rischiò la vita. Per lui fu abbastanza, e rinunciò all'affare.

Giunse il momento di Raul Gardini, che alla fine degli anni Ottanta comprò il palazzo.

Dopo la morte di Gardini il palazzo non suscitò più alcun interesse sul mercato, al punto che la prima società di intermediazione incaricata per la vendita dal gruppo Ferruzzi, il gruppo Norman di Milano, dopo qualche anno si arrese e cedette l'incarico. La storia a questo punto si fa cronaca: pare che ci sia finalmente un nuovo proprietario!

Vincendo la maliziosa tentazione di fare gli auguri al nuovo padrone di Ca' Dario, concludiamo invece con un episodio gustoso avvenuto durante la giornata del FAI, il Fondo Ambiente Italiano, nell'iniziativa che prevede l'apertura dei palazzi della città: quel giorno si è registrato un grande afflusso di visitatori, ma già intorno alle 20 non vi era più nessuno, anche se la chiusura era fissata per le 23 nel timore che la casa scambiasse chi restava dopo cena per il nuovo proprietario...

La Madonna dell'Orto e la statua di Giuda

La bella chiesa gotica, che sorge dietro la Fondamenta de la Sensa e che arrivando a Venezia col treno si riconosce dal campanile rosso a cupolotta, un tempo era dedicata a san Cristoforo. Prima che, in un orticello poco distante dalla chiesa, uno scultore vi ponesse una piccola statua dedicata alla Madonna, la quale cominciò in poco tempo ad essere venerata dagli abitanti del sestiere di Cannaregio: la ritenevano capace di compiere miracoli.

Siamo nella prima metà del Trecento. A Paolo dalle Masegne, un mastro scalpellino, fu dato l'incarico di scolpire le statue dei dodici apostoli nella parte superiore della chiesa.

Nessuno però sapeva, nemmeno i fratelli di lui, che Paolo dalle Masegne era in realtà un adoratore del demonio.

Era costume in epoca medievale, che Giuda non venisse mai ritratto con le sue vere sembianze, usando, al posto di quelle autentiche, le fattezze di san Mattia, il santo che prese il posto del traditore di Cristo dopo il suicidio.

Lo scultore adoratore del male modellò invece Giuda proprio con le sue sembianze originarie. Quando infatti il diavolo aveva preso possesso dell'anima di Paolo, gli aveva consegnato una delle trenta monete che Giuda aveva ottenuto per il tradimento di Gesù e gli aveva impartito l'ordine di inserire questa moneta nella statua del traditore, statua che doveva essere in tutto simile all'apostolo rinnegato.

Inoltre, per portare a termine con successo quanto dettatogli dal demonio, era necessaria una messa dedicata, appunto, alla realizzazione del-

La Madonna dell'Orto in una stampa di fine Ottocento.

l'opera stessa. E la chiesa stessa di San Cristoforo sarebbe diventata, da quel momento, un luogo di culto satanico.

Paolo dalle Masegne prese accordi con il prete e si stabilì la data per la santa messa. Questa avvenne nel corso della Settimana Santa del 1366.

Tra la gente che presenziava alla cerimonia c'era anche Isabella Contarin, una bambina molto famosa a Venezia tanto da essere considerata una santa. Si diceva che Isabella, allora dodicenne, avesse la capacità di dialogare con l'aldilà e di leggere il futuro guardando l'aura delle persone.

Nel pieno della cerimonia, mentre il prete si accingeva a tirar fuori dal tabernacolo le ostie consacrate, la bambina guardò negli occhi Paolo dalle Masegne, ne riconobbe la presenza maligna, si mosse dal suo banco e davanti a tutti lo indicò come seguace del diavolo.

Non ebbe neanche il tempo di dirlo che lo scalpellino provò a scagliarsi contro Isabella. Qualcuno, in seguito, giurò di aver visto balenare la lama di un coltello.

Ma l'uomo non raggiunse mai la bambina: lo fermarono alcune gocce, sì, alcune gocce di acqua santa che qualcuno, forse il prete stesso, con prontezza riuscì a spruzzargli sul volto.

Tutti videro Paolo dalle Masegne fermarsi e cadere a terra con un grido strozzato.

A quel punto, dicono i testimoni, il cielo si oscurò e il vento soffiò forte, la chiesa si fece buia e si spensero tutte le candele, poi con un boato il vento cessò e tutti si ritrovarono per terra, storditi.

A poco a poco i fedeli si rialzarono, si rialzò Isabella, si rialzò il prete, solo Paolo dalle Masegne giaceva ancora svenuto sul pavimento consacrato.

In alto, in pochi notarono che le fattezze della statua di Giuda erano mutate: ora rappresentavano quelle di san Mattia.

Paolo dalle Masegne alla fine rinvenne; non ricordava nulla, non capiva neppure perché si trovasse lì, nella chiesa di San Cristoforo.

Sentiva però di avere un compito da svolgere, e andò di corsa nel suo laboratorio di scultore, fece in fretta e furia una statua, una statua della Madonna, il cui volto assomigliava in tutto e per tutto al volto di Isabella Contarin.

La portò nell'orto della chiesa e lì la collocò, dove possiamo vederla ancora adesso.

Il fantasma del garibaldino

Nei giardini della Biennale, agli inizi del secolo scorso, accadde un fatto misterioso che, come tutte le storie che hanno a che fare con i fantasmi, può essere visto come una leggenda, una "favola del buio", di quelle che si raccontano per il gusto di rabbrividire un po', certi che di fantasmi, su questa terra, non ce ne sono proprio, garibaldini o meno che siano.

Ci sono però molte persone convinte dell'esistenza dei fantasmi che troveranno, in questa breve storia, un motivo in più per restare saldi nelle loro convinzioni.

Nei giardini della Biennale, il grande viale alberato che termina ora con il Padiglione Italia, fu progettato da Selva secondo il desiderio di Eugenio Beauharnais, viceré di Napoleone Bonaparte, che doveva servire alle grandi parate.

Il progetto di Selva prevedeva anche un boschetto alla maniera dei giardini inglesi, completo di giochi d'acqua e fontane. Ma vi fu poi inserito il grande e vistoso monumento dedicato a Giuseppe Garibaldi che non era certo il completamento sognato dal suo ideatore: ma è qui che ci accompagna la nostra storia, che vive proprio in funzione del grande monumento.

La prima vittima del nostro fantasma fu un veneziano che, a quanto si dice, sarebbe andato nei giardini in cerca di lumache, una prelibatezza della quale andava ghiotto. L'uomo abbandonò però la sua ricerca quando si sentì strattonare il braccio con tanta forza che cadde proprio davanti al monumento di Garibaldi. Mentre si rialzava vide sparire nel buio un'ombra rossa. La visione gli diede tanta forza da alzarsi e fuggire a gambe levate.

L'uomo raccontò a tutti i suoi amici e conoscenti questo fatto prodigioso, ma nessuno gli diede credito, forse perché di "ombre" l'uomo era un discreto consumatore, quando si recava all'osteria. *Ombre*, *ombrete*, per chi non lo sapesse, sono bicchieri di vino...

Venne dato più credito alla coppietta che, pochi giorni dopo, si fermò accanto al monumento per approfittare di un momento di solitudine e di pace, e che fu costretta alla fuga dalla solita ombra che, pur scivolando immediatamente nel buio, aveva lasciato il tempo ai due ragazzi di vedere che, sì... era proprio una camicia rossa quella indossata dal fantasma. Perché, che fosse un fantasma, non avevano proprio dubbi.

Le notizie, si sa, corrono in fretta, e tra i veneziani iniziò a serpeggiare una certa apprensione sulle presenze misteriose nei giardini della Biennale.

Per calmare le ansie della popolazione, venne istituito un servizio di guardia, fatto di vigilanti che assicurarono di non avere alcuna paura dei fantasmi.

E per fortuna era così, perché appena arrivarono di fronte al monumento di Garibaldi il fantasma si materializzò innanzi a loro e, visto che i vigilanti non manifestavano alcuna paura, né intenzione di darsi alla fuga, nemmeno il fantasma svanì, ma anzi se ne rimase ben fermo dinanzi al monumento. Così fermo che diede il tempo ad uno dei presenti di riconoscerlo: si trattava evidentemente di un garibaldino ancora in divisa, che fu identificato come Giuseppe Zolli. Chi lo riconobbe ne conosceva anche la storia: era un fidato uomo di Garibaldi che aveva giurato di guardargli le spalle per sempre. Anche dopo la morte.

Un po' per onorare tanta fedeltà, un po' perché anche chi non crede ai fantasmi evita di contraddirli quando se li trova davanti, venne deciso di aggiungere, dietro al monumento dell'eroe dei due mondi, la statua di un garibaldino con le fattezze di Zolli, intento, appunto, a guardare le spalle del generale.

Da allora, che la storia sia vera o no, del fantasma del garibaldino non si ebbe più notizia.

L'infelice Lucrezia

Un delitto in famiglia, un uomo che uccide la moglie che gli ha dato ben cinque tra figli e figlie, accusandola di presunti tradimenti. Un triste fatto di cronaca avvenuto in un'estate del 1602. Tutto potrebbe finire qui, se non fosse che, a distanza di oltre trecento anni, in una famiglia del Novecento misteriose apparizioni si susseguono in quella abitazione di calle della Croce, in piena Giudecca. E, fatto decisamente inquietante, le apparizioni sono di tipo diverso a seconda del genere delle persone alle quali lo spirito inquieto si manifesta.

La storia del fantasma ha inizio negli anni Quaranta: un ragazzo come tanti, nella sua stanza, dopo cena, si appresta ad ascoltare un po' di musica prima di dormire. Ha schermato con un foulard la sua lampada per creare penombra, e sta per assopirsi quando una massa luminosa che fluttua nell'aria gli appare all'improvviso davanti. Il suo cuore fa un balzo, e ha giusto il tempo di sollevarsi dal letto che viene "aggredito" dalla massa luminosa che rivela un volto indistinto ma evidentemente inferocito. Terrorizzato il ragazzo urla, e l'apparizione svanisce. Ma in casa nessuno ha sentito nulla, né i genitori né gli altri fratelli e sorelle. Il ragazzo, che passerà quella notte con la luce accesa e senza riuscire a prendere sonno, con il tempo si dimenticherà dell'accaduto. Passano gli anni, e durante una cena di Natale, circa quindici anni dopo, la famiglia si riunisce e il giovane ormai cresciuto si ricorda del fatto e lo racconta. E allora si scopre l'incredibile: la stessa apparizione aveva visitato anche le sorelle, ma in ben altra maniera. Alle ragazze, che a quel tempo erano poco più che adolescenti, era apparsa una donna giovane e sorridente, senza alcun accenno di malevolenza o cattiveria.

Un fantasma che odia gli uomini e ama le donne, dunque? Quando la famiglia fece delle ricerche per appurare chi avesse abitato prima la casa, venne fuori che quella era stata la dimora infelice di Lucrezia Cappello, uccisa dal marito a coltellate, accecato dalla gelosia. L'uomo, Giovanni Snudo, era fuggito per evitare il carcere e la prevedibile condanna a morte, e tanto fece che riuscì, nonostante il delitto confessato, a ritornare in città alla fine del 1621 senza subire alcuna condanna, con la scusa di doversi occupare della prole. Forse questa può essere una spiegazione all'inquietudine dello spirito della moglie: ancora oggi la povera donna non riesce a perdonare gli uomini, e guarda benevola verso le sue simili.

Quel capolavoro nato dalla laguna

C'è più di una leggenda legata alla nascita del merletto, quel piccolo gioiello che si lavora nell'area veneziana da tempi molto lontani e che, pur essendo diffuso anche in molte altre località italiane, è soprattutto famoso nella zona di Burano. Nella piccola isola della laguna i merletti venivano lavorati dalle donne, spesso sedute dinanzi alla porta delle loro case dai colori caratteristici. Ancora oggi capita di incontrare qualche artigiana intenta al lavoro che muove i fili con un movimento delle mani così rapido che il pizzo sembra nascere magicamente.

La tecnica del merletto a fuselli o a tombolo, che giunse a Venezia probabilmente dalla Magna Grecia o dall'Asia Minore, si sviluppò attorno all'inizio del XV secolo e già in un dipinto del Carpaccio si trova il primo documento: nei quadri dei ritrattisti questa trina divenne poi una presenza costante come guarnizione degli abiti, per scialli o per ventagli. Il merletto si usava infatti per impreziosire l'abbigliamento e per la biancheria, e non solo quella delle signore e delle dame ma anche quella delle popolane.

Rispetto a quelli realizzati a Venezia, Chioggia o Pellestrina, il merletto di Burano ha come caratteristica fondamentale la preziosa lavorazione ad ago, in particolare con il punto in aria o punto di Burano, che disegna fiori, stelle, piccoli animali, sullo sfondo di una rete finissima, creando un ornamento che fu apprezzato anche da re e regine di altri paesi: Luigi XIV, ad esempio, che per la sua incoronazione si fece preparare un colletto, o Maria di Tudor, la Sanguinaria, o Caterina de' Medici.

Dopo secoli in cui il merletto rappresentò una risorsa importante per

Cortigiana veneziana con un abito impreziosito dai merletti, in un'incisione cinquecentesca di G. Franco.

tutta la zona lagunare, nel lungo periodo di decadenza tra il XIX e il XX secolo in cui la stessa Venezia visse nell'ombra, l'arte del merletto scomparve gradualmente dalle isole. Sarebbe rinata a Burano nel 1872 per iniziativa della regina Margherita, supplendo in qualche modo alle difficoltà economiche di un inverno in cui il ghiaccio aveva ricoperto parte della laguna, impedendo lo svolgimento della pesca che rappresentava il principale sostegno delle famiglie. Grazie all'intervento della regina, un'anziana buranella iniziò all'arte del merletto le giovani dell'isola: in seguito molte nobildonne ordinarono merletti come guarnizioni dei loro abiti, imponendo così una nuova moda che consentì a Burano il rilancio dell'antica tradizione.

Le leggende sulla nascita del merletto hanno in comune il legame con il mare, anche se cambiano i personaggi e la vicenda: sono fiabe semplici, soffuse di poesia, che traggono ispirazione dalla vita dei pescatori e dalle meraviglie del mare. E naturalmente dall'amore, come ogni leggenda che si rispetti.

Una di queste storie racconta di una giovane buranella che, attendendo il suo amore lontano, contemplava il dono che egli le aveva lasciato in pegno di fedeltà, un'alga essiccata che disegnava con i suoi rami una delicata trina. Forse per il timore di distruggere quel fragile dono, forse incantata dalla bellezza di quel pizzo naturale, forse per il desiderio di appuntare sul suo abito e tenere sempre sul cuore il ricordo del suo innamorato, la giovane un giorno provò a ripeterne con ago e filo la trama e da questo gesto intriso di grazia e di amore nacque il merletto.

Un'altra leggenda parla invece di un pescatore, innamorato di una giovane buranella. Un giorno, mentre pescava al largo, in laguna, la sua barca fu circondata da un gruppo di sirene che iniziarono a cantare una melodia talmente struggente che il giovane pescatore ne fu incantato: avrebbe voluto gettarsi in mare per seguire quelle voci e quel canto, ma l'immagine della sua innamorata lo trattenne.

Quando le sirene si accorsero che l'amore del pescatore era più forte della loro magia, uscirono dall'acqua e gli donarono un segno della loro amicizia e del loro rispetto: chi dice un delicato ricamo di spuma, chi dice una leggera trina d'alga, chi sa... nelle leggende ogni fantasia è possibile. Quel che conta è che il pescatore prese il dono e lo portò alla sua buranella, che fu così brava da copiare con ago e filo quel capolavoro del mare, facendo così nascere il merletto di Burano.

Una madre salvata dalla figlia

Non tutta Venezia è turistica. Ci sono posti, come campo Ruga, un po' lontani dagli abituali itinerari delle frotte di visitatori che girano per le calli della città lagunare. Specialmente quei luoghi, che alcuni chiamano "la coda del pesce", e cioè l'area di San Pietro di Castello, dove si trova appunto campo Ruga. E almeno lì, davanti al primo duomo veneziano, è rimasto ancora un campo in erba: l'unico. E sempre in quella zona, che è la stessa di campo Ruga, c'è anche il sottoportico più basso di Venezia, il sottoportico Zurlin.

Allora, riepiloghiamo: là c'è campo Ruga, un po' dietro la chiesa di San

Pietro, e qui il sottoportico Zurlin, che si affaccia su un canale. E possiamo partire con la nostra storia.

Siamo in una notte di novembre del 1929, una pessima notte, di quelle in cui non sai se sta piovendo o nevicando, che è peggio ancora di quando nevica soltanto, e la neve scende leggera. E invece quella pioggia mista a neve ti dà proprio fastidio, ti bagna tutto anche se sei coperto, ti intride tanto con la sua umidità che ti sembra di dover prendere un malanno da un momento all'altro.

Così pensava il dottore, al riparo del felze, quella sorta di copertura che mettono le gondole d'inverno per proteggere i passeggeri dalle intemperie, mentre il gondoliere no, il gondoliere se ne sta in piedi a remare, che piova o ci sia il sole, che sia giorno o che sia notte.

Il medico era stanco, aveva avuto un bel po' di malati da visitare e da curare quel giorno, ma non invidiava certo il gondoliere, che ormai aveva girato la prua della sua gondola nel canale che costeggia il sottoportico Zurlin.

"Fra poco sarò a casa", pensava il dottore, "mentre questo buon gondoliere a casa sua ci deve ancora andare, voglio proprio dargli una buona mancia, quando arriviamo".

Ma i pensieri del dottore furono distratti da una voce che lo chiamava. Era una voce di giovane donna, veniva proprio dal sottoportico Zurlin.

«Dottore, dottore!».

Il dottore fece cenno al gondoliere di accostare.

Era una ragazza che lo stava chiamando, una ragazza avvolta in uno scialle nero, che appena la riparava dalla pioggia.

"La conosco, forse, questa giovane? Il suo viso mi è familiare, eppure non ricordo di averla mai conosciuta...".

La ragazza si era chinata verso la gondola, lo stava supplicando perché sua madre stava male, molto male.

"Evidentemente questa giovane mi conosce, e sa anche che sono un dottore... bene, la mia giornata non è finita dunque, andiamo a portare aiuto a qualcun altro".

Il medico scese dalla gondola, pagò il gondoliere ringraziandolo e lasciandogli ben più di qualche spicciolo in regalo, e si avviò con la sua borsa in cuoio, mentre la ragazza lo precedeva.

Così si ritrovarono in campo Ruga, a non molta distanza dalla casa del dottore, che pensò: "Faccio questa visita, poi torno a casa a piedi, non sono lontano ormai, fra poco potrò togliermi di dosso questi vestiti bagnati... questo posto è campo Ruga, qui se non sbaglio ci abitava la Elvira, la mia domestica di quando ero bambino, se ne è andata quando si è sposata, ha avuto un figlio, o una figlia, non ricordo bene...".

La ragazza entrò in una delle porte della corte interna e salì le scale, seguita dal dottore. Arrivarono davanti alla porta di una stanza. La ragazza si fermò e disse: «Mia madre è là, entri, dottore, faccia presto...».

Il dottore aprì la porta ed entrò in una camera da letto. Ed era proprio la sua domestica Elvira, stesa sul letto, che respirava a fatica. Il dottore mise da parte la sorpresa ed entrò in azione, aveva capito subito che la donna si era buscata una polmonite, e non c'era tempo da perdere. Le praticò un paio di iniezioni, le fece prendere qualche pastiglia, le deterse la fronte, le fece bere un po' d'acqua dalla brocca che stava sul comodino. Elvira era debolissima, durante tutto il tempo non aprì neppure gli occhi, non riusciva neppure a parlare.

Il dottore restò un poco con lei e si accorse che, oltre a loro due, non c'era nessuno nella stanza. Guardò fuori dalla porta, nel corridoio: nessuno. La figlia era sparita.

Poi sentì freddo, i suoi vestiti erano ancora bagnati, e pensò che era meglio andarsene a casa; sarebbe tornato l'indomani a vedere la malata, la quale intanto pareva essersi addormentata, forse la febbre era scesa, il pericolo sembrava allontanato. E il dottore uscì.

Il giorno dopo, di buon'ora, il dottore si alzò e si incamminò verso campo Ruga. Faceva freddo, ma almeno aveva smesso di piovere. Giunse alla casa di Elvira, la porta era aperta, salì e si ritrovò nella stanza della malata, che appariva molto meno malata del giorno prima, era seduta sul letto e sembrava quasi che lo aspettasse.

«Elvira, ti trovo meglio, oggi».

Elvira lo guardò e sorrise: «Grazie a lei, dottore. Credo che se non fosse stato per lei, a quest'ora sarei già nell'aldilà...».

«Non devi ringraziare me, Elvira, io non ho fatto altro che il mio dovere. Devi ringraziare tua figlia, piuttosto, che in una notte come quella di ieri è uscita a cercare un medico, e il Signore ha voluto che trovasse me».

«Mia figlia?», lo interruppe Elvira. «Ma mia figlia è morta un mese fa, e proprio di polmonite per giunta!».

Il dottore sgranò gli occhi, non voleva crederci. E allora chi era stato a chiamarlo dal sottoportico Zurlin, chi era quella ragazza che lo aveva fatto scendere dalla gondola, che lo aveva portato lì in quella casa di campo Ruga? Eppure ricordava benissimo che la ragazza aveva detto: «Mia madre sta male», ne era certo al cento per cento!

Ma la madre insisteva, sua figlia era morta, e a riprova che quello che diceva era vero indicò al dottore l'armadio di fronte al letto; era l'armadio di sua figlia, dove lei conservava gli indumenti più cari della figlia morta.

Il dottore si decise e aprì l'armadio, e un po' sapeva che cosa avrebbe visto. E infatti lo scialle nero era lì, sembrava ripiegato di recente. Il dottore lo toccò: era ancora umido.

Pietre dal nulla

Sassaiole lanciate da mani invisibili nella zona di campo San Boldo: di questo parlano le cronache dei giornali veneziani della fine degli anni Venti. Un mistero, quello dei sassi che spaccavano i vetri delle case che si affacciavano sul campo, che mai ha trovato risposta, nonostante più volte si fosse cercato di stanare i responsabili.

Tutto ebbe inizio nell'estate del 1929, nell'abitazione di tal Tullio Gioppo, che si era trasferito con la famiglia, composta dalla moglie e due figli, in quella casa. Dopo circa venti giorni di sassaiole serali quasi continue (alcune pietre erano così grandi da riuscire a scheggiare anche la porta d'ingresso oltre che rompere i vetri), Gioppo si rivolse alla polizia, che iniziò appostamenti serali nei pressi della dimora per acciuffare i malviventi.

Niente. La polizia fascista dell'epoca, registrano le cronache della «Gazzetta di Venezia», poté soltanto tenere a bada la folla di curiosi che si era ormai data appuntamento nei pressi della casa, dopo che la notizia aveva fatto il giro della città, mentre «sembrava che i proiettili piovessero dal cielo come aeroliti»: così scrivevano sul giornale. A fine agosto, poi, e sempre nei pressi di quella casa, insieme alle pietre che non accennavano a fermarsi qualcuno notò che nei muri perimetrali, costruiti con pietre a secco, si aprivano dei buchi inspiegabili e poi tornavano altrettanto inspiegabilmente a riempirsi. Insomma, un fenomeno di *poltergeist* che mai ebbe spiegazione, e che terminò solo in autunno, lasciando inascoltate le domande senza risposte che ancora gli abitanti si pongono.

Il ponte di una notte

Il Ponte delle Maravegie, ossia "delle Meraviglie", indica nel proprio toponimo la sua origine straordinaria, a meno che, naturalmente, non si preferisca dare credito alla storia che ne fa derivare il nome dalla famiglia Maravegia. Ma anche questa merita una citazione, visto che secondo gli studiosi si era guadagnata gli onori della cronaca per via di quella certa Alessandra o Belisandra, sorella di Giovanni Meraviglia, segretario del Senato, e moglie di Pietro Albino, gran cancelliere del regno di Cipro, del cui coraggio abbiamo già detto (vedi il capitolo *Il mistero di una nave affondata*).

Un ponte così intitolato non può ovviamente accontentarsi di una sola leggenda. Infatti ne esistono almeno due, la prima delle quali racconta di sette prodigiose stelle che, nella notte di un Venerdì Santo, sarebbero apparse in cielo, dinanzi agli occhi increduli di un giovane veneziano: sei stelle disposte a forma di carro, con le ruote e il timone, e la settima, più fioca, poco distante. Piano piano, le sei stelle più luminose si fecero più fioche e contemporaneamente la settima aumentò il proprio splendore fino a nascondere le altre.

Un mistero? Certamente, ma non il solo. Il giovane, infatti, era un barcaiolo che, subito dopo avere iniziato a frequentare la casa di sette sorelle, sei belle e una brutta, aveva cominciato a perdere le sue forze, tanto da non riuscire più a gareggiare con gli altri barcaioli. Il giovane, vittima della superstizione, si era convinto che la colpa del suo malessere fosse proprio della sorella brutta, tanto più che questa lo sfuggiva, e aveva quindi deciso di fargliela pagare proprio quella sera. Ma, giunto sul ponte, ebbe un attimo di esitazione, sufficiente perché i suoi occhi fossero colpiti dall'immagine della brutta ragazza che pregava dinanzi alla finestra e, subito dopo, dall'incredibile apparizione delle sette stelle nel cielo.

Al giovane barcaiolo non occorreva grande fantasia per mettere in relazione le sette stelle con le sette sorelle e per comprendere che quel segno dal cielo voleva fargli capire quanto i suoi sentimenti di vendetta fossero sbagliati. Infatti la brutta sorella stava proprio pregando per lui, offrendo il suo amore per ammalarsi al suo posto, così che il giovane potesse rinvigorirsi e vincere le sue regate. Quella preghiera impressionò talmente il giovane barcaiolo che iniziò a guardare la brutta sorella con occhi diversi, tanto da innamorarsene. Con l'amore ritrovò le forze e riuscì finalmente a vincere la sua regata.

Potere dell'amore o potere celeste? Nel dubbio, passiamo alla seconda leggenda.

Si dice infatti che un giorno si decise di unire con un ponte i due lati del canale: gli addetti alla sua costruzione ammassarono così, con comprensibile fatica, tutti i materiali occorrenti proprio nel punto in cui l'indomani avrebbero iniziato l'opera. Terminata questa fase di preparazione,

Gondolieri cinquecenteschi (da C. Vecellio).

ognuno se ne ritornò a casa per farsi una bella dormita ed essere sufficientemente riposato per la costruzione del ponte, che non è cosa da poco.

Ma l'indomani, quando arrivarono per mettersi al lavoro, trovarono il ponte bell'e fatto: costruito in una notte da mani ignote. Un'opera della quale stupisce non solo la rapidità di esecuzione, ma soprattutto la disponibilità della manodopera, tanto sconosciuta quanto gratuita.

Un vampiro a Venezia?

Un vampiro a Venezia? Un fatto è certo: il primo febbraio del 1963 un giovane fu arrestato mentre, in calle de l'Aseo, mordeva inferocito il collo di una ragazza, lasciandola sul selciato in fin di vita a seguito dei morsi inferti.

I passanti raccontarono, durante il processo che condannò il giovane alla reclusione per tentato omicidio dopo un periodo di soggiorno in ospedale psichiatrico, di essere stati attirati dalle urla femminili di richiesta di aiuto che provenivano dalla calle. Come purtroppo accade di frequente, molte furono le persone che udirono i richiami di aiuto della ragazza, ma nessuno accennava a intervenire: perché immischiarsi, magari a rischio della propria incolumità, in una lite tra "innamorati" magari un po' degenerata?, stavano pensando in molti.

Tra loro vi era un poliziotto fuori servizio, Ezio Berdozzo, che esitò come tutti ma che ad un certo punto si riscosse, dato anche il ruolo che ricopriva nella società. Fattosi avanti, a Berdozzo si presentò la seguente scena: un giovane uomo teneva una coetanea riversa sulla strada, e mentre le stava sopra le mordeva il collo, sul quale campeggiavano diverse ferite dalle quali sgorgava evidentemente del sangue, che il folle leccava.

Il poliziotto, dopo lo shock iniziale, corse verso la scena e cercò di staccare il morsicatore dal collo della donna afferrandolo per i capelli e cercando di immobilizzarlo. Nessun aiuto anche in questo caso da parte dei passanti: dalla lite degenerata tra innamorati si era arrivati alla rissa tra contendenti, quindi figuriamoci se ci si poteva immischiare. Fu così che il folle riuscì a divincolarsi e a scappare, per riprovare poco lontano ad assalire un'altra donna, che stava passeggiando, sempre attaccandola al collo e cercando di morderla. Per fortuna questo secondo assalto non ebbe buon esito: finalmente infatti altri passanti, resisi conto di quello che stava per ripetersi, aiutarono il poliziotto a immobilizzare il morsicatore.

Al processo contro il tentato omicida emerse una vicenda oscura di delirio erotico causato dall'abbandono da parte della fidanzata. Le cronache raccontano che il giovane, artista non ancora di successo, non si era più ripreso dopo la crisi con la sua compagna, di nome Maria. La solitudine, la fragilità mista alla debolezza mentale avevano lentamente ma inesorabilmente lavorato dentro il ragazzo, che in preda al delirio aveva covato un odio nei confronti della donna, sfociato poi nella folle convinzione che tutte dovessero essere punite con un morso fatale. La coincidenza inquietante fu che le due vittime della follia vampiresca dell'uomo, una delle quali riportò ferite gravi, si chiamavano proprio Maria, senza che lui lo sapesse prima di accanirsi contro i loro innocenti colli.

Spiriti a Venezia

La dépendance di un albergo dismesso acquistato negli anni Sessanta del Novecento da una famiglia per farne la propria abitazione; storie di fantasmi e apparizioni misteriose, oggetti che si perdono e poi riappaiono in luoghi improbabili. I quattro protagonisti, madre, padre, un ragazzo e una ragazza, li immaginiamo felici ed eccitati quando, appena traslocato, si accingono a familiarizzare con il nuovo ambiente. Per la verità giravano già voci, accennate e sommesse, sulla presenza di strani fenomeni: a raccontarlo erano le anziane cameriere e i fattorini, ormai in pensione, della vicina struttura alberghiera. Ma perché far caso a dicerie e superstizioni ormai obsolete, nei moderni anni del boom economico?

Ecco quindi la famiglia insediarsi, incurante delle folate di vento gelido improvviso che, anche a finestre chiuse, arrivavano inaspettatamente al centro delle stanze. Magari qualche finestra non proprio ben fissata, banali spifferi causati dalla ristrutturazione non ancora conclusa, qualcuno sbadatamente non ha chiuso la porta? Tutto spiegabilissimo con la razionalità, fintanto che i fatti strani cominciarono a essere decisamente troppi. Come giustificare l'improvviso prendere vita propria del bicchiere di vetro che contiene gli spazzolini da denti in bagno, che cade ed esplode in mille pezzi mentre una intera pila di piatti inizia a precipitare in terra? Gli eventi *poltergeist* continuarono a intensificarsi negli anni, fino a quando nella casa rimase solo il figlio grande della coppia: la sorella si era trasferita dall'altra parte della città rispetto alla calle larga dei Proverbi, dove aveva sede la casa di famiglia. Accadde che a luglio del 1976 il padre, in visita al figliolo, si fermasse a dormire nella sua vecchia stanza; a metà notte l'uomo fece i bagagli e salutò affranto il figlio, per trasferirsi a terminare il sonno a casa della figlia. Questa volta non erano stati degli oggetti a prendere vita: nel mezzo della notte l'anziano si era ritrovato a lottare contro qualcosa di invisibile che tirava insistentemente le sue coperte per scoprirlo.

Fantasmi, energie misteriose, presenze occulte? Non si seppe mai: unico elemento che fa riflettere è un misterioso fatto non confermato che parla di ripetute sparizioni nei pressi della casa di giovani donne dedite alla prostituzione, a metà del secolo scorso, e un'unica certezza: fu proprio nei pressi della casa che fu uccisa Linda Cimetta, uno dei delitti più efferati del Novecento veneziano, di cui si è parlato in un'altra parte di questo libro.

I grandi misteri di oggi

Fatti, misfatti e misteri, purtroppo, non sono solo quelli avvolti dalle brume del tempo, nella Serenissima come ovunque, ma investono il nostro oggi o il nostro recente ieri con una violenza acuita dall'immediatezza e dalla onnipresenza della comunicazione.

Abbiamo scelto alcuni fatti che ci sembravano di particolare importanza, consci sia dell'incompletezza della nostra proposta, sia della difficoltà di mantenere il necessario distacco. L'impatto mediatico attorno ai grandi temi del presente finisce frequentemente per offrire una comunicazione distorta, sia perché ne amplia eccessivamente il peso dilatandolo anche nel tempo, sia per la quantità e la disparità delle voci. A maggior ragione, quindi, è difficile pretendere di aver dato un quadro sufficientemente completo ed obiettivo dei grandi misteri qui trattati.

Ida, la segregata di San Clemente

L'isola di San Clemente è un piccolo eremo posto al centro della laguna di Venezia, tra il Lido e la Giudecca, proprio di fronte a San Marco. Sull'isola si trova oggi un lussuoso albergo che occupa l'intero antico complesso, una serie di edifici costruiti in diverse epoche e articolati intorno al corpo centrale. La facciata, in stile veneziano cinquecentesco, con un monumentale scalone con rampa centrale e doppie rampe laterali, contrasta piacevolmente con l'atmosfera di semplicità e di pace di quell'angolo della laguna.

La chiesa di San Clemente venne edificata inizialmente nel lontano 1131 da un facoltoso gentiluomo, Pietro Gattilesso, assieme ad un "ospitale" che dal 1165 venne gestito dai canonici di Sant'Agostino. Sotto la giurisdizione del patriarca di Grado, Enrico Dandolo, i canonici di Sant'Agostino lo utilizzavano soprattutto per ospitare pellegrini e soldati diretti in Terra Santa. In quell'epoca, San Clemente era quindi un punto di riferimento, tanto che nel 1288 proprio in quella chiesa furono trasferite le reliquie di sant'Aniano. L'"evento", come si direbbe oggi, fu accolto dai veneziani con grande devozione, tanto più che sant'Aniano era un discepolo di san Marco, il patrono di Venezia.

Ma, già alla fine di quello stesso secolo, l'isola iniziò a subire una graduale decadenza. Ritrovò la sua piena funzione nel 1432, quando il neo eletto papa Eugenio IV, il veneziano Gabriele Condulmer, trasferì nell'ormai quasi deserta San Clemente l'ordine dei canonici lateranensi, detti anche "della Carità". Risalgono a questo periodo un'ulteriore modifica della chiesa, l'ampliamento del convento e la costruzione di un chiostro con doppio ordine di colonne in marmo, di cui rimane ancora traccia. Dal XVI secolo San Clemente accoglieva non solo illustri ospiti della Serenissima ma, grazie alla felice posizione, vicina alla città ma al tempo stesso isolata, anche i nobili veneziani colpiti da malattie infettive. Ad esempio, durante la peste del 1630 l'isola venne adibita a lazzaretto e quando la peste cessò e l'isola fu finalmente libera dal contagio, come ex voto venne modificata ulteriormente la pianta della chiesa con la realizzazione di una nuova cappella sul modello della Santa Casa di Loreto. I frati camaldolesi, che acquistarono San Clemente nel 1645, restaurarono via via chiesa e convento ampliando la struttura del complesso con una serie di abitazioni e di orti e costruendo le mura di cinta, una nuova biblioteca e nuove cappelle. Ma presto l'avvento del dominio austriaco portò San Clemente ad un nuovo significativo cambiamento: abbandonata dai camaldolesi, l'isola passò infatti al demanio e le sue strutture furono utilizzate dapprima come presidi militari e successivamente, a partire dalla metà dell'Ottocento, come manicomio: venivano qui segregate le donne malate di mente. Ed è qui che che ritroviamo la protagonista di una storia tanto misteriosa quanto dolorosa: Ida Dalser, ossia la sfortunata compagna del dittatore Benito Mussolini.

Grazie al suo potere, Mussolini riuscì a cancellarne la memoria per tutto il Novecento. Solo nel 2005, grazie ad una trasmissione televisiva, l'Italia scoprì questo lato misterioso dell'ex duce che, fino a quel momento, ben pochi conoscevano. Pochi, malgrado il reportage di Alfredo Pieroni, pubblicato intorno alla metà del Novecento sul periodico «La settimana Incom illustrata».

All'inchiesta era stato dato tuttavia scarso credito, forse in ragione dell'eccesso di parole che in quegli anni esprimevano recriminazioni ed odio verso il fascismo, da poco caduto, ma soprattutto perché da molti, troppi, l'immagine del duce continuava ad essere difesa con una forza pari al rimpianto per il passato regime.

La capacità di diffusione dei mezzi televisivi è invece riuscita a portare alla luce una storia amara, ben documentata ed ambientata, con la trasmissione intitolata *Il figlio segreto di Mussolini*. L'inchiesta, realizzata da Fabrizio Laurenti e Gianfanco Norelli in coproduzione con *La grande storia* di RAI3, raccontava il dramma di Ida Dalser e del figlio da lei avuto con Benito Mussolini, allora giovane giornalista dell'«Avanti!».

I due documentaristi televisivi hanno ripreso quanto già raccontato da Pieroni, ampliando e soprattutto documentando con filmati ed interviste le ipotesi già emerse. Di fatto, hanno circostanziato una storia di orrore che si sposa male con l'immagine tra l'epico e il leggendario – tuttora cara e propagandata da alcuni media nazionali – del brillante stratega, nonché rude combattente, ma ottimo padre di famiglia e marito affettuo-

L'isola e la chiesa di San Clemente in un'incisione di Antonio Visentini.

so, se pure non totalmente fedele per quell'eccesso di virilità che volentieri qualcuno gli concede.

Molte delle ricerche che hanno fatto chiarezza su questa vicenda sono dovute al lavoro di un giornalista di Trento, Marco Zeni, che ha pubblicato la sua ricostruzione della vicenda Dalser prima nel 2000 nel libro *L'ultimo filo* e quindi in *La moglie di Mussolini* del 2005.

Ida, o Irene, come era stata registrata all'anagrafe, era nata nel 1880 a Sopramonte, un paese ai piedi del monte Bondone, a pochi chilometri da Trento, allora annesso all'impero austro-ungarico. Era una mora vivace, dallo sguardo intenso e dalla mente brillante, di famiglia benestante, che il padre, sindaco del paese, fece studiare e diplomare a Parigi in medicina estetica perché potesse aprire a Milano un salone di bellezza sul modello francese. Proprio a Milano Ida avrebbe ripreso i contatti con Mussolini, che aveva già conosciuto, probabilmente nel 1909, in occasione di un comizio del futuro duce, tenuto durante un suo soggiorno a Trento.

Era il 1913, e Ida iniziava ad affermarsi con il suo "Salone Orientale di Igiene e Bellezza". Entrò così rapidamente nel giro delle amicizie di Mussolini, già sentimentalmente legato a Rachele Guidi che, nelle cronache del ventennio, sarà nota come "donna Rachele". Il futuro duce la conosceva dall'infanzia, e qualcuno dice che Rachele era scappata di casa a soli sedici anni per seguire il "rivoluzionario Mussolini". Sarebbe rimasta nell'ombra per tutta la sua vita, a seguire i figli avuti dal duce, cinque in tutto: la prima, Edda, ancora prima delle nozze.

Malgrado il legame con Rachele, iniziato nel 1910, e la presenza di una figlia, Mussolini continuava a darsi da fare per mantenere alta la fama di grande conquistatore che, in un domani non lontano, avrebbe fatto vantare i fascisti delle capacità amatorie del loro leader, con una frase passata dall'iconografia al dileggio delle pose mussoliniane: «Alle sette della mattina, il Duce ha già sfiancato due donne e tre cavalli».

La cronaca riporta infatti numerosi nomi di compagnie femminili, quelle maggiormente gradite a Mussolini. Ma è proprio Ida Dalser a rendere Mussolini padre per la seconda volta: nel 1915 nasce Benito Albino. Nello stesso anno, il 17 dicembre, Mussolini, mentre si trova ricoverato per paratifo all'ospedale di Treviglio, sposa con rito civile Rachele. Nel 1925 fu celebrato anche il rito religioso, ma Rachele rimase sempre lontana dalla vita pubblica, mentre Mussolini mantenne stabili legami extraconiugali: conclusa una lunga relazione con Margherita Sarfatti, si legò infatti a Claretta Petacci, l'ultima amante, che gli rimase accanto fino alla fine, condividendone anche la morte.

Ida era insomma destinata ad essere rapidamente dimenticata, malgrado che, secondo la ricostruzione presentata dagli autori già citati, Mussolini l'avesse sposata con rito religioso, riconoscendo la paternità del figlio e dandogli il proprio nome. Non vi sono documenti ufficiali a riprova di questa tesi, che è avvalorata tuttavia da numerose dichiarazioni.

Nell'anno in cui Benito Albino nacque, l'Italia entrava in guerra. Il Mussolini dal passato socialista era approdato rapidamente all'interventismo e al più acceso nazionalismo, e per questa ragione era stato espulso dall'«Avanti!» e dal Partito socialista. Avrebbe poi fondato il quotidiano ultranazionalista «Il Popolo d'Italia» proprio grazie al sostegno economico che Ida, innamorata e del tutto lontana dall'immaginare il destino che l'attendeva, gli aveva fornito vendendo tutti i suoi averi per realizzare la cifra necessaria alla creazione del giornale: un aiuto generoso, indispensabile a Mussolini quanto le relazioni che Ida gli facilitò mettendolo in contatto con emissari del governo francese. Secondo le dichiarazioni successivamente rilasciate dalla donna, gli stessi francesi sovvenzionarono infatti segretamente Mussolini attraverso un prestanome.

Grazie a questi appoggi il futuro "duce" poté affermarsi nel panorama internazionale, sfruttando la sua nuova posizione di interventista, mentre Ida, costretta a vendere il suo salone, si sarebbe poi ritrovata in miseria al momento dell'abbandono da parte di Mussolini.

Ma allo scoppio della guerra la relazione tra i due non era ancora arrivata alla rottura: lui anzi, che si era arruolato come volontario nei bersaglieri, inviava dal fronte alla Dalser lettere appassionate.

Successivamente, nella sua corsa verso il potere, Mussolini cercò invece di cancellare le tracce della sua relazione con Ida, evidentemente divenuta tanto inutile quanto scomoda, tanto più che la donna non smise mai di pretendere di essere ufficialmente riconosciuta come prima moglie del duce.

Senza rassegnarsi all'abbandono di Mussolini, che era tornato da Rachele, Ida lo perseguitava infatti come un'ossessione. Mussolini arrivò a tentare di liberarsi di lei denunciandola come spia al servizio dell'Austria; la donna contraccambiò accusandolo di essere a sua volta al servizio dei francesi, di cui era debitore per i finanziamenti avuti per l'apertura del giornale. Ma era Mussolini, ormai, che andava radicando il proprio peso politico, e gli fu facile ottenere il confino di Ida nel Casertano. Nella sua scalata al potere aveva bruciato le tappe: convocata nel 1919 l'assemblea per dare vita ai Fasci italiani di combattimento, il 29 ottobre 1922 era partito salutato da una folla festante per la marcia su Roma.

Ida, continuamente sotto sorveglianza da parte della polizia, era tornata in Trentino, dove viveva della carità dei parenti e dei pochi soldi che Mussolini inviava sporadicamente. Ma continuava la sua lotta per ottenere un riconoscimento, scrivendo appelli e lettere di denuncia alle autorità, senza trovare alcun ascolto. In occasione della visita di un ministro a Trento, la donna cercò di avvicinarlo per prospettargli il proprio caso e fare valere le proprie ragioni. Era il pretesto che Mussolini attendeva: obbedendo all'ordine direttamente impartito dalla capitale, la polizia arrestò Ida, che venne fatta passare per pazza e internata nel vicino manicomio di Pergine Valsugana.

Il figlio Benito Albino, che Mussolini aveva visto per l'ultima volta nel 1922, venne allontanato da lei, così da separare e rendere meno evidente quella coppia ingombrante. Fu il fratello di Mussolini, Arnaldo, diventato direttore del «Popolo d'Italia» e amministratore del partito fascista, ad occuparsi in prima persona della "sistemazione" di Benito Albino, beneficiando della generosa collaborazione di un fidato camerata fascista trentino, Bernardi, che avrebbe in seguito adottato Benito Albino, nascondendone così le origini anche con il proprio cognome. Benito Albino avrebbe conservato del padre solo le fattezze: secondo alcuni somigliava al duce in maniera impressionante.

I "meriti" di Bernardi furono ovviamente riconosciuti dal regime, che gli garantì una rapida carriera nella pubblica amministrazione.

Ida riuscì a fuggire una volta dal manicomio e cercò di raggiungere il figlio, convinta che fosse rimasto presso alcuni parenti. La scoperta dell'allontanamento di Benito Albino la fece precipitare nella disperazione. Fu ripresa e nuovamente internata.

Continuò così la sua lunga segregazione, fatta di false diagnosi mediche e di lunghe costrizioni con la camicia di forza.

Da Pergine Valsugana fu poi trasferita a San Clemente, dove si trovò ancora più isolata.

Era sfinita nel fisico ma soprattutto nella mente, ma continuava a scrivere lettere strazianti, intrise di disperazione ma lucide, le stesse lettere che verranno poi ritrovate da Pieroni e che si aggiungeranno a quelle custodite gelosamente dai parenti di Ida a Sopramonte.

Una serie di documenti che tratteggiano questa storia vera che sembra nascere dalla penna di uno scrittore di *feuilleton*: a metà strada tra le tinte fosche del romanzo d'appendice e i toni da melodramma popolare delle *telenovelas* sudamericane. Ma è una storia vera, della quale stupisce soprattutto l'infinita catena di connivenze che hanno contribuito a tenerla nascosta per più di mezzo secolo: medici disposti a diagnosticare pazzie inesistenti, forze dell'ordine piegate a soddisfare i capricci del potere, e poi preti e insegnanti, funzionari amministrativi e personale infermieristico. Tutti disposti a calare e mantenere la cortina di silenzio su Ida e Benito Albino, e sulla spaventosa scelta della pazzia quale ragione del confinamento dapprima di Ida e poi, incredibilmente, del povero Benito Albino che, testando come sua madre, non rinunciava ad affermare la propria diretta discendenza dal duce.

Arnaldo Mussolini, che sembrava manifestare reale interesse e affetto per Benito Albino, aveva provveduto all'educazione del ragazzo nel prestigioso, severo collegio dei barnabiti a Moncalieri, dove Benito Albino era un "sorvegliato speciale" che si struggeva nel desiderio di rivedere la madre e come lei scriveva inutili lettere che non superavano il filtro della censura. Alla morte di Arnaldo, fu Bernardi ad occuparsi del ragazzo, che venne trasferito in altro istituto, meno prestigioso ma altrettanto severo, in cui continuò sia il rigido controllo dei movimenti e della corrispondenza del giovane, sia la diabolica opera di convincimento del ragazzo, perché si rassegnasse ad ammettere il suo errore e rinunciasse a proclamarsi figlio del duce.

Dal collegio Benito Albino passò direttamente alla Marina, dove venne arruolato e dove la sorveglianza non fu certo inferiore. La scelta di allontanarlo non esitò in mezze misure: venne trasferito in Cina. E, in termini di isolamento, certo la Cina era la migliore scelta.

Può sembrare un destino sufficientemente amaro, quello di Benito Albino, ma il futuro che lo attendeva era ben peggiore: richiamato dalla Cina nel 1935 con la falsa notizia della morte della madre, venne arrestato al momento dello sbarco a Brindisi e internato in manicomio.

Nel 1941 fu ufficialmente dichiarato caduto in combattimento. Un'ulteriore bugia per nascondere la reale situazione di Benito Albino, che morì nel 1942 nel manicomio di Milano Mondello per ripetute iniezioni di insulina che lo fecero cadere più volte in coma: la diagnosi ufficiale fu quella di morte per deperimento fisico. La madre aveva anticipato la sua sorte morendo anche lei in manicomio, a Venezia, nel 1937, per emorragia cerebrale.

Entrambi vennero sepolti in fosse comuni, insultati anche da quest'ultimo atto, con un'orrenda forma di cancellazione della loro identità e della loro memoria.

Pochi anni dopo la morte di quel figlio rifiutato, Benito Mussolini fu, secondo la versione ufficiale, fucilato insieme a Claretta Petacci: era il 28 aprile 1945. Entrambi vennero poi appesi a testa in giù, a piazzale Loreto, ed esposti alle ingiurie e alle rappresaglie della folla.

Ma questa è un'altra storia.

È un mistero la morte di papa Giovanni Paolo I?

28 settembre 1978: Albino Luciani, patriarca di Venezia, muore improvvisamente, a soli 66 anni. Sono passati appena 32 giorni dalla sua nomina a papa Giovanni Paolo I, nome che Albino aveva scelto nel desiderio di fondere il ricordo degli ultimi due pontefici, Paolo VI e Giovanni XXIII.

L'improvvisa scomparsa scatena immediatamente una serie di illazioni, più o meno fantasiose o documentate, che contestano la versione ufficiale della Chiesa di un improvviso arresto cardiaco.

Sulla morte di papa Luciani si addensano rapidamente le nubi del mistero, continuamente riproposto e gonfiato non tanto dal comprensibile stupore e dolore dei credenti, privati di un pontefice che sembrava avere tutte le doti necessarie per guadagnarsi la stima e l'affetto del mondo cattolico, ma soprattutto dalle polemiche rabbiose che attribuiscono la morte di Luciani ad un complotto, denunciandone addirittura i mandanti. Sulla vicenda vengono addirittura pubblicati più libri, l'ultimo nel 2006.

Un mistero, dunque? Difficile capire se si tratti di un mistero, e a maggior ragione se possa definirsi risolto. Per gran parte del mondo cattolico neppure è tale, perché le cause della morte sono considerate del tutto naturali. Per chi invece sostiene le ragioni del complotto, Giovanni Paolo I sarebbe stato assassinato con la connivenza della loggia massonica P2, per evitare che rimuovesse Paul Marcinkus dalla guida dell'Istituto per le opere di religione che custodisce ed amministra i beni del Vaticano. Ma non vi è alcuna prova a conferma di questa tesi.

Viene comunque voglia di chiedersi quali siano le ragioni per un attacco così severo e determinato alla Chiesa. Un attacco che non si è ancora acquietato e del quale, secondo alcuni, papa Luciani rappresentò la più ghiotta occasione.

Chi era Albino Luciani? Il futuro papa Giovanni Paolo I era nato il 17 ottobre 1912 in un piccolo paese sulle montagne che circondano Belluno, Forno di Canale, divenuto dal 1964 Canale d'Agordo.

La famiglia Luciani era composta dal padre Giovanni, dalla madre, Bortola Tancon, e dai fratelli Edoardo, Nina e Federico, che morì un anno dopo la nascita. Giovanni, un operaio di idee dichiaratamente socialiste, già prima della nascita e durante l'infanzia di Albino trascorse lunghi periodi di lavoro all'estero, in Francia, in Germania, in Svizzera, secondo la consuetudine di molti uomini della montagna bellunese, povera di risorse e sofferente per la miseria provocata dalla prima guerra mondiale.

Di Albino, il fratello Edoardo racconta che era un ragazzo vivace, un appassionato lettore e di come, colpito dalle parole di un frate cappuccino, già a dieci anni manifestasse la sua vocazione: nel 1923 entrò infatti nel Seminario Minore di Feltre per essere ordinato sacerdote nel luglio del 1935, subito dopo il servizio militare. Dopo avere conseguito il dottorato nell'Università Gregoriana, il futuro papa iniziò il suo percorso sacerdotale come curato della parrocchia natale e, nell'autunno del 1937, divenne vicerettore del seminario di Belluno dove insegnò per una decina d'anni.

Fu vicario generale del vescovo di questa città e seguì le questioni catechistiche in occasione del congresso eucaristico tenutosi a Belluno, un'esperienza che lo stesso Luciani descrisse nel libro *Catechetica in briciole*. Il futuro papa amava infatti annotare fatti e ricordi, con la chiarezza d'espressione che gli era propria e, secondo i suoi familiari, avrebbe potuto diventare giornalista o scrittore, per la facilità e la passione con cui scriveva. Nominato dapprima vescovo di Vittorio Veneto nel 1958 da papa Giovanni XXIII, divenne nel 1969 patriarca di Venezia, per espresso desiderio della chiesa locale. È di quegli anni la raccolta di lettere indirizzate a personaggi storici o letterari *Illustrissimi*, lettere ricchissime di spunti e riflessioni che, oltre alla solida cultura cattolica,

Albino Luciani dopo l'elezione al soglio pontificio.

mettono in evidenza quel desiderio di semplicità e l'essenzialità davvero tipicamente "montanari" che ne rendono agevole la lettura.

Durante la sua permanenza a Venezia, malgrado lo stretto collegamento che, in passato, lo aveva visto collaborare con esponenti della sinistra politica, Luciani modificò nettamente le sue posizioni, tanto da dichiarare pubblicamente nel 1975 che il comunismo era incompatibile con il cristianesimo. Anche sotto il profilo teologico Albino Luciani dimostrava del resto una posizione più vicina al conservatorismo che al riformismo, fatta eccezione per la ferma intolleranza verso ogni eccesso di lusso, manifestata con reiterati inviti alla Chiesa per il ritorno alla povertà, quali quello ai parroci perché vendessero le ricchezze della propria chiesa a beneficio dei poveri o la proposta che le chiese occidentali sostenessero con l'1% delle loro rendite le chiese del Terzo Mondo, ben più povere di risorse.

Alla morte di papa Paolo VI, nell'agosto del 1978, Albino Luciani fu eletto papa al primo giorno di conclave e dopo soli tre scrutini: appariva un papa dalle origini modeste, dall'atteggiamento improntato alla cordialità e al buon senso della gente delle sue montagne, poco noto all'estero, poco coinvolto nei giochi politici dell'*establishment* ecclesiastico. Come qualcuno disse, Albino era «il candidato di Dio». La sua morte improvvisa e le polemiche ad essa connesse hanno finito per mettere in evidenza soprattutto questa immagine, un po' ingenua ed illusoria, di papa nemico di ogni possibile legame della Chiesa con il potere temporale, fermo nell'indirizzo di un ritorno all'essenza evangelica della fede. Come se l'enorme e complessa struttura ecclesiastica che da duemila anni continua il proprio processo di consolidamento potesse sottrarsi a tutte le leggi economico-organizzative.

In realtà, Albino Luciani aveva dimostrato, nella sua già lunga attività, di essere uomo dalle concrete capacità di gestione e di relazione. Ma è impossibile oggi immaginare quali sarebbero state le sue strategie di governo della Chiesa.

Fin dall'inizio vi fu comunque qualche critica nei confronti di Luciani, ad esempio da parte del cardinal Siri, uno dei papabili (termine più che centrato in questo caso) della nomina del 1978: che la forte emotività di Albino lo rendesse incapace di reggere pesanti pressioni. È indubbio che il cardinale genovese potesse invece vantare un carattere di ferro, oltre ad una già palesata capacità di gestione direttiva, della quale era criticata non l'efficacia ma l'eccessivo metodo accentratore. Sulla mancata nomina di Giuseppe Siri a papa circolano per di più notizie relative ad un altro mistero, non attinente alle cronache veneziane e che citiamo quindi solo per evidenziare quanto la nomina al soglio di Pietro possa essere fonte di enigmatiche ed occulte controversie. A voler dare credito alle dichiarazioni di alcuni prelati, a più articoli di conferma sulla stampa, nonché alle notizie riportate sul libro *Keys of This Blood* di Malachi Martin, già nel 1958, alla morte di Pio XII, Giuseppe Siri sarebbe stato eletto regolarmente papa dal conclave e avrebbe scelto il nome di Gregorio XVII. Il fumo bianco che annuncia la scelta del nuovo papa si sarebbe alzato per pochi minuti dal camino della Cappella Sistina, per trasformarsi poi in una fumata nera. La stessa radio vaticana avrebbe dato l'annuncio dell'avvenuta scelta del nuovo papa. Nello stesso momento sarebbe stata diffusa la notizia della nomina e dell'accettazione da parte di Siri, notizia riportata, con un ampio corredo informativo, anche in un dossier dell'FBI (Federal Bureau of Investigation), tenuto a lungo segreto, che documentava come Siri fosse stato obbligato a rinunciare alla carica.

L'attenzione dell'Intelligence americana ai fatti del Vaticano non stupisce, nella logica dei rapporti di quegli anni tra Stati Uniti e Unione Sovietica: la nomina di Siri, infatti, non era osteggiata solo dai cardinali che ne temevano il conservatorismo e l'atteggiamento accentratore, ma soprattutto dai sovietici. Vi erano quindi sia il timore dei cattolici di ritorsioni sulle Chiese dell'Est da parte dei regimi filo-sovietici, sia il desiderio di compiacere gli Stati Uniti, evitando tensioni che disturbassero il delicato rapporto tra le superpotenze mondiali che proprio in quegli anni si sarebbe aperto al disgelo.

La storia dimostra insomma che nella nomina di un papa giocano anche – se non soprattutto – opportunità politiche, al di là delle spinte per questo o quel candidato da parte delle varie correnti interne al Vaticano, di riformatori o conservatori.

Anche l'elezione di papa Luciani viene spiegata come soluzione di compromesso tra opposti schieramenti: come sostengono alcuni, si scelse un papa docile, facilmente influenzabile. Un giudizio che, sommato ai molti voti dei cardinali che riconoscevano a papa Luciani soprattutto impegno e moralità, produsse una facile nomina, che pure non era certo scontata. Comunque un papa di transizione.

Papa per soli trentadue giorni. Giorni nei quali oggi sembra difficile individuare l'avvio di una strategia da parte di papa Luciani che non sia, come già detto, legata alla P2 e allo IOR. Perché solamente di questo si parla nelle innumerevoli pagine scritte sulla morte di papa Luciani.

E vediamo allora meglio quali sono le ragioni portate da chi sostiene la causa del complotto.

La massoneria, organizzazione dai molti segreti e dall'apparenza sostanzialmente lobbystica, che tanto peso ha nella storia di ieri e di oggi, è sempre stata assimilata, nell'immaginario collettivo, a posizioni anticlericali. E da parte della Chiesa vi sono state più espressioni di condanna e denunce di incompatibilità, il che potrebbe far sorridere quando si leggano gli elenchi dei massoni italiani, nei quali spiccano elementi dichiaratamente vicini alla Chiesa.

La Loggia P2, in particolare, acquisì visibilità in Italia tra il Settanta e l'Ottanta, e in questo breve arco di tempo riuscì ad essere al centro dei maggiori scandali. Si trattava di una loggia "coperta", cioè segreta, creata con il fine del proselitismo (P2 significa infatti "Propaganda Due"). Ne era a capo Licio Gelli e, tra gli affiliati, si scoprirono i nomi di esponenti politici di primo piano, nonché di militari, appartenenti alle istituzioni, ai media e alle maggiori imprese: nomi di tale peso da creare apprensione e scandalo, adeguatamente sostenuti da una tempesta mediatica di notevole entità, anche per la contemporanea scoperta del Piano di rinascita democratica della P2, un articolato programma di assorbimento di posti chiave e di azioni politiche, economiche, legislative e di governo.

La stessa massoneria, che certamente non tiene ad essere al centro della cronaca, si diede da fare per prendere le distanze dalla P2, fino a sconfessarla. La legge n. 17 del 25 gennaio 1982 sancì poi le norme in materia di associazioni segrete e lo scioglimento della Loggia P2.

La Commissione parlamentare d'inchiesta nominata sotto la guida di Tina Anselmi formulò l'ipotesi che la lista reperita a seguito di una perquisizione in casa Gelli, con i 953 piduisti che avevano sollevato lo scandalo, fosse in realtà incompleta. Al tempo stesso, molti dei personaggi apparsi nella lista sconfessarono la loro appartenenza alla P2.

La prima accusa portata dai sostenitori del complotto riguarda proprio la lista della P2 nella quale papa Luciani avrebbe trovato i nomi di prelati e figure che rivestivano importanti posizioni nell'ambito della Chiesa e dello IOR, l'Istituto per le Opere Religiose fondato inizialmente nel 1887 da Leone XIII e trasformato nel 1942 da Pio XII per provvedere «alla custodia e all'amministrazione dei beni mobili e immobili trasferiti o affidati allo IOR medesimo da persone fisiche o giuridiche e destinati a opere di religione e carità»: una vera e propria banca con sede nella Città del Vaticano, con attività finanziarie imponenti e ramificazioni in vari settori. Nel 1978, all'atto dell'elezione di papa Luciani, a capo dello IOR vi era Paul Marcinkus che, dal 1971, vi sarebbe rimasto fino al 1989.

Papa Luciani avrebbe mostrato molta fermezza nel confermare l'incompatibilità tra massoneria e Chiesa. Tra i nomi coinvolti nella lista della P2 figuravano anche Roberto Calvi e Michele Sindona, entrambi protagonisti del crack del Banco Ambrosiano del quale lo IOR era il principale azionista. La vicenda dell'Ambrosiano – in seguito accusato di riciclaggio di denaro della mafia in connessione con la loggia massonica P2 – conserva molti lati oscuri. Ma certamente ebbero stretti rapporti di collaborazione con Marcinkus sia Calvi che Sindona, entrambi destinati a morire con i loro segreti nel giro di pochi anni: Roberto Calvi, già presidente del Banco Ambrosiano, sarebbe stato trovato impiccato nel 1982 a Londra (e la sua fine è un ulteriore mistero irrisolto nel quale non ci addentriamo). Michele Sindona, banchiere anch'egli, aveva acquisito notorietà e potere nel giro di pochi anni, secondo alcuni grazie alla sua capacità di annodare e tenere le fila dei quattro maggiori poteri della scena italiana: la politica attraverso esponenti del maggiore partito, la DC; il Vaticano attraverso lo IOR, la massoneria e la mafia. Sono proprio le indagini su Sindona a portare allo scoperto la Loggia P2. Sindona verrà

I GRANDI MISTERI DI OGGI

«La Repubblica» del 21 maggio 1981 dà notizia dell'arresto di Roberto Calvi.

poi condannato per bancarotta fraudolenta e come mandante per il delitto del liquidatore delle sue banche, Giorgio Ambrosoli. Morirà nel 1986 avvelenato da un caffè al cianuro nel supercarcere di Voghera. Suicidio, si disse. O delitto. Comunque un altro mistero.

Lo IOR, coinvolto nel fallimento del Banco Ambrosiano, non ammise mai la propria responsabilità, salvo quella morale, con la corresponsione di oltre 240 milioni di dollari ai creditori. Anche Marcinkus fu incriminato nel 1982 per il crack dell'Ambrosiano, ma mai processato in quanto immune ai procedimenti penali come cittadino e impiegato del Vaticano, secondo quanto sancito nei Patti Lateranensi.

Una situazione contorta, fumosa, un groviglio di misteri irrisolti che, pur essendo avvenuti a qualche anno di distanza dalla morte di papa Luciani, affondano nel passato le loro radici e che, gettando ombre anche sulle attività del Vaticano, finiscono per lasciare aperta la porta alle peggiori illazioni.

Su questi fatti, semplificati al massimo, si innestarono le vicende raccontate sulla morte di papa Luciani: raccontate da chi seguì le sue ultime ore e da quanti difendono la tesi di una morte per cause naturali, ma anche e soprattutto da parte degli autori che, in una lunga serie di volumi, sostennero la tesi del complotto, primo fra tutti quello di David A. Yallop, un noto scrittore d'inchiesta inglese.

Leggere il volume *In nome di Dio. La morte di papa Luciani* è inquietante. Il taglio è più vicino alla cronaca che alla vicenda romanzata, i riferimenti precisi e circostanziati. Quanto racconta Yallop appare quindi tanto sconcertante quanto plausibile. Le lobby del potere, del resto, c'erano e ci sono, e probabilmente ancora ci saranno. Nel libro sono indicati i mandanti, ma non l'esecutore materiale dell'omicidio: la morte di Luciani sarebbe avvenuta per avvelenamento, probabilmente attraverso la somministrazione di un farmaco ad azione cardiaca, voluta da soggetti legati alla Loggia P2, la cosiddetta "massoneria deviata". Ma la tesi esposta è supportata solo da dati indiziari.

La decisione sarebbe stata presa per più motivi. Innanzitutto il timore che papa Luciani prendesse rapidamente provvedimenti nei confronti di ecclesiastici iscritti alla massoneria, i cui nomi sarebbero arrivati nella mani di Albino Luciani, secondo la tesi del complotto, attraverso Mino Pecorelli, direttore del discusso periodico «OP Osservatore Politico internazionale», che infatti pubblicò un elenco di iscritti nel quale figuravano anche personaggi molto vicini al papato. Per inciso, Mino Pecorelli, le cui attività si dice fossero guidate da uno stretto rapporto con corpi dello Stato, venne freddato a colpi di pistola nel marzo del 1979. Il nome dei mandanti e degli esecutori, dopo quasi vent'anni di indagini e processi, di supposti legami e intrecci tra mafia, Loggia P2 e uomini politici, è tuttora ignoto. Dopo un'alternanza di assoluzioni e condanne, la Corte di Cassazione assolse infatti gli imputati, tra i quali figuravano l'ex presidente del Consiglio Giulio Andreotti e il boss mafioso Gaetano Badalamenti.

La seconda importante ragione addotta dai sostenitori della tesi del complotto è, come si è detto, legata allo IOR e ai timori che papa Luciani, nella sua dichiarata volontà di moralizzazione, sollevasse dall'incarico Marcinkus, delle cui attività abbiamo già parlato.

Un terzo tema sollevato da Yallop e da chi ne sostiene la tesi è relativo ai timori degli ambienti più conservatori del Vaticano per possibili aperture da parte di papa Luciani sul tema del controllo delle nascite.

Sempre secondo questa tesi, i mandanti sarebbero stati quindi Calvi e Sindona, con l'appoggio di Marcinkus e di John Patrichk Cody (della sede di Chicago) e la collaborazione del cardinale camerlengo Jean Villot.

Viene messa in evidenza dagli autori anche l'effettiva cattiva gestione della comunicazione da parte del Vaticano. Vi furono infatti contraddizioni ed errori, plausibili, visto che lo sconcerto fu certamente enorme, ma strumentalizzabili da quanti cercano di circostanziare un complotto: l'ora della morte, dapprima indicata nelle ventitré e successivamente spostata alle quattro; come fu scoperta la morte del papa, forse dalla suora che l'assisteva, forse dal suo segretario personale John Magee; i documenti, o libri o appunti che il papa avrebbe avuto in mano, mai ritrovati, così come un flacone di medicinali ed altri oggetti personali; le voci di un'autopsia dapprima rifiutata, ma forse effettuata; la stessa causa della morte e le notizie su malori che il papa avrebbe lamentato la sera stessa, incomprensibilmente sottovalutati, fornite da un altro segretario particolare, don Lorenzi, e dallo stesso John Magee, con testimonianze non perfettamente coincidenti.

D'altra parte, la notizia emersa successivamente di un precedente embolo che il papa avrebbe avuto al rientro da un viaggio in Brasile favorisce la possibilità di un secondo episodio mortale. E gli errori, le contraddizioni tra chi quella sera o quella notte si trovò di fronte al corpo esanime di Albino Luciani possono derivare da molte cause, non solamente da tentativi maldestri di coprire un complotto.

È molto difficile, oggi, avere la certezza assoluta che la morte di papa Luciani sia avvenuta per cause naturali. Ma è molto forte la sensazione che la sua morte sia stata in qualche modo strumentalizzata, quasi come una sorta di cassa di risonanza, per denunciare un complesso di vergogne che investivano principalmente il Paese, ma anche la Chiesa. Se questo coinvolgimento della Chiesa fosse voluto o solo dovuto ad un misto di ingenuità e metodo di governo, non è facile capirlo. Certamente quei fatti portarono a qualche significativo cambiamento.

Nel cercare di comprendere e riassumere la vicenda, il mistero della morte del papa finisce per mescolarsi ad altre molto più oscure e temibili trame, sulle quali è certamente impossibile, ora, fare luce. Troppo forti e ramificate sono ancora nel nostro Paese le presenze di quegli stessi soggetti che nel non lontano 1978 gestivano, ufficialmente o sottobanco, le strategie italiane, con l'aiuto di una comunicazione mediatica sempre più distorta e corrotta. La storia, forse, farà luce su questi misteri.

Di Albino Luciani rimane il ricordo di un messaggio di umiltà, di carità, di moralizzazione. E, sulle alture delle montagne feltrine, rimane il bel Centro di Spiritualità e Cultura Papa Luciani, sorto nel 1982 per ricordare il papa bellunese "del sorriso" e ospitare attività culturali e soggiorni di riflessione per bambini, ragazzi e adulti, laici e sacerdoti. Nel sito Internet del centro (www.papaluciani.it) sono riportate molte notizie sulla vita del papa, nonché sul processo di beatificazione di Giovanni Paolo I, attualmente in corso.

Le ceneri della Fenice

Era la sera del 29 gennaio 1996, poco prima delle 21 ora italiana, e a New York si stavano ultimando i preparativi per il grande ballo in maschera nella sala Arcobaleno, al sessantacinquesimo piano del Rockefeller Center, organizzato da Save Venice per l'annuale raccolta di fondi, quando a Venezia furono avvistati i primi bagliori emergere da una fitta ed improvvisa foschia che in realtà era un denso fumo che avvolgeva le case intorno al teatro La Fenice.

Il ballo in maschera a New York prevedeva la partecipazione di un'ospite d'onore eccezionale, la signora Donatella Dini, moglie del presidente del Consiglio italiano, ed era destinato a finanziare il grande progetto di restauro di Santa Maria dei Miracoli, ma assunse immediatamente i contorni di una veglia funebre al capezzale di una Venezia colpita a morte nel suo cuore.

Il Gran Teatro La Fenice era il più bel teatro d'opera del mondo; aveva, nella sua storia, commissionato e presentato per la prima volta opere come *La traviata* e *Rigoletto* di Verdi, *La carriera di un libertino* di Igor Stravinskij, *Il giro di vite* di Benjamin Britten e decine di altre.

La sontuosa chiarezza dell'acustica e la sua leggendaria bellezza erano state trasformate in un enorme mucchio di materiale combustibile.

Il massiccio involucro esterno di pietra d'Istria e mattoni non salvò la sua struttura interna, tutta di legno: travi, pavimenti, muri ed intercapedini, riccamente abbelliti da intagli lignei, stucchi scolpiti, decori a cartapesta ricoperti da strati di lacca, vernici, dorature, nonché stoffe, drappi e tendaggi, compreso il bel sipario appena fatto restaurare dal Save Venice per la considerevole somma di centomila dollari, tutto era ridotto ad un cumulo di cenere e carboni.

A questo si aggiunga tutto il materiale necessario al restauro in corso: solventi, vernici, fasciame di legno, materiale elettrico, fusti di gas propano utilizzati per saldare.

I GRANDI MISTERI DI OGGI

> **VENEZIA** *Gravissima perdita per il patrimonio culturale del Paese*
>
> # Distrutto dalle fiamme il teatro «La Fenice»
>
> VENEZIA, 30.
>
> «La Fenice» di Venezia, uno dei teatri lirici più famosi del mondo, è stato quasi completamente distrutto ieri sera da un incendio, di cui non si conosce ancora l'origine. Il danno per il Paese, e per il patrimonio culturale mondiale, è gravissimo.
>
> L'allarme è stato dato poco dopo le 21 da una pattuglia della polizia che in motoscafo, passando accanto al teatro, si è accorta del fumo che usciva dallo stabile. Sul posto sono accorsi immediatamente i vigili del fuoco ma la situazione è apparsa subito gravissima. Le fiamme hanno continuato a levarsi sempre più alte, tra boati e crolli, fino al cedimento del tetto del teatro settecentesco.
>
> Davanti ad uno scenario apocalittico si sono susseguite scene di commozione, disperazione e panico tra le migliaia di veneziani accorsi al «capezzale» del loro teatro. Il rogo, che ricorda quello del Petruzzelli di Bari, ha costretto allo sgombero forzato delle case adiacenti e di un albergo, alla sospensione dell'erogazione del gas e della corrente elettrica, mentre le calli circostanti sono state transennate. Sopra il teatro volteggiava un elicottero dei pompieri gettando acqua mista a schiumogeno per circoscrivere l'incendio, che solo verso la mezzanotte ha cominciato ad essere in parte controllato. L'edificio era chiuso dallo scorso agosto per alcuni lavori che avrebbero dovuto consentire la messa a norma di tutti gli impianti. Tra questi anche quello antincendio, il cui adeguamento rappresenta ancora un problema per molti edifici veneziani, come ha ricordato il magistrato di turno accorso sul posto, il Pm Felice Casson.
>
> Questa mattina la visione d'insieme del teatro andato in fiamme era allucinante. I vigili del fuoco hanno continuato a muoversi con cautela gettando acqua dall'esterno dell'edificio, entrare, a causa dei crolli che sono avvenuti e che si susseguono, sarebbe troppo pericoloso.
>
> A Venezia, città d'acqua per eccellenza, è già polemica persino per la carenza dell'acqua necessaria ad affrontare le fiamme. Due rii attigui alla Fenice, infatti, erano chiusi per il lavoro di scavo e pulizia da tempo programmato e la fortuna ha voluto che un terzo rio, quello chiamato «della Veste», fosse stato riaperto e vi scorresse acqua in abbondanza. Comunque si è dovuto attingere al Canal Grande con un sistema di motopompe ancora stamane in funzione.
>
> Sulle cause nessuno si azzarda ancora a fare affermazioni: qualcuno accenna alla possibilità di un cortocircuito ma l'inchiesta avviata da Casson guarderà soprattutto ai lavori in corso all'interno del teatro. Al momento si cerca di verificare con precisione i danni: la facciata è rimasta in piedi, apparentemente intatta, così come i muri perimetrali; dove c'erano i palchi e la platea c'è un ammasso di macerie. Anche il palcoscenico con tutte le attrezzature è andato totalmente distrutto. Le fiamme pare abbiano risparmiato solo alcuni uffici sul retro dell'edificio ed alcuni laboratori scenografici. In città si sente ancora l'odore del fumo e in una vasta zona si sono sparse polveri e ceneri. Secondo il comandante dei vigili del fuoco ci vorranno giorni per spegnere definitivamente tutti i focolai e sarà poi necessario puntellare tutti i muri rimasti in piedi per evitare ulteriori crolli. Sarà fatta anche una ricognizione dall'alto.
>
> Sono due, per ora, i nuclei familiari ufficialmente sfollati a causa dell'incendio, che ha lambito i palazzi adiacenti. Quattro persone che sono state ospitate in due pensioni a spese del Comune. Ieri sera, tuttavia, erano state cinque le famiglie che si erano rivolte al municipio dopo aver lasciato i loro alloggi per motivi precauzionali. Altri veneziani avevano preferito attendere di fronte alle loro case i controlli compiuti dai pompieri.
>
> Nelle operazioni di spegnimento ieri notte è rimasto leggermente ferito un vigile del fuoco di Mestre, colpito da calcinacci. L'uomo, che ha continuato comunque a lavorare, è stato portato stamane al pronto soccorso.
>
> Intanto la vicepresidente de «La Fenice», Vanzan Marchini, ha annunciato che i dipendenti del teatro partiranno ugualmente per la tournée a Varsavia, il 31 gennaio prossimo, come previsto. Inaugurato oltre 200 anni fa, il 16 maggio 1792, La Fenice, come vuole il suo nome, era già risorto da un successivo incendio nel 1836.
>
> Il governo, attraverso il ministero dei beni culturali, metterà immediatamente a disposizione 20 miliardi per i lavori di più immediata urgenza.

Il titolo dell'«Osservatore Romano» del 30 gennaio 1996 relativo all'incendio che ha distrutto il teatro lirico La Fenice.

La Fenice era chiusa da cinque mesi per lavori di ristrutturazione, e avrebbe dovuto riaprire il mese di febbraio, completamente risistemata!

Da mesi il canale lungo la facciata posteriore del teatro era chiuso e svuotato perché si stavano svolgendo, dopo quarant'anni dall'ultimo intervento, lavori di dragaggio e riparazione delle pareti del rio, secondo il piano elaborato dall'amministrazione comunale.

Il canale in secca rendeva impossibile alle imbarcazioni dei Vigili del Fuoco raggiungere il Teatro La Fenice e, peggio, li avrebbe privati della più vicina e naturale fonte d'acqua. Infatti va ricordato che ancora oggi i Vigili del Fuoco di Venezia non dispongono di un sistema di idranti e per estinguere gli incendi dipendono dall'acqua pompata direttamente dai canali.

Un disastro annunciato o semplicemente una tragica serie di sfortunate coincidenze?

La gravità della situazione si evidenziò quando, dopo il primo allarme, due imbarcazioni dei Vigili del Fuoco riuscirono a raggiungere il canale più vicino al rogo della Fenice... ma i tubi non erano lunghi a sufficienza per aggirare gli edifici tra il canale ed il teatro, e così furono costretti a passare attraverso la cucina e le sale del ristorante Antico Martini, in campo San Fantin; ma la pressione non era sufficiente, e così il fuoco continuò a propagarsi, intensificandosi. Solo dopo un'ora arrivò la grande lancia dei Vigili con una più potente attrezzatura che avrebbe permesso di pompare acqua attraverso i duecento metri che separano il Canal Grande dalla Fenice.

Giunti in campo Santa Maria del Giglio, i vigili misero insieme varie sezioni di tubo, anche se di misure diverse, e nonostante la non perfetta tenuta, passando attraverso i tetti, raggiunsero La Fenice ed iniziarono a dirigere il getto d'acqua in parte sul teatro, per contenere le dimensioni dell'incendio, in parte sugli edifici adiacenti, anch'essi in serio pericolo: il comandante dei Vigili del Fuoco era infatti arrivato alla grave determinazione che per La Fenice non ci fosse più nulla da fare, e che bisognava pensare a salvare la città.

Sotto gli occhi sbigottiti e disperati di migliaia di veneziani che guardavano dai tetti, di centinaia che erano accorsi in campo San Fantin, tra cui il Consiglio comunale al gran completo, venuto da Ca' Farsetti dove era riunito in seduta speciale, e milioni di italiani che seguivano in diretta sugli schermi televisivi il rogo, in meno di due ore il grande Teatro La Fenice era irrimediabilmente perso: si susseguivano schianti assordanti provocati dal crollo dell'enorme lampadario di cristallo, dai vari piani ed ordini dei palchi che si accartocciavano uno sull'altro, dal crollo a più riprese dei tetti, con l'eruzione di detriti incandescenti e di tizzoni accesi a decine di metri d'altezza, tra nuvole di fumo e vapore.

Intanto nelle conversazioni dei primi capannelli di gente, nei bar, per le calli, nei campi ricorrevano alcune parole fisse: Bari, Petruzzelli... altri aggiungevano: autobombe, Roma, Firenze, Uffizi, Milano, Palermo, Falcone, Mestre, processo antimafia; tutti riferimenti apparentemente slegati ma uniti, invece, da un unico sottile filo rosso. MAFIA! C'erano state infatti in quegli anni importanti prese di posizione del governo italiano ed anche delle massime cariche del Vaticano contro le attività mafiose... ecco perché il rogo della Fenice poteva essere visto come un possibile evento mafioso!

Quando, alle tre del mattino, il fuoco fu dichiarato sotto controllo, si potevano tirare le prime somme: nessun ferito grave, nessun incendio collaterale; la città non era stata toccata, salvata dalle robuste mura perimetrali del teatro che aveva contenuto il rogo ma che aveva totalmente distrutto se stesso: qualcuno parlò di... suicidio della Fenice!

Il giorno dopo il «Gazzettino» presentava in prima pagina una grande fotografia aerea della città: al centro un enorme, impressionante, scuro cratere ancora fumante come un vulcano dopo l'eruzione.

Seguivano le informazioni che si accavallavano ad indiscrezioni, supposizioni che spesso portavano a cogliere coincidenze sospette, domande, quesiti, dubbi, illazioni...

Perché due giorni prima dell'incendio erano stati disattivati i rivelatori di fumo e di calore? Qualcuno dice che il continuo scattare degli allarmi infastidisse gli operai. Perché il vecchio impianto di spegnimento fisso era stato smantellato prima che fosse attivato quello nuovo? Si venne a sapere che già due settimane prima c'era stato un inizio di incendio, sembra di natura dolosa, di cui però non era trapelato nulla.

Perché il canale che circonda il Teatro La Fenice era completamente a secco nonostante i ripetuti solleciti da parte del prefetto che invitava il sindaco a trovare fonti di approvvigionamento idrico alternative?

Molti concordavano nel considerare caotico, negligente, trascurato il cantiere dei lavori: porte di sicurezza mai chiuse correttamente quando, addirittura, non erano lasciate completamente aperte. Libero accesso incontrollato a chiunque volesse entrare (troppe copie delle chiavi del portone)... e poi il bar del teatro che, nonostante fosse ufficialmente chiuso durante i lavori di restauro, funzionava comunque come mensa per gli operai, con utilizzo di macchine per il caffè e di piastra elettrica per cucinare, che venivano spostate man mano che i lavori proseguivano.

Si parlò con sospetto degli operai che l'ultimo pomeriggio avevano usato il fornello per i loro pasti, e così pure degli stuccatori che quella notte avevano lasciato accese potenti lampade al quarzo per favorire l'asciugatura di alcuni ritocchi fatti.

Il PM Felice Casson nominò immediatamente una commissione di quattro esperti.

Il giorno dopo l'incendio, durante un'animata assemblea pubblica, il sindaco Massimo Cacciari ripropose deciso lo slogan «Com'era, dov'era», lo stesso che aveva portato alla ricostruzione del campanile di San Marco crollato nel 1902.

Ma molti si ponevano già la domanda: com'era quando? Nel 1792, quando nacque la prima Fenice di Giannantonio Selva? Oppure, come era quella del 1808, sempre dello stesso Selva, che ridisegnò gli interni prevedendo un palco imperiale per Napoleone? O quella del 1837, dopo il primo incendio, ricostruita dai fratelli Modena con nuovi progetti perché quelli originali del Selva non si trovavano più? O ancora quella del 1854 o quella del 1937?

Dopo alcuni giorni la commissione di esperti incaricati di indagare sull'incendio consegnò il rapporto preliminare al procuratore capo affermando che non si trattava di incendio doloso ma accidentale, e che si era stimato che il fuoco avesse covato almeno due o tre ore prima che si levassero fiamme evidenti: infatti l'ultima persona aveva lasciato il teatro verso le 19,30 e l'incendio si era manifestato dopo oltre un'ora; inoltre tutti i testimoni presenti sul posto affermarono di aver sentito odore di bruciato già alle 18.

Queste circostanze, unitamente allo stato delle travi al terzo piano, completamente bruciate, e al fatto che nel ridotto fossero ammassati vari fusti contenenti resina per pavimenti, alcuni dei quali lasciati aperti e per la cui combustione sarebbe bastata una scintilla, un piccolo corto circuito, o anche solo il calore di un cavo sovraccarico, portarono il PM Casson a stilare un elenco di responsabili per le condizioni di caos e l'inosservanza delle minime norme di sicurezza ritenute, entrambe, causa inevitabile di un incendio accidentale.

Il primo della lista degli indagati per negligenza colposa era, inevitabilmente, il sindaco Cacciari, nella sua veste di presidente della Fenice e primo responsabile per la sicurezza; a seguire il sovrintendente del teatro, il segretario generale, il responsabile dell'Ufficio Economale, il portiere e l'ingegnere del Comune di Venezia responsabile dei lavori di ristrutturazione.

La commissione d'inchiesta voluta dal PM Casson ebbe sessanta giorni per completare le analisi tecniche delle prove e per presentare una relazione finale che confermasse o correggesse i risultati dell'indagine preliminare, e dovette anche rispondere a undici interrogativi: l'ora ed il luogo dell'incendio, l'origine dolosa o la negligenza, le condizioni del teatro prima del fatto, il grado di efficienza dei sistemi di prevenzione, la situazione dei canali intorno all'edificio, le condizioni dei rivelatori di fumo, l'analisi delle ceneri del ridotto, la descrizione dell'impianto elettrico, la stima dei danni e l'identificazione dei responsabili per ogni situazione pericolosa.

Due settimane dopo, mentre per le calli apparivano i primi costumi per

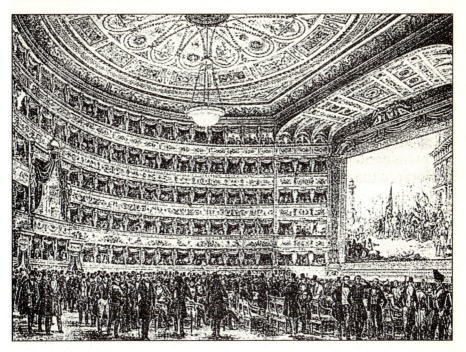

Interno del teatro La Fenice in un'incisione ottocentesca.

celebrare ancora una volta il carnevale, nel laboratorio artigiano di maschere più rinomato di Venezia, il Mondo Nuovo di Guerrino Lovato, si stavano già studiando i disegni, le riproduzioni dei fregi e dei decori della Fenice che in futuro sarebbero stati utilizzati per la ricostruzione.

Alla fine di febbraio le cose riprendevano il loro naturale ritmo: Felice Casson aveva fatto cadere le accuse contro Woody Allen che si era introdotto, senza permesso, a visitare le macerie del teatro i cui restauri, in verità, avrebbe dovuto inaugurare lui e la sua jazz band con un concerto speciale.

L'orchestra stabile della Fenice aveva dato il suo primo concerto nella basilica di San Marco, la stagione degli spettacoli era stata salvata con la costruzione del Palafenice, sull'isola del Tronchetto, e il sindaco Cacciari aveva indetto la gara d'appalto per assegnare i lavori di rifacimento del teatro.

A giugno i periti che investigavano sul rogo e che, a febbraio, avevano escluso con «quasi matematica certezza» l'origine dolosa dell'incendio, ora affermavano il contrario, scagionando così i negligenti colposi (sindaco, sovrintendente, segretario generale).

Per questo motivo Casson si mosse nella direzione del dolo per dare un volto al colpevole o ai colpevoli; per prima cosa si indirizzò verso l'ambiente mafioso, soprattutto dopo un colloquio con il magistrato di Bari che gli aveva fatto notare pesanti analogie con l'incendio del teatro Petruzzelli del 1991, analogie supportate dallo stretto collegamento tra il capoclan Antonio Capriati, mandante del rogo del Petruzzelli, ed il capo della mafia del Brenta, Felice Maniero.

A queste considerazioni si aggiunsero i test di laboratorio ed i successivi approfondimenti di indagine: le tavole di legno e le travi avrebbero preso fuoco solo se qualcuno avesse versato liquido infiammabile, ed i resti anneriti rivelavano tracce di solventi altamente infiammabili. I nuovi dati escludevano il periodo di incubazione dell'incendio ed ipotizzavano un fuoco veloce ed immediato, spostando così l'orario di alcune ore: non più alle 6 di sera, ma dopo le 8.

E le testimonianze degli otto testimoni, concordi nell'aver sentito puzza di bruciato fuori dalla Fenice, alle 18?, direte voi: gli esperti pensarono che potesse venire da un forno o da una cucina di qualche ristorante!

Il PM, alla luce di queste considerazioni, cominciò a rivedere le dichiarazioni delle venticinque persone che il 29 gennaio lavoravano al restauro della Fenice e la posizione di due gruppi di giovani che erano stati visti correre ridendo, ed urlando *«Scapemo scapemo»*, verso campo San Fantin poco prima dello scoppio dell'incendio.

Gilberto Paggiaro, il custode, aveva preso servizio alle 16 e dalla sua portineria aveva visto la maggior parte delle persone presenti a teatro andarsene tra le 17 e le 17,30; mezz'ora dopo altre tre uscirono (uno scenografo, un addetto stampa, la signora del bar).

Alle 18,30 l'elettricista interno, dieci minuti dopo il dirigente dell'impresa dei lavori, seguito da un caposquadra, alle 19,30 il carpentiere del teatro insieme ad altri quattro dipendenti.

Alle 20 restavano nel teatro ancora nove persone: il custode, il fotografo della Fenice Giuseppe Bonannini, sette giovani elettricisti della Viet che stavano facendo straordinari perché erano in ritardo con il lavoro.

Enrico Carella, titolare della Viet, raccontò di aver lasciato il teatro alle 20,30 con il cugino, suo dipendente, Massimiliano Marchetti; cinque minuti dopo se ne andarono altri tre elettricisti (uno dei quali disse che forse potevano essere loro i tre giovani visti correre schiamazzando), un altro se ne andò alcuni minuti dopo salutando il collega Roberto Visentin, che si era fermato a spegnere tutte le luci. Ma quando questi uscì, non trovando il custode, gli lasciò scritto di avere completato lo spegnimento; il foglietto fu ritrovato dopo l'incendio, ma il Visentin restò l'unico che non fu visto uscire.

Nel teatro erano rimasti solo il custode Paggiaro e il fotografo Bonannini: il primo cominciò la sua ispezione e tutto sembrava in ordine ma, mentre concludeva il giro, avvertì puzza di fumo, istintivamente aprì una finestra e sentì una donna che dalla calle urlava: «Aiuto, il teatro va a fuoco!». Immediatamente Paggiaro corse da Bonannini che lo aspettava nel suo studio al terzo piano, e insieme raggiunsero il secondo ordine di palchi dove il custode aveva sentito odore di fumo: all'altezza del palco reale videro, verso le sale apollinee, una cortina densa e nera salire dalle scale che portavano al ridotto e riflessi di fiamme sulle pareti.

Quando riuscirono a raggiungere un telefono e a chiamare i pompieri, si sentirono rispondere che erano già stati informati e di affrettarsi a scendere per aprire la porta principale. I due uscirono da una porta al piano terreno e alle 21,21 Paggiaro si presentò come custode del teatro al primo vigile che incontrò e che da venti minuti picchiava alla porta d'ingresso sperando che qualcuno aprisse.

Paggiaro non convinse Casson della sua completa estraneità al fatto, e quindi non fu cancellato dall'elenco delle "persone negligenti".

Bonannini invece fu subito scagionato, mentre il primo ad essere fortemente sospettato fu l'elettricista Visentin, quello che nessuno aveva visto uscire, ma in un secondo tempo, poiché la sua versione non era in contrasto con altri e non aveva moventi plausibili, fu cancellato dall'elenco degli indiziati.

Le attenzioni degli inquirenti si concentrarono su Enrico Carella, titolare della Viet, e su Massimiliano Marchetti i quali, sedici mesi dopo il rogo, in seguito a minuziose indagini, interrogatori, pedinamenti, microspie, controlli telefonici, videoregistrazioni segrete, apparvero in manette, il 22 maggio 1997, su tutti i telegiornali mentre venivano portati in carcere accusati di aver dato fuoco alla Fenice. Lo avrebbero fatto per evitare di pagare una forte penale per il ritardo nella consegna dell'impianto elettrico: una cifra intorno ai 120 milioni di lire, che si aggiungeva ad altri 150 milioni di debiti precedenti e che poteva averli spinti a provocare un piccolo incendio per assicurarsi una sospensione dei lavori e una dilazione dei tempi. Piccolo incendio che evidentemente non erano riusciti a controllare.

Il PM Felice Casson li incriminò per incendio doloso e tentata strage, preparandosi in tal modo due possibili piste di indagine: quella del "piccolo incendio" per evitare la penale e quella della "distruzione totale" per cui i due incriminati sarebbero stati pagati per radere al suolo il teatro. E ancora, non escludeva completamente l'elenco dei quattordici citati per negligenza colposa, in quanto anche se l'incendio poteva essere di origine dolosa, i "negligenti" avevano creato le condizioni che avevano impedito lo spegnimento.

Il PM annunciò anche che contemporaneamente continuava le indagini su altri tre sospettati, a piede libero: Renato Carella, padre di Enrico e creatore della Viet che aveva ottenuto il subappalto per l'impianto elettrico dalla ditta Argenti di Roma, e due esponenti della malavita siciliana che manovravano imprese che sicuramente avrebbero ottenuto ingenti guadagni dalla ricostruzione del teatro.

L'inchiesta procedette a vasto raggio, senza lasciare nulla di intentato, coinvolgendo anche la fidanzata di Marchetti per alcune sue frasi che avevano confermato le ipotesi di Casson e della polizia.

Gli avvocati difensori tentarono di smontare le accuse del PM, soprattutto quello di Marchetti, che cercò di isolare la posizione del suo assistito da quella del cugino, l'unico con un movente, presentando il tutto come una serie di sfortunate coincidenze.

Nell'opinione pubblica emerse una varietà di posizioni, tra le quali prevalse la teoria del complotto, con implicazioni mafiose, piuttosto che la storia dei due giovani veneziani spaventati dalla penale; qualcuno propendeva per la tesi dell'"incendio politico", mediazione tra le due opposte teorie della negligenza colposa e dell'incendio doloso.

Il 2 giugno 1997, un anno e mezzo dopo l'incendio, venne annunciato il risultato della gara di appalto dei lavori: vinse la Impregilo della famiglia Agnelli, che negli anni Ottanta aveva acquistato e restaurato magnificamente palazzo Grassi, trasformandolo nel più elegante e funzionale spazio espositivo di Venezia.

Tre settimane più tardi campo San Fantin era in pieno fermento: tre grandi gru cominciarono a crescere come monumenti alla ricostruzione ed una enorme piattaforma montata su pali conficcati nel fondo del Canal Grande funzionava da deposito di materiali ed attrezzi. Otto mesi dopo, nel gennaio del 1998, secondo anniversario del rogo, il sindaco Cacciari in una animata conferenza stampa affermava esultante che i lavori procedevano con pieno rispetto dei tempi prefissati e che nel settembre 1999 la nuova Fenice avrebbe iniziato la sua attività.

Due settimane dopo il Consiglio di Stato revocò l'appalto assegnato alla Impregilo per darlo alla seconda classificata, la Holzmann-Romagnoli, per vizio formale.

I GRANDI MISTERI DI OGGI 277

I lavori non ripresero subito perché fu necessario acquistare, da privati, alcuni locali non calcolati nel precedente progetto, approvare i nuovi progetti, stipulare i contratti necessari. Ripresero solo sedici mesi dopo l'arresto forzato e continuarono tra mille difficoltà ed imprevisti ai quali si aggiunse il cambio di sindaco.

Venne infatti eletto Paolo Costa, ex ministro dei Lavori Pubblici che, prendendo in mano il progetto, si accorse che il sessanta per cento del tempo concesso con l'ultima proroga era passato e solo il cinque per cento dei lavori era stato completato; così decise di licenziare la società italotedesca e promosse un nuovo bando vinto da un'impresa cittadina, la Socaim, che iniziò i lavori quando l'orologio digitale installato per informare cittadini ed operai dei giorni mancanti alla data fissata per la fine dei lavori, 30 novembre 2003, indicava seicentotrenta.

Il quinto anniversario del rogo coincideva con la seduta del processo per incendio doloso contro Enrico Carella e Massimiliano Marchetti, essendo stata nel frattempo accantonata l'accusa di tentato omicidio in una precedente udienza. Casson parlò per oltre cinque ore e poi chiese alla Corte la condanna degli imputati a sette anni di reclusione; informò dell'inchiesta in corso per definire la responsabilità di eventuali mandanti. Prima del verdetto il processo entrò nella seconda fase, riguardante le accuse contro gli imputati di negligenza colposa; il PM richiese nove mesi per l'ex sindaco Cacciari, diciotto mesi per il custode, quattro anni per l'ingegnere capo dei lavori, due anni per i suoi assistenti e tre anni per il sovrintendente e per il segretario generale della Fenice.

Alla fine del mese il presidente della Corte lesse i verdetti in un'aula molto affollata: sette anni ad Enrico Carella, sei a Massimiliano Marchetti, mentre gli otto "negligenti" furono dichiarati non colpevoli.

Il dolo era stato l'unica causa dell'incendio!

Due mesi dopo i giudici, nella motivazione della sentenza, sostennero la possibile esistenza di mandanti occulti coinvolti in enormi interessi economici. I sospetti si accentrarono su Renato Carella, già fortemente indiziato, che purtroppo dopo tre mesi morì di cancro, ponendo fine ad ogni sviluppo possibile delle indagini.

Il PM Casson confermò che con la morte di Carella si chiudeva ogni possibilità di trovare nuove prove, e quindi il caso era temporaneamente chiuso: l'enorme numero di casi irrisolti o in attesa di giudizio impediva al suo ufficio di riaprire il caso, non potendo dedicarvi tempo ed energie per portarlo avanti!

Quando l'orologio digitale segnava cinquecentotrentasette, la Corte d'Appello di Mestre confermava la condanna di Carella e Marchetti, per cui i loro avvocati difensori annunciavano il ricorso in Cassazione.

Quando l'orologio della Fenice segnava centoquaranta, arrivò la notizia che a Roma la Corte di Cassazione aveva respinto il ricorso dei due, per i quali si aprivano definitivamente le porte del carcere. Il pomeriggio dello stesso giorno Marchetti era già rinchiuso in cella, mentre Carella non si era fatto trovare a casa e così neppure nei giorni seguenti; il terzo giorno le autorità lo dichiaravano "scomparso" e alla fine della settimana "evaso".

L'8 dicembre 2003 il teatro venne ufficialmente consegnato al Comune di Venezia, dal 14 al 21 dicembre 2003 si svolse la settimana inaugurale di concerti e spettacoli con la partecipazione di direttori d'orchestra ed artisti di fama internazionale; nel novembre 2004 il primo spettacolo lirico fu *La traviata*, l'opera di Verdi che aveva debuttato proprio a Venezia.

Nessuno ebbe più notizie di Enrico Carella, finché il 1° marzo 2007 tutte le agenzie di stampa riportarono l'annuncio del suo arresto a Cancún, in Messico, rintracciato grazie alle indagini congiunte della Digos di Venezia e dell'Interpol di Roma: «Questo dimostra che la giustizia va a termine», è stato il primo commento del procuratore generale di Venezia, Ennio Fortuna.

Unabomber

Non ne esistono identikit, ma solo un profilo criminale tracciato dagli specialisti al quale corrispondono una dozzina di persone residenti nella zona degli attentati.

Lo hanno chiamato "Unabomber", un nome che immediatamente richiama la vicenda drammatica, inquietante e misteriosa di un ignoto attentatore cui si attribuiscono numerosi attacchi esplosivi nel Veneto e nel Friuli-Venezia Giulia.

I numeri legati a questa scia di sangue: dal 1994 l'ignota mano criminale ha disseminato ventitré ordigni esplosivi sul territorio veneto e friulano, di cui sedici esplosi. Nove in tutto le persone ferite, nessuna traccia sufficiente ad incastrarlo. Attualmente il responsabile è ancora latitante; solo su un cittadino italiano si sono concentrate le indagini, senza che però si sia arrivati all'incriminazione.

Alcuni particolari (forse non tutti quelli che gli inquirenti hanno in mano, perché con tutta probabilità, come in altri casi, ci sono omissioni da parte della polizia che conserva le prove eventualmente più schiaccianti) sono davvero impressionanti: gli ordigni realizzati sono progettati per ferire o mutilare singole persone a distanza ravvicinata e non per uccidere; numerosi ordigni sono stati indirizzati a bambini, usando uova di cioccolato, pennarelli o tubi di bolle come involucri. In genere gli ordigni esplodono quando vengono mossi, toccati o aperti, provocando mutilazioni agli arti superiori (mani e braccia) e al viso (soprattutto gli occhi). Alcuni ordigni, però, sono esplosi autonomamente, davanti a sagrati di chiese o dentro il Palazzo di Giustizia di Pordenone.

Molti esperti, psicoanalisti, antropologi, criminologi, si sono cimentati per cercare di capire la psicologia e i meccanismi mentali di Unabomber nella speranza di svelarne l'identità entrando nella sua mente. Francesco Ronco, psicoanalista consultato da alcuni inquirenti, ha così espresso la sua tesi: «Unabomber sarebbe un soggetto di tipo maschile, di età fra i trenta e i cinquant'anni. Dovrebbe essere stato abbandonato subito dopo il parto per cui avrà vissuto i primissimi mesi, anni, di vita in un orfanotrofio oppure sarà stato affidato. Attualmente, si può dedurre che è un soggetto che vive una vita in solitudine, un single, per i problemi che, appunto, si porta dietro e che risalgono a questo rapporto disturbato con la figura materna. Avrà subito delle frustrazioni che avranno creato in lui l'idea di vendetta».

Unabomber è molto lucido, quindi ha un'intelligenza sadica, spietata ma razionale; è una persona molto intelligente, come generalmente intelligenti sono le persone che poi approdano a dinamiche psicotiche e criminali.

Dietro al nome che cela certamente una mente psicopatica c'è una storia che viene da oltreoceano. Unabomber era stato infatti chiamato un terrorista statunitense, Theodore Kaczynski, autore di numerosi attentati portati a termine con l'uso di materiale incendiario e di ordigni rudimentali al plastico. Prima di identificare l'uomo che per quasi diciotto anni ha terrorizzato gli Stati Uniti con i suoi pacchi-bomba indirizzati a docenti universitari, direttori di compagnie aeree, scienziati, funzionari di compagnie petrolifere, l'FBI utilizzava il nome in codice UNABOM (da University and Airline Bomber).

A seguito degli attentati compiuti tra il 2003 e il 2005 sono stati chiamati per collaborare nelle indagini anche il nucleo del Reparto Investigazioni Scientifiche (RIS) di Parma ed esperti americani dell'FBI. Nell'ottobre 2006 è iniziato il processo a Trieste per l'indagato numero uno delle indagini, un ingegnere quarantanovenne di Azzano Decimo (Pordenone) nella cui abitazione sono state trovate delle forbici che potrebbero essere state usate per confezionare uno degli ordigni.

Elvo Zornitta, questo il suo nome, si è sempre proclamato innocente, e lo ha fatto anche davanti alle telecamere di varie testate giornalistiche e programmi televisivi. Il 13 gennaio 2007 la difesa di Zornitta ha ribaltato la perizia dei RIS di Parma e nei giorni successivi è stata avviata un'inchiesta per verificare eventuali manomissioni delle prove da parte dell'accusa.

Sulla storia che ancora non ha visto una parola definitiva sono stati prodotti libri, tra cui: *Unabomber – Storia in venti bombe del criminale che terrorizza il Nord-Est*, scritto da Marco Bariletti e Alessio Zucchini, con la prefazione di Carlo Lucarelli, e il film *La vera storia di Unabomber – The true story* del 1996.

Nel libro e nel film sono ricostruiti anni di sospetti, paura al limite della psicosi che hanno attraversato il Nordest italiano: un uovo, un tubetto di maionese, un evidenziatore che improvvisamente diventano potenziali nemici, e terrorizzano. Nel Nordest qualsiasi oggetto durante quegli anni fa paura. Perché c'è qualcuno capace di trasformare ogni cosa in una bomba.

L'esordio è il 21 agosto 1994: durante una sagra di paese a Sacile, nel Friuli, un tubo di metallo raccolto da terra esplode tra le mani di una donna. È l'inizio di una serie di insoliti attentati di piccolo taglio, organizzati senza regolarità e, soprattutto, senza lasciare tracce, senza rivendicazioni, apparentemente senza movente. Ma tutti con la stessa tecnica: un cocktail esplosivo inserito in oggetti di uso quotidiano. Venti attentati in nove anni, e ancora nessuna traccia che porti a dare un volto alla follia dell'Unabomber italiano che agisce indisturbato in Friuli e in Veneto, con il carico di indagini fin qui inefficaci da parte delle procure di Udine, Pordenone, Treviso e Venezia.

Ecco una breve cronologia degli episodi più gravi. Agosto 1994, esplosione di un tubo-bomba a Sacile, durante una sagra paesana: 4 feriti. Settembre 1995: un altro tubo-bomba esplode a Pordenone tra le mani di una signora di settant'anni e le amputa il braccio; agosto 1996: un tubo esplode a Lignano ferendo gravemente un turista di 35 anni. Luglio 2000: sempre a Lignano, un carabiniere di 79 anni viene gravemente ferito al volto dall'esplosione di un tubo raccolto sulla spiaggia. Novembre 2000: a Portogruaro viene acquistato un uovo imbottito di esplosivo; per fortuna, questo attentato non è riuscito. Pochi giorni dopo, un tubetto di salsa di pomodoro comprato nello stesso supermercato esplode in mano a una signora di Cordignano, ferendola gravemente.

Secondo gli esperti che si stanno occupando di questi casi, Unabomber

Elvo Zornitta.

sarebbe un uomo – o una donna – di mezza età, laureato, che agisce per il gusto di far parlare di sé giornali e televisioni. Una persona con una mente raffinata, e una manualità fuori dalla norma, una specie di chirurgo degli esplosivi, che è riuscito a creare minidispositivi bomba e a nasconderli perfettamente. Non si può escludere che l'attentatore si possa essere formato in una caserma del Genio, dove i militari vengono addestrati a realizzare ordigni sofisticati di diversi dimensioni e di diverso genere. Alcune segnalazioni pervenute alla trasmissione televisiva *Chi l'ha visto?* fanno riferimento a due caserme: una di Udine e una di Bolzano.

Ogni anno l'attentatore dissemina quattro o cinque ordigni esplosivi. Ma nella sua follia dinamitarda si riscontra un'anomalia: una lunga pausa dal febbraio 1998 al marzo 2000.

La zona nella quale colpisce è piena di caserme e depositi militari. Vicino a Pordenone c'è la base NATO di Aviano. È solo un caso che il periodo di pausa di Unabomber coincida con lo stato di massima allerta nelle caserme per la guerra in Serbia e Kosovo? Sulla stampa locale è riportata la notizia di agenti FBI venuti dagli Stati Uniti, dopo l'esplosione del tubetto di salsa nel novembre 2000, per collaborare alle indagini. Nel 1995 giunsero in Italia degli agenti investigativi americani ad ascoltare la signora colpita dal tubo-bomba.

Nonostante i grandi spiegamenti di risorse umane ed economiche, nonostante gli accorpamenti delle indagini presso il pool di una sola Procura, nonostante gli speciali televisivi (corredati dalla evidente incapacità pre-

dittiva di questo o quel criminologo) e i fiumi di parole sui giornali, accanto alle analisi di studiosi ed esperti di criminologia, l'Unabomber italiano continua indisturbato ad entrare in azione e a spargere terrore con la sua cinica roulette russa di mutilazioni e ferimenti.
Come fermarlo?

Porto Marghera, una storia esemplare

La zona industriale di Venezia Porto Marghera fu ricavata, agli inizi del XIX secolo, da una vasta area appartenente alla storica famiglia dei Bottenigo; è un ambiente dalle caratteristiche di barena, cioè di zona lagunare che emerge dall'acqua solo con la bassa marea ed è in genere ricoperta di vegetazione salmastra. Il nome "Marghera" deriverebbe proprio dal veneziano *mar gh'era*, cioè "c'era il mare".

La nuova area insediativa, industriale e commerciale era destinata sia a potenziare le attività produttive, sia a sgravare la allora sovraffollata Venezia con la creazione di un nuovo quartiere di terraferma, che avrebbe dovuto essere la "città giardino di Venezia".

Ma nel decennio tra il 1920 e il 1930 la parte industriale del progetto divenne prevalente, e questo settore si espanse al punto che, nella seconda guerra mondiale, divenne un obiettivo strategico per i bombardamenti delle forze americane e inglesi.

Con la ricostruzione del dopoguerra, Marghera ritornò rapidamente ad essere uno dei principali poli industriali italiani, in coincidenza con l'esplosione del settore chimico, legato al ciclo dell'azoto per la produzione di fertilizzanti dapprima per Agrimont e poi per Montedison ed Enichem, per la produzione di materie plastiche: quelle che utilizzano i derivati del cloro. Il cloro appunto, ed il suo composto più tristemente famoso, il PVC, il cloruro di polivinile.

Cominciò tutto in una afosa giornata d'agosto, ricorda Felice Casson, il magistrato che riuscì a trascinare i responsabili della fabbrica di Porto Marghera in un lungo e controverso processo e che abbiamo già incontrato in altri casi affrontati in questo libro. Quel giorno, nel suo ufficio di Venezia, entrarono un anziano avvocato e Gabriele Bertolozzo, un operaio del petrolchimico di Marghera: da anni Gabriele denunciava i rischi di chi lavorava alla produzione del cloruro di polivinile, ci aveva lavorato anche lui, adesso aveva smesso, aveva un cancro. I due consegnano a Casson un documento: «Lo leggo, lì sul momento», ricorderà il magi-

I GRANDI MISTERI DI OGGI

strato anni più tardi, «ma non credo a quello che leggo. Rileggo e mi sembra una denuncia fuori dalla realtà».

Inizia così una vicenda giudiziaria che si protrarrà a lungo, densa di misteri e di colpi di scena, di polemiche e di amarezze, la cui fine Gabriele Bertolozzo non vedrà mai, ucciso tragicamente in un incidente stradale appena dieci mesi dopo.

Come non la vedranno mai i troppi operai stroncati dal male che avevano contratto proprio nella fabbrica maledetta.

«Possibile che l'azienda sapesse tutto ma», come si chiedeva il magistrato, sulla base dei documenti in suo possesso, «preferisse "correre dei ragionevoli rischi" piuttosto che "affrontare perdite di produzione e costi sicuri per evitare conseguenze possibili in futuro?"».

Con questi cinici presupposti, dichiarati nero su bianco in alcune delle comunicazioni interne fra i dirigenti dell'azienda, era ovvio che il Petrolchimico di Marghera potesse diventare presto noto come "la fabbrica dei veleni" (*La fabbrica dei veleni* infatti è il titolo del libro che Felice Casson pubblicò dopo la contestata sentenza).

Peraltro la zona di Marghera, uno dei quattro siti più inquinati dell'Europa comunitaria di allora, poté salire agli onori delle cronache anche in modo indiretto, grazie alla trasposizione cinematografica della storia di Erin Brockovich, nel film impersonata da Julia Roberts; il successo di quella giovane madre, tenace e indignata, che riesce a incastrare una multinazionale della chimica colpevole di aver portato la morte tra gli abitanti di un paese degli Stati Uniti, fu la dimostrazione al mondo che la battaglia contro i grandi colossi economici dell'industria chimica non sempre viene persa.

Ma in Italia? Siamo al novembre del 2001, ironicamente è il giorno della commemorazione dei defunti, in un anno in cui già troppe tragedie, dal G8 al crollo delle Twin Towers di New York, hanno riempito le cronache. Ed ecco come viene commentata la sentenza di quel 2 novembre, che aveva incredibilmente assolto tutti i dirigenti del Petrolchimico sotto inchiesta per la morte di 152 operai colpiti dal cancro, da un importante sito Internet di allora: «L'indifferenza della classe dirigente del settore petrolchimico ha causato la morte di centinaia di operai per esposizione prolungata a sostanze altamente tossiche. Durante tutti questi anni Gabriele Bertolozzo ha raccolto le prove che hanno portato ad uno dei più famosi casi giudiziari italiani degli ultimi tempi. E nonostante le gravi accuse di omicidio preterintenzionale e disastro ambientale, i dirigenti del più grande stabilimento europeo sono stati assolti».

Sullo stesso tono molti giornali, riviste e qualche telegiornale (ma non proprio tutti).

Che c'era da scandalizzarsi?, sembrava chiedere uno degli avvocati della difesa, che aggiungeva: «Boh... Tutti moriamo, prima o poi. Anche voi. Oppure credete d'essere immortali?», mentre il suo collega gli faceva da sponda, ribadendo:

«Tutti moriamo, prima o poi. Il problema, signori giornalisti, non era sapere di che cosa sono morti gli operai, per quello le perizie parlavano chiaro. Ma il compito del tribunale era chiarire se gli imputati erano o meno responsabili del loro decesso. E la giustizia italiana ha detto che non lo erano».

Qualche rapida sequenza televisiva degli imputati che abbandonano l'aula fra le grida indignate dei parenti delle vittime, e un altro capitolo di cattiva amministrazione della giustizia da archiviare. O forse no. Intanto Marco Paolini, il nostro più importante autore-attore del teatro di denuncia, un quasi veneziano che è cresciuto proprio all'ombra di Porto Marghera, mette in scena l'opera *Parlamento chimico*; e porta in giro per l'Italia il coraggio di Gabriele Bertolozzo.

Viene messa in scena così la storia di indagini e denunce durate anni. E ripercorrerle tappa per tappa, tra aneddoti, rivelazioni ed episodi sconcertanti, aiuta a ricostruire non solo una vicenda giudiziaria, ma anche l'avventura umana di molti protagonisti. Come quella di Tullio Faggian, che veniva quotidianamente mandato con una ridicola quanto inutile mascherina a calarsi dentro l'autoclave del PVC (una specie di grande frullatore) per eliminare le incrostazioni alle pareti con uno scalpello di legno, «per evitare scintille, che avrebbero potuto fare esplodere i gas», gli avevano detto. Morto anche lui.

E vengono alla luce anche tutte le ostilità, le menzogne, i trucchi più sporchi usati dal potere economico e industriale, quel potere che passa troppo spesso al di sopra delle più elementari regole democratiche, per non rispondere del suo cinismo omicida. Come il tentativo di impedire al giudice veneziano di rintracciare in Inghilterra Brian Bennett, a lungo responsabile della Divisione servizi medici della ICI che aveva dato vita con l'Enichem alla società EVC Europa, per anni proprietaria degli impianti di Marghera: «Gli esperti pagati dall'Enichem ebbero il coraggio di rispondere al Tribunale che il dottor Bennett era purtroppo ormai deceduto», si legge agli atti del processo. Falso, invece. Scovato da Scotland Yard, il dottor Bennett era vivo e vegeto: «Mai avrei pensato di incontrare e soprattutto di interrogare un fantasma», avrebbe scritto Casson nel suo libro.

Documenti spariti, testimoni reticenti, lettere riservate sconvolgenti, come quella della Montedison del 16 ottobre 1974, che riportiamo fedelmente: «La relazione tra angiosarcoma e cloruro di vinile era stata già osservata in studi di tossicità condotti da alcune fra le stesse società chimiche produttrici (prof. P.L. Viola – Solvay italiana), ma era stata tenuta segreta e nessun provvedimento era stato adottato».

Per non dire dell'episodio che avrebbe dovuto coinvolgere Sir Richard Doll (baronetto e quasi premio Nobel, ci tengono a precisare i legali delle società), del quale le difese dell'azienda annunciano per mesi l'imminente testimonianza che «dovrebbe confermare la non pericolosità del CVM [uno dei prodotti intermedi della lavorazione del PVC, per l'esattezza il monomero da cui si ottiene il corrispondente polimero]» ma che non verrà fatto testimoniare mai, perché nel frattempo salta fuori una vecchia relazione dello stesso baronetto che diceva l'esatto contrario.

Non solo: a Lake Charles, in Louisiana, si scopre che un avvocato, William "Billy" Baggett Jr. nella sua carriera aveva messo da parte letteralmente quintali di documenti che comprovavano il decesso di operai in tutto il mondo a causa del cloruro di vinile monomero; nelle sue ricerche, il legale era partito da uno studio che un eminente scienziato sovietico, S.L. Tribuk, aveva condotto nel 1959, denunciando già allora tutti i rischi.

Le assurdità proseguono anche dopo la sentenza: l'allora ministro della Giustizia Roberto Castelli, che già si era distinto in negativo per certe sue sconcertanti affermazioni in merito alla vicenda di Bolzaneto durante il G8 genovese, decide di aprire un procedimento contro Casson. E perché? Perché il PM veneziano, appena ascoltata la sentenza, aveva commentato davanti ai giornalisti: «La sentenza si commenta da sola. Io sto con gli operai e con la gente». Per fortuna, a onor di cronaca, la richiesta di Castelli è stata cestinata prima dal CSM, poi dalla Cassazione.

E i colpi bassi continuano con una lettera anonima che cerca di far saltare l'inevitabile (e doverosa, aggiungiamo noi) richiesta di appello: questa volta si spara a zero sul giudice Francesco Aliprandi, con lettera firmata (dettaglio squallido oltre misura) con il nome volutamente falso proprio di Bertolozzo, l'operaio che aveva dedicato la vita a smascherare i veleni ed era morto travolto da un camion.

Con l'avvicinarsi del processo di appello, i collegi della difesa riaffilano le unghie, iniziando ad opporsi a uno dei due giudici a latere dell'appello, Daniela Perdibon, cui viene rinfacciato di avere dato ragione anni prima a un operaio di Marghera: la posizione della Perdibon è peraltro identica a quella di Ivano Nelson Salvarani (il presidente della Corte d'Assise, mai nominato nelle pagine di richiesta di ricusazione) e diametralmente opposta rispetto a quella di Antonio Liguori (anche lui mai citato nella richiesta delle difese), giudice a latere della prima sentenza, che evidentemente al collegio difensivo andava bene forse perché anni prima aveva archiviato la denuncia di un ancora vivo e combattivo Bertolozzo.

Ma il processo di appello si svolge ugualmente, siamo nel 2004. In un'aula gremita prevalentemente di familiari delle vittime, ma senza più la tensione del primo grado, il presidente della seconda sezione Francesco Aliprandi legge la sua ultima sentenza prima della pensione e, nonostante le pene irrisorie e le prescrizioni, segna una svolta nella storia processuale, e politica, del Petrolchimico.

La prima novità sta nel riconoscimento non solo del nesso di causalità tra il CVM e il tumore, accertato in qualche misura nella sentenza precedente, ma anche della colpa di alcuni imputati, tutti di rango, per la morte di un operaio, Tullio Faggian, il cui recente decesso per angiosarcoma (nel '99) consente alla Corte di infliggere l'unica condanna "simbolica" di questo processo.

Tra i condannati figurano Alberto Grandi, ex amministratore delegato della Montedison ed ex vicepresidente di Montefibre (fu anche presidente dell'ENI all'inizio degli anni Ottanta), e il professor Emilio Bartalini, responsabile del servizio sanitario centrale della Montedison dal 1965 al 1979: per il PM Casson furono «i maggiori responsabili» della vicenda, insieme all'ex presidente dell'ENI e della Montedison Eugenio Cefis, per il quale la Corte d'Appello ha dichiarato il non doversi procedere perché deceduto. Degli altri tre condannati, Piergiorgio Gatti era stato amministratore delegato della Montedison dal '77 all'81, Renato Calvi direttore generale della divisione petrolchimica dal '75 all'80 e Giovanni D'Arminio Monforte amministratore delegato e vicepresidente di Montefibre tra il '76 e il '79.

La seconda novità della sentenza consiste nell'applicazione, per i cinque condannati, della prescrizione per sette omicidi colposi (causati da angiosarcoma epatico) e dodici casi di lesioni personali colpose (undici epatopatie e un morbo di Raynaud).

I cinque sono invece assolti, perché il fatto non costituisce reato, dall'accusa di omissione dolosa di cautele contro gli infortuni sul lavoro fino a tutto il 1973, mentre ottengono la prescrizione, insieme ad altri dieci ex dirigenti Montedison, per omessa collocazione di impianti di aspirazione dal 1974 al 1980.

Infine per altri 16 imputati, tra cui l'ex presidente di Enichem Lorenzo

Necci e gli ex amministratori delegati della stessa società Domenico Palmieri, Giovanni Parillo e Luigi Patron, la Corte d'Appello ha dichiarato la prescrizione per le contravvenzioni legate agli scarichi del petrolchimico in laguna. Per il resto è stata confermata la sentenza di primo grado.

Dopo l'appello, vinto questa volta dall'accusa, almeno in parte (è stato comunque confermato il cosiddetto "impianto accusatorio"), la legge italiana prevede il terzo grado di giudizio, questa volta definitivo. Si prepara un processo con cinquecento parti civili, centoventi avvocati, novantanove consulenti. Un processo che porterà a quasi mille pagine di motivazioni della sentenza, rese pubbliche a fine maggio 2006. E questa volta, la condanna viene confermata in Cassazione: un gruppetto di dirigenti condannati in quanto ritenuti colpevoli della morte di alcuni operai può forse rappresentare il "lieto fine" di questa storia? È davvero il trionfo della giustizia?

Proviamo a tirare le somme dell'intera vicenda, come se fosse una storia da cui ricavare un insegnamento, una morale.

Il Petrolchimico di Porto Marghera è stato un simbolo – positivo – della conversione della nostra industria postbellica dal settore siderurgico a quello chimico, emblema dell'industria che produce freneticamente e dell'economia italiana che negli anni Settanta e Ottanta continua il suo decollo, sull'onda lunga del boom economico. Vi ricordate Gino Bramieri che getta per terra una bacinella, che naturalmente gli rimbalza fra le mani, e non si rompe, perché è di plastica? Appunto: il sorriso di Bramieri in quella pubblicità è l'immagine di una Italia che crede nel futuro, nella tecnologia e nel benessere che può darci il progresso della scienza.

Ma ogni medaglia ha il suo rovescio: e il rovescio inizia ad essere il lavoro che manca, la riconversione industriale che si traduce in posti di lavoro in meno, i piani di razionalizzazione che significano licenziamenti e cassa integrazione. A quel punto, si va a lavorare in fabbrica anche se si sa che l'ambiente di lavoro può portare non solo lo stipendio, ma anche la malattia, l'invalidità permanente, la morte. Come avrebbe detto Naomi Klein qualche anno dopo, la scelta non è tra un buon lavoro e un cattivo lavoro, ma fra un cattivo lavoro e nessun lavoro.

Così, presto il Petrolchimico di Marghera diventa anche totem di morte, di malattia, di dolore.

Ma se il dilemma riguardava gli operai, il sindacato, le famiglie, che dire della dirigenza?

La dirigenza industriale non poteva non sapere, non poteva non capire ciò che accadeva nei primi anni Settanta, quando si cominciava a morire nell'industria che si affaccia sulla laguna. E infatti lo sapeva: come dimostrano i documenti esibiti durante il processo, ciascuno dei dirigenti era consapevole del rischio a cui si esponeva chiunque maneggiasse il CVM.

Bisogna aspettare però almeno vent'anni, e cioè il 1994, perché la magistratura si interessi al fenomeno, perché sia avviato l'iter giudiziario. Vent'anni? Possibile?

Quali complicità, quali silenzi omertosi, quali insabbiamenti di dati epidemiologici soggiacevano a quella cecità, quale torpore civico aveva colto i veneziani e l'Italia intera per non accorgersi dello stillicidio di vite, del rosario di patologie sospette che punteggiava la storia di Marghera? Ma forse tutti sapevano, e anche se non tutti tacevano, quelli che parlavano non erano ascoltati.

Ecco che arriviamo al giorno in cui Felice Casson decide di prendere sul serio la denuncia che gli viene presentata da Gabriele Bertolozzo, operaio del petrolchimico insospettito e preoccupato per la morte di tanti colleghi. Quella è la svolta. Dice Casson: «Quando nell'agosto del 1994 è arrivato nei miei uffici della Procura di Venezia in piazza San Marco, sono rimasto allibito dalla gravità della sua denuncia relativa alla morte di tanti suoi colleghi del Petrolchimico». Ma ciò che lo colpì, spiega, fu soprattutto «che nessun magistrato prima di me lo avesse preso sul serio, procedendo ad indagare su quanto accadeva nella fabbrica veneziana».

Seguono tre anni di indagini, fatti di rogatorie internazionali, colpi di scena, boicottaggi, che portano nel 1998 all'istituzione di un processo contro 28 dirigenti di Montedison ed Enichem, accusati della morte di 157 operai e di 103 casi di cancro. Un iter legale che ha portato alla richiesta di condanne per 185 anni. La prima, scandalosa, sentenza di assoluzione, datata il 2 novembre del 2001, viene ribaltata in secondo e terzo grado, quando la Cassazione, in via definitiva, nel 2006, condanna a un anno e sei mesi di carcere per omicidio colposo cinque top manager delle industrie coinvolte, riconoscendo il nesso tra le lavorazioni tossiche e l'insorgenza di una unica forma tumorale, l'angiosarcoma. Si tratta di Alberto Grandi, Piergiorgio Gatti, Emilio Bartalini, Giovanni D'Arminio Monforte e Renato Calvi.

Finito il processo, ci accorgiamo che la storia di Porto Marghera non è una storia solo italiana.

«Un impegno che mi ha portato ad avere contatti con fabbriche italiane ma anche inglesi, americane e di tutto il mondo», racconta Casson spiegando la genesi del suo libro, «soprattutto in occasione delle rogatorie internazionali, necessarie per verificare situazioni diverse dalla nostra ma comunque indicative, come nel caso della Cina: tutti contesti in cui ho avuto modo di imbattermi in un dominante disinteresse verso la salute dei lavoratori e dell'ambiente».

La battaglia legale si incentra sullo sforzo di accertare il rapporto di causa-effetto tra tumori al fegato e contatto con il CVM, rapporto di cui non solo la fabbrica veneziana era consapevole: «La Montedison», puntualizza Casson, «ma anche le altre industrie della chimica mondiale erano a conoscenza della pericolosità della sostanza maneggiata dagli operai, tanto che ovunque abbiamo trovato documentazione al riguardo».

E sulla difficoltà dell'inchiesta Casson non lascia spazio a dubbi: «Ci sono stati tentativi di insabbiamento, sia dal punto di vista documentale che testimoniale. In più occasioni si è verificata la sottrazione di faldoni e dossier che andavamo a cercare durante le perquisizioni, ricordo soprattutto un documento dell'ottobre del 1974, in cui un dirigente della Montedison da New York segnalava all'amministratore delegato di Milano che loro erano a conoscenza della dannosità per la salute umana del CVM».

In un altro passaggio racconta: «...ci siamo addirittura trovati di fronte alla sottrazione di testimoni in carne e ossa, esperti o consulenti delle società chimiche implicate che tenevano il registro dei tumori del fegato e che venivano dati per morti in tribunale, ma che poi abbiamo scoperto essere vivi e vegeti [è il citato caso del dottor Bennett]».

Sugli esiti del processo, comunque, permane qualche ombra di insoddisfazione: a parte la scandalosa sentenza di primo grado, dove con formule varie erano stati assolti tutti gli imputati, il cambiamento radicale di giudizio dei processi seguenti, secondo l'opinione di Casson, non è sufficiente a fare piena giustizia soprattutto nei confronti di amministratori delegati e dirigenti di vertice. Per due casi, infatti, la Corte di Cassazione nel maggio 2006 si è pronunciata per l'estinzione del reato per morte del reo, oltre a procedere ad una serie di prescrizioni principalmente in materia ambientale. E uno dei due casi riguardava Eugenio Cefis, forse il più potente esponente della chimica italiana dell'epoca, l'uomo per il quale fu coniato il termine di "razza padrona".

Ma, soprattutto, l'amaro in bocca resta, al di là della sentenza, per la lentezza con cui si è proceduto: «Siamo arrivati troppo tardi rispetto ai fatti», spiega ancora il magistrato veneziano, aggiungendo che «se si fosse intervenuto – e si poteva farlo – 20 o 30 anni prima, molte persone sarebbero ancora vive e quindi avrebbero scontato la loro pena, ma soprattutto molte tragedie sarebbero state evitate».

Intanto, oggi, i veneziani hanno a che fare con una pesante eredità. Porto Marghera e la laguna circostante (sì, proprio quella in cui sorge Venezia patrimonio dell'umanità) costituiscono uno dei quattro ambienti più inquinati d'Europa. Secondo alcune fonti, nelle acque della laguna di Venezia venivano riversati, ogni anno, 70 tonnellate di solventi organici, 220 chili di cloroformio, 2 chili di tetracloruro di carbonio, 2 tonnellate di dicloroetano, 320 chili di tricloroetilene, 4 tonnellate di tetracloroetilene e 22 tonnellate di bromoformio.

Nel 1998, anno dell'avvio del processo, vengono censiti nell'area di Marghera ben 1500 camini che scaricano nell'aria tonnellate di sostanze tossiche e ben 120 discariche abusive di rifiuti nocivi.

Di conseguenza, non desta meraviglia che fra le aree a maggiore incidenza di tumori in Italia ci sia Marghera. E non è vero che la comunità scientifica, nei primi anni Settanta, non abbia ritenuto significativi gli esperimenti condotti dal medico di fabbrica della Solvay, Pier Luigi Viola. Viola denunciava che concentrazioni molto alte di cloruro di vinile nell'aria producevano tumori maligni nei topi di laboratorio. La comunicazione di Viola fu portata al congresso internazionale sul cancro a Houston nel settembre 1970; il lavoro che descrive l'esperimento nel dettaglio fu pubblicato nel 1971 su «Cancer Research», la rivista specializzata, in quegli anni, più prestigiosa al mondo.

Quindi, la comunità scientifica ne era non solo al corrente, ma operava per denunciare i rischi della esposizione al CVM in ogni parte del mondo. Come dimostra l'episodio citato dalla rivista «Epidemiologia & Prevenzione» (anno 26, n. 3, maggio-giugno 2002):

> È vero che Viola stesso suggeriva una interpretazione prudente dei propri risultati, dato che si trattava di osservazioni inaspettate in ratti trattati con dosi molto alte di CVM. Ma le ricerche vengono pubblicate proprio per comunicare i risultati ad altri ricercatori. Vi fu chi assunse un atteggiamento meno tentennante di quello di Viola: per esempio Antonio Caputo, allora direttore dell'Istituto nazionale dei tumori Regina Elena di Roma. Già nel 1971, Caputo ha espresso al Ministero della Sanità la propria preoccupazione sui possibili rischi cancerogeni da cloruro di vinile suggeriti dagli esperimenti di Viola. Alla prudenza inferenziale del medico della Solvay si contrapponeva la preoccupazione sanitaria del direttore di una istituzione pubblica che aveva colto le possibili implicazioni di quei risultati per i lavoratori esposti.

E la direzione della rivista contesta anche la stessa sentenza, secondo il brano che riportiamo integralmente:

> Dalle motivazioni della sentenza emerge che le malattie inflitte ai lavoratori costituiscono un episodio increscioso appartenente a un passato lontano in cui non esisteva una legge in grado di difendere i lavoratori dall'esposizione a sostanze pe-

I GRANDI MISTERI DI OGGI 291

ricolose che peraltro la comunità scientifica non aveva ancora univocamente dichiarato tali. E che la dirigenza del Petrolchimico è intervenuta tempestivamente non appena si è avuta notizia del pericolo (gli studi considerati "buoni" dai giudici sono quelli condotti da Maltoni nel 1973, e la legge "utile" quella sulla limitazione delle emissioni di CVM emanata nel 1982). Stando a questa presentazione dei fatti tutti noi abbiamo vissuto, senza saperlo, nel migliore dei mondi possibili (infatti, non c'è reato e non c'è colpevole). Ciascuno dei protagonisti ha giocato diligentemente il suo ruolo, seguendo codici universalmente accettati. L'industria chimica ha fatto del suo meglio per garantire la salute degli operai, modificando i meccanismi di produzione secondo certezze scientifiche via via prodotte dagli scienziati e dai medici del lavoro. Mentre dal canto suo, la "comunità scientifica", indipendente e articolata in modo trasparente ed efficiente, identificava e denunciava tempestivamente i rischi per la salute dei lavoratori.

In verità, chi era attivo trenta o quarant'anni fa non si riconosce in una comunità scientifica come quella che la sentenza lascia intravedere. Comunità che nei primi anni Settanta avrebbe unanimemente affermato di non ritenere significativi i primi esperimenti condotti dal medico di fabbrica della Solvay, Pier Luigi Viola, secondo cui concentrazioni atmosferiche molto alte di cloruro di vinile producevano tumori maligni nei ratti. Di fronte a questi studi la comunità scientifica descritta dai giudici veneziani avrebbe espresso una "regola di non estrapolazione" dei risultati dai ratti all'uomo e avrebbe elaborato (scientemente, è ovvio, dato che di scienziati si tratta) la decisione di "rimanere in attesa" di una conferma. Una attesa che nella migliore delle ipotesi, a disonore del milieu scientifico stesso, sarebbe stata passiva, dato che l'iniziativa di estendere gli studi di Viola è stata poi presa, non dalle istituzioni pubbliche deputate alla ricerca, ma dalla Montedison, che ne commissionò l'esecuzione a Cesare Maltoni. Contrariamente a quanto sostenuto dalla sentenza, non esiste nelle banche dati sui cancerogeni alcuna tempestiva valutazione negativa degli esperimenti di Viola espressa da parte di qualche collettivo scientifico nazionale o internazionale.

In un punto cruciale dell'articolo, gli epidemiologi si chiedono:

> Chi doveva decidere quale connotazione di nocività bisognava dare al cloruro di vinile dopo gli esperimenti di Viola? E in quale modo Montedison informò i lavoratori dei risultati degli studi di Viola nel 1971? E come informò, successivamente, della inconsueta comparsa di angiosarcomi e altri tumori nei ratti trattati da Maltoni con cloruro di vinile a dosi più basse di quelle usate da Viola, segnalati in un rapporto del novembre 1972?

Ce lo chiediamo anche noi.

E certamente tutti i veneziani si chiedono come porre rimedio al disastro ambientale causato dal Petrolchimico, un disastro ambientale il cui recupero e la cui bonifica richiederanno non solo decine di anni, ma anche una tale quantità di denaro da superare forse i profitti stessi della fabbrica: c'è da domandarsi, insomma, se il gioco valeva la candela.

Siamo al paradosso, se pensiamo, come illustra già la sentenza del primo processo, all'esistenza di un patto di riservatezza tra i colossi chimici mondiali, patto che «non aveva la finalità di occultare i dati della ricerca, ma era piuttosto finalizzato a un reciproco controllo... per evitare il rischio di essere posti fuori mercato... a seguito di iniziative unilaterali e non concordate». E queste iniziative unilaterali erano, appunto, quelle di informare gli operai dei rischi che correvano...

Giulio Maccacaro, il fondatore della moderna epidemiologia in Italia, scriveva, sull'onda dei fatti di Seveso: «La prevenzione può darsi autenticamente e realizzarsi efficacemente soltanto se fondata su una partecipazione che voglia dire assunzione al soggetto collettivo della conoscenza e della decisione».

La comunicazione tra epidemiologi e il resto della società (non solo i lavoratori, ma anche i cittadini impegnati in battaglie condotte in nome della difesa della salute) rischia di essere limitata, se non ci si rende conto di quanto è fitta la rete del silenzio che avvolge chi denuncia.

Eppure una eredità, una bella eredità, in qualche modo i veneziani l'hanno avuta, quasi in cambio di questa triste vicenda. È l'associazione nata in nome di Gabriele Bertolozzo, attualmente portata avanti dal figlio, una realtà frutto del lavoro di denuncia e di ricerca che Bertolozzo ha portato avanti nella sua vita. L'Associazione Gabriele Bertolozzo, che ha pubblicato il libro *L'erba ha voglia di vita*, ha ricevuto numerosi premi e riconoscimenti da parte della società civile, ad esempio il premio internazionale Alexander Langer, conferito nel 2003, e quindi prima che Appello e Cassazione ribaltassero la sentenza di assoluzione del primo grado di giudizio.

Eccone la coraggiosa motivazione:

> Il Comitato scientifico e di garanzia della Fondazione Alexander Langer, ha deciso di attribuire il premio internazionale Alexander Langer 2003, dotato di 10.000 euro, alla memoria di Gabriele Bertolozzo per tramite dell'associazione che porta il suo nome.
>
> È difficile immaginare una lotta più solitaria e pionieristica di quella che Gabriele Bertolozzo, operaio al Petrolchimico di Porto Marghera, inizia nei primi anni Settanta contro l'uso nello stabilimento del cloruro di vinile monomero (CVM). All'epoca il sindacato locale è concentrato sul tema della difesa del posto di lavoro, la sensibilità ecologista è minoritaria, gli organismi preposti al controllo della nocività e la magistratura sono sordi alla questione CVM. Si sa poco e non si fa niente per sapere, con il risultato che nel corso degli anni si arriverà a 260 vittime (157 operai morti e 103 ammalati) e alla devastazione della laguna.
>
> Nel 1973, subito dopo aver saputo che l'OMS (Organizzazione Mondiale della Sa-

Un'immagine del Petrolchimico di Porto Marghera.

nità) ha riconosciuto gli effetti cancerogeni del CVM, Gabriele Bertolozzo dà il via a un lungo scontro con il colosso chimico. Non accetta di farsi visitare nell'infermeria di fabbrica precisando di non fidarsene; protesta perché agli operai ammalati si fanno mancare le cure; di anno in anno accumula esposti e denunce sulla nocività nei reparti e sull'inquinamento ambientale, e si impegna per promuovere una campagna di opinione contro lo scarico nel Mare Adriatico dei fanghi Montedison. È il primo operaio in Italia a dichiararsi obiettore di coscienza alle produzioni nocive e a rifiutarsi pubblicamente di lavorare nei reparti del CVM, tra i primi a sollevare il problema dello smaltimento e occultamento all'estero dei residui tossici delle lavorazioni.

Nel frattempo svolge una inchiesta capillare per censire le vittime del CVM. Parte dalle persone che conosce, e seguendo i fili delle relazioni allarga il campo di ricerca; forte della sua conoscenza del ciclo produttivo, mette insieme liste di nomi reparto per reparto, raccoglie le schede mediche, parla con gli ammalati e con le vedove; un passo dopo l'altro, una notizia dopo l'altra, scopre i casi e li cataloga.

A questo lavoro da detective accompagna lo studio. Si procura tutti i dati disponibili della Montedison, dell'OMS, di fabbriche simili all'estero, esamina i risultati e a volte li corregge e li integra, dove c'era il vuoto fa nascere un patrimonio di conoscenza. E diventa, prima di qualsiasi medico, magistrato o specialista, il vero esperto della nocività del CVM. La risposta aziendale è una serie ininterrotta di soprusi, fino all'isolamento in un reparto confino. Ha dalla sua parte la Commissione ambiente del Consiglio di fabbrica, ma il sindacato nel suo complesso non lo sostiene.

Negli anni Novanta Bertolozzo è meno solo. Sull'onda della crescente attenzione ecologista e quindi anche dell'interesse per i suoi dossier su problemi di inquinamento, viene invitato a convegni e dibattiti, e va a parlare in alcune scuole, l'attività che gli sta più a cuore. Stringe rapporti con Medicina Democratica, e nel 1994 pubblica sulla rivista del gruppo un dossier sulle morti e malattie da CVM al Petrolchimico; nello stesso anno presenta al Pubblico Ministero di Venezia Felice Casson un esposto che sarà la base delle indagini per il processo contro i dirigenti Montedison ed Enichem iniziato nel '98 e conclusosi con una generale assoluzione nel 2001, ma con una forte crescita di consapevolezza sulla necessità di costruire strumenti di tutela dei cittadini e dei lavoratori dai danni ambientali.

Questa è una storia importante, lungo la quale Bertolozzo sceglie costantemente di fare da ponte fra diritti-bisogni spesso contrapposti, come quello di avere un lavoro e quello di preservare salute e ambiente. Ma non è tutta la sua vita. Lontanissimo dal "lavorismo" tanto diffuso nel movimento operaio, Bertolozzo è un uomo che si dedica ai figli e ai rapporti umani, un uomo attento al bello, alle piccole cose, al privato, al "superfluo", che per sé e per gli altri vuole il pane, ma anche le rose; che spende tempo e energie per approfondire la conoscenza del territorio, dei fiumi, della flora, della fauna, e sa distinguere centinaia di uccelli dal canto e ricostruire gli itinerari veneti di Hemingway.

Il pensionamento dà più spazio a queste passioni. Studia, organizza per amici e sconosciuti gite ciclo-botaniche nei dintorni della sua casa, e escursioni a tema su un artista o sull'architettura di un dato periodo storico, per esempio le ville del Terraglio e della riviera del Brenta, i paesini costruiti intorno al fiume o al canale; pensando soprattutto ai più giovani, fornisce schede e materiali informativi. Sono aspetti e modi di vita che rivelano una concezione rinnovata e aperta, in cui la pensione è una gioia anziché una crisi da perdita di ruolo, e un ideale educativo fondato sulla condivisione delle esperienze, sul fare (ancora una volta) da ponte fra persone, temi, punti di vista.

Gabriele Bertolozzo muore il 12 settembre 1995 a Mogliano Veneto, investito mentre pedalava sull'amata bicicletta. L'associazione a lui dedicata, creata dai suoi figli Beatrice e Gianluca con altri amici e estimatori, è impegnata per la salvaguardia del patrimonio culturale e ambientale del territorio veneto. Ha partecipato al processo contro l'Enichem, creato due borse di studio, sviluppato un sito Internet per divulgare la propria attività e costituire una biblioteca telematica. Ha pubblicato, postumo, il libro di Gabriele Bertolozzo *L'erba ha voglia di vita*, l'inchiesta *Terra, aria, acqua, valutazione o svendita*, il volume *Processo a Marghera*.

Di fronte all'urgenza di "globalizzare" il diritto al lavoro e insieme la tutela della vita umana animale e ambientale, di fronte alla deriva efficientista che divora il tempo e schiaccia la soggettività, e di fronte al rischio di un azzeramento della memoria operaia, la Fondazione Alexander Langer vede in Gabriele Bertolozzo una preziosa figura di riferimento e nella Associazione a lui intitolata una garanzia per la continuazione dei suoi studi, del suo lavoro e della sua visione del mondo.

L'ultimo mistero: il destino di Venezia

Fra le città che rischiano di non vedere l'alba del prossimo secolo, Venezia è in buona compagnia. A partire da Napoli, che vive accanto a quel gigante addormentato che è il Vesuvio, a Timbuctù, assediata dal deserto come un tempo fu Palmira, a Dacca, la capitale bengalese destinata ad essere sommersa dalle acque degli oceani che salgono.

E con le acque ha a che fare Venezia, le acque della sua laguna, le cui carezze ormai millenarie potrebbero segnare la fine di questa città incantata, se non si riuscirà in qualche modo a tutelare la salute delle sue fondamenta perennemente sommerse.

La storia della salvaguardia di Venezia, della laguna e degli altri centri abitati comincia con la drammatica alluvione del 1966 che ha assunto, agli occhi del mondo, un valore simbolico. Quel giorno, infatti, Venezia, insieme agli altri centri storici lagunari, fu completamente sommersa da più di un metro d'acqua. I danni furono incalcolabili. Emerse allora la consapevolezza che la sopravvivenza stessa della città non sarebbe mai più stata certa se non si fosse intervenuti per difenderla.

Dopo quell'evento, il "problema Venezia" è stato affrontato in studi, sperimentazioni, progetti ed opere, all'interno di un quadro legislativo di carattere ordinario e speciale (leggi speciali 171/73, 798/84, 139/92) che ha posto la salvaguardia di Venezia come questione di «preminente interesse nazionale» e il problema della difesa dalle acque alte come trasversale a tutte le soluzioni di riequilibrio ambientale e sviluppo socio-economico prospettate per la città.

Venezia sprofonda? Venezia è destinata ad essere sommersa dalle acque della laguna che, in questo secolo, sono già salite di ben 24 centimetri?

Gli occhi del mondo sono puntati sul dramma che incombe sulla Serenissima. Molti hanno proposto soluzioni, dalle più fantasiose alle più macchinose, alle più economicamente impegnative.

Oggi, con l'impatto del turismo sempre più massiccio, molti veneziani hanno di fatto scelto la terraferma per il loro vivere quotidiano. E salvare Venezia, per un veneziano esule sulla terraferma, significa piuttosto preservare le strutture abitative della Serenissima, farle rivivere e ricucire gli antichi legami; forse anche perché il beneficio economico derivante dal turismo finisce per disperdersi senza una reale ricaduta sulla città.

A livello internazionale, c'è anche chi si è chiesto quanto senso abbia destinare somme ingenti alla salvaguardia di una città di fatto condannata. Una polemica che si è aggiunta alle altre scatenate dalla proposta del MOSE, il grandioso progetto dal nome biblico che richiama immediatamente alla mente la capacità di dominio sulle acque, già in avanzata fase di attuazione ma fortemente avversato dagli ambientalisti a causa del suo innegabile impatto ambientale.

Chi avversa il MOSE non manca di sovraccaricare la dose, asserendo che il complesso sistema, definito criticamente sulla stampa americana «opera figlia di Berlusconi» non solo non potrà risolvere il problema di Venezia, ma anzi lo peggiorerà.

Provocazioni rigettate fermamente dai progettisti e dagli amministratori che sostengono il MOSE, certi che metterà stabilmente in salvo la città, con buona pace degli ovviamente graditi quattro milioni di sterline raccolti dal Venice in Peril Fund, il fondo internazionale che si prefigge la salvaguardia di Venezia.

MOSE è l'acronimo di Modulo Sperimentale Elettromeccanico. Consiste nella realizzazione di dighe mobili, di schiere di paratoie da realizzare alle tre bocche di porto che danno sulla laguna, in grado di isolarla dal mare durante i più marcati fenomeni di alta marea (la cosiddetta "acqua alta", che periodicamente affligge Venezia).

Le dighe sono definite mobili poiché possono essere alzate in caso di alta marea, ma nel resto del periodo verranno mantenute sotto il livello dell'acqua, e non saranno quindi visibili. Rappresentano una sorta di diga d'acciaio, capace di isolare temporaneamente la laguna, da azionare a comando.

Sono previste altre opere complementari, quali il rialzo delle rive e delle pavimentazioni nelle aree più basse degli abitati lagunari o le scogliere realizzate all'esterno delle bocche di porto, queste ultime finalizzate ad attenuare i livelli delle maree più frequenti. Il progetto insomma è stato pensato per fronteggiare anche eventi superiori alle previsioni fatte dall'IPCC (Intergovernmental Panel on Climate Change), le cui recenti stime prevedono un innalzamento del mare nei prossimi 100 anni in un range compreso tra 18 e 59 centimetri.

Il progetto, nato negli anni Settanta, è stato avviato nel 1991. Dopo un decennio di valutazioni tecniche ed ambientali, il MOSE viene finanziato per la prima volta nel 2002, quando si destinano all'opera i primi 435

I GRANDI MISTERI DI OGGI

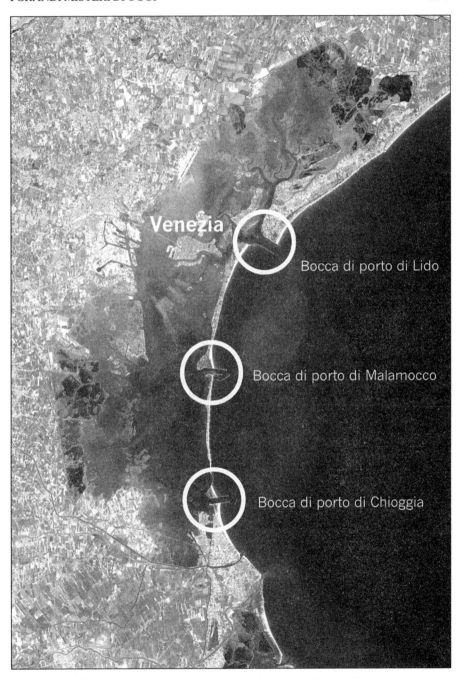

Localizzazione delle bocche di porto nella laguna di Venezia (Archivio Magistrato alle Acque di Venezia, Consorzio Venezia Nuova).

milioni di euro. È solo un acconto, visto che le stime parlano, ad opera ultimata, di 3440 milioni di euro (per chi ha nostalgia delle lire, significa circa 6800 miliardi di lire). La fine dei lavori, che comprendono tre fasi, è prevista per il 2011. Il 14 maggio del 2003, l'allora presidente del Consiglio Silvio Berlusconi con una cerimonia in pompa magna, com'era nel suo stile, inaugurava ufficialmente l'inizio dei lavori, e posava simbolicamente la prima pietra.

Da allora i lavori sono andati avanti, ma i colpi di scena non sono mancati, così come le conseguenti interruzioni.

Nel 2005, a seguito di un esposto presentato dalla parlamentare verde Luana Zanella, la Commissione Europea invia all'Italia una lettera di messa in mora per avviare la procedura di infrazione per «inquinamento dell'habitat». Secondo l'UE, infatti, il governo italiano non ha adottato misure idonee a prevenire l'inquinamento e il deterioramento degli habitat, nonché a limitare le ripercussioni dannose per l'avifauna acquatica.

Con il richiamo dell'UE, riprendono coraggio e vigore le battaglie delle associazioni ambientaliste, che già all'inizio avevano manifestato dubbi e perplessità sul progetto, ma che ora decidono di riunirsi in una assemblea permanente chiamata NoMose.

Vengono così ridiscussi alcuni progetti alternativi meno costosi e meno invasivi. Si apre un dibattito promosso dal sindaco di Venezia, Massimo Cacciari, nell'ottica di un dialogo costruttivo che individui una soluzione il più condivisa possibile. Ma la concertazione non dà risultati immediati. Al centro del confronto ci sono alcuni sistemi ingegneristici alternativi che utilizzano strumenti diversi e vari. Si va dalle paratoie a gravità ai cassoni autoaffondanti del progetto Arca, dalle dighe gonfiabili in gomma del progetto Doge alle navi porta-autoaffondanti. Fra le proposte si inserisce anche il progetto di una nuova stazione marittima galleggiante ipotizzata all'esterno della bocca di porto di Lido, che ridefinirebbe i termini della portualità a Venezia. Tutte le proposte hanno dalla loro costi e tempi di realizzazione inferiori rispetto al MOSE, ma rimangono lontane dallo stadio di elaborazione che ne permetterebbe una comparazione con la grande opera.

Altro elemento della discordia è la cosiddetta "questione dei 110 centimetri". Secondo i detrattori dell'opera, azionare le paratoie solo in caso di acqua alta non inferiore ai 110 centimetri costringerebbe sott'acqua comunque piazza San Marco, le zone adiacenti ed altre aree della città (Cannaregio, ad esempio) e oltretutto non proteggerebbe da eventuali fenomeni eccezionali come quelli del 1966 (abbiamo già detto che fu

Simulazione del funzionamento delle paratoie (Archivio Magistrato delle Acque di Venezia, Consorzio Venezia Nuova).

proprio il 4 novembre di quell'anno, lo stesso dell'alluvione di Firenze, che il mondo iniziò a interrogarsi sul destino di Venezia).

L'assemblea NoMose denuncia inoltre la devastazione ambientale che già si sta verificando durante la costruzione dell'opera, la modifica irreversibile del paesaggio lagunare, oltre, naturalmente, alla spesa elevatissima per la sua realizzazione e gestione. È previsto infatti che i fondali siano sbancati, dragando circa 5 milioni di metri cubi di materiale sedimentato da centinaia di anni, per sostituirlo con del pietrame distribuito su una superficie di 560 chilometri quadrati. Sembra, inoltre, che quasi tutti i finanziamenti destinati al recupero e alla salvaguardia di Venezia e della sua laguna siano stati "girati" alla realizzazione del MOSE.

Ma le perplessità riguardano anche il futuro. Se, infatti, nei prossimi anni il livello medio dei mari crescerà in virtù dell'effetto serra, come previsto dalla maggior parte degli scienziati, il costosissimo sistema di chiusure delle bocche di porto non servirà assolutamente a nulla pur avendo devastato la laguna in maniera irreversibile. Luciano Mazzolin, uno dei fondatori dell'assemblea NoMose, illustra lo stato attuale dei lavori, che a suo parere stanno già stravolgendo gli equilibri ecologici della laguna:

> All'altezza della prima bocca, quella fra Porto di Punta Sabbioni-Cavallino e Lido, è già stata costruita un'isola artificiale, mentre sul lato del Cavallino è ormai pronto un porto rifugio. Intanto si continuano a dragare i fondali dove saranno appoggiate le cerniere per le paratoie. Qualche settimana fa abbiamo notato che l'acqua in prossimità dei lavori di dragaggio era diventata di colore bianco, non esagero se dico che sembrava latte. Sulla seconda bocca di porto, quella fra Lido e Pellestrina, è già pronta una conca di navigazione, che servirà alle navi per raggiungere Porto Marghera. La conca sarà uno degli accessi alla laguna, sia durante la realizzazione del MOSE, sia ad opera completata, quando le paratoie saranno alzate. Completata anche la lunata, cioè una sorta di diga a semicerchio realizzata più esternamente rispetto alla laguna, in direzione mare aperto, che dovrebbe proteggere dai venti di sud-est. All'altezza della terza bocca di porto (fra Pellestrina e Chioggia) sta per essere ultimato un altro porto rifugio (sul lato di Pellestrina) e anche qui più esternamente è stata costruita una lunata.

Quelle finora realizzate sono, però, tutte opere propedeutiche al MOSE che, secondo Mazzolin, potrebbero essere riassorbite all'interno dei progetti alternativi (e molto meno costosi), che in qualche modo potrebbero affossare il faraonico progetto del MOSE.

Si farà? Non si farà? Non abbiamo la sfera di cristallo, non sappiamo se le maree dell'Adriatico finiranno per sommergere la Serenissima, o se gli sforzi dell'uomo riusciranno a salvare questo patrimonio dell'umanità. E non sappiamo neppure se il MOSE, una volta ultimato, funzionerà, e se ce la faranno gli eventuali progetti alternativi. Sappiamo solo che cosa fatta (o non fatta), capo ha (o non ha).

Le isole che non ci sono

Venezia sarà insomma veramente sommersa dalle acque? I suoi splendidi palazzi sprofonderanno per sempre sul fondo della laguna?
È piuttosto improbabile, almeno in tempi umani (in tempi geologici non ci saremo neanche noi), visto tutto quello che si fa per preservare questo gioiello di arte, di storia e di cultura che è patrimonio dell'umanità. Ma è già successo che un'isola della laguna veneta sia scomparsa, è già successo due volte, in tempi storici differenti.
La questione dei "tempi" non è indifferente: se consideriamo appunto i tempi geologici, il periodo di esistenza stessa della laguna veneta è tra-

scurabile, su una scala che si misura in milioni di anni, non in secoli. Vorremmo far notare che un secolo è più o meno la distanza temporale che si ha nella memoria di una famiglia, quando un nonno si ricorda di suo nonno (quattro generazioni di 25 anni l'una); e che in un milione di anni ci sono 10.000 secoli... Diciamo dunque che la laguna veneta è nata l'altro ieri, e che Venezia è stata costruita solo qualche ora fa...

E diciamo pure che, nella logica delle cose, anche in un breve lasso di tempo come qualche migliaio di anni è normale che in una laguna alcune isole si formino ed altre vengano sommerse: è il gioco delle correnti, dei sedimenti apportati dai fiumi, delle maree, sono le regole della geologia, in cui tutto con il tempo (geologico) si trasforma. Questo è il quadro in cui va collocata la storia di Ammiana e Costanziaco, due isole di cui la carta topografica ormai non riporta neppure il nome.

La laguna a nord di Venezia ospita oggi le isole più celebri per i turisti di tutto il mondo: Murano, Burano, Torcello. Ma in documenti di epoca storica, riferibili all'Alto Medioevo, e in racconti che ancora oggi si tramandano, si narra di altre città e isole oggi scomparse, fondate forse per sfuggire alle scorrerie dei barbari, che esaurirono la loro funzione storica nel tardo Medioevo. Tocca ora agli archeologi, trasformati in ricercatori subacquei, cercare sul fondo della laguna i flebili segnali della loro esistenza...

È verosimile che, quando le popolazioni barbare che premevano al confini dell'Impero Romano iniziarono a superare la barriera delle Alpi e a scendere in Italia, gli abitanti delle zone dell'Alto Adriatico, vista l'inutilità di opporsi con le armi, preferissero la via della fuga; e che quelli prossimi al mare trovassero rifugio nelle lagune. È anche verosimile che tali insediamenti fossero all'inizio temporanei; tuttavia, con il succedersi delle invasioni, il numero dei nuovi abitanti che giungevano dalla terraferma andò sempre aumentando e terreni sempre più estesi vennero rassodati e rialzati formando infine dei veri e propri borghi con chiese, magazzini, abitazioni. Le origini di Venezia sono queste, come tutti concordano, ma non solo di Venezia: anche di Grado, Caorle, Eraclea.

E qui dobbiamo immaginarci gli abitanti di Altino, un fiorente borgo di terraferma a pochi chilometri dalla laguna, fuggire di fronte alle invasioni barbariche e trovare scampo nelle vicine isole della laguna di Venezia. Le cronache medievali descrivono Altino circondata da mura, protetta da torri e comunicante con la campagna attraverso sei porte, corrispondenti a ciascuno dei suoi sestieri. Sempre secondo le cronache (ci riferiamo in particolare a quella di Andrea Dandolo), i suoi abitanti avrebbero dato il nome di queste porte ad altrettante località lagunari, utilizzate da rifugio, e cioè: *Torcelum*, *Maiorbium*, *Buranum*, *Amorianum*, *Constanciacum*, *Amianum*. Queste isole, pur avendo avuto con ogni probabilità dei nuclei abitati più antichi, videro presto il sorgere di importanti comunità che talvolta si mantennero nel tempo, talvolta persero successivamente di peso demografico ed economico con il crescere delle fortune di Venezia. In due casi, quelli di Ammiana e Costanziaca, una volta abbandonate agli elementi naturali, esse scomparvero totalmente.

Dove sono queste località? Sulle carte moderne esse sono indicate rispettivamente con i nomi di Torcello, Mazzorbo, Burano, Murano. Non si hanno più, però, toponimi indicanti Costanziaco e Ammiana, che troviamo solo su antiche cartografie. Di queste due isole e della loro storia fino ad oggi poco si sapeva: in superficie, infatti, non rimane alcun di recente visibile. Solo ultimamente alcune ricerche subacquee hanno permesso una loro localizzazione sufficientemente precisa, e anzi per Costanziaco il quadro dei ritrovamenti è risultato particolarmente significativo.

Costanziaco, secondo alcuni documenti in possesso della Curia veneziana, «sorgeva verso il margine continentale a nord-est di Torcello... ed era formata da quattro isole unite con ponti. Vi sorgevano sei chiese, cinque delle quali erette fin dal secolo VI; ed era divisa da un ramo del Sile, che formava il canale principale, in due parrocchie». Lo stesso documento segnala la presenza di «numerosi vigneti e orti olezzanti che rendevano l'isola ubertosa e ridente».

Le ricerche archeologico-subacquee non hanno per ora saputo datare con precisione il più antico nucleo abitativo di Costanziaco, tuttavia i sondaggi hanno permesso di localizzare vari livelli antropizzati, a profondità variabili, fino ad oltre due metri. I documenti e la tradizione indicano il 650 d.C. come data di fondazione per almeno due chiese; in seguito, a causa del dominio politico e commerciale che andava sempre più assumendo Venezia (fino al X secolo in genere indicata con la denominazione di "Rivo Alto"), molte famiglie si trasferirono nel capoluogo lagunare, e queste zone iniziarono a perdere l'importanza che avevano avuto fino ad allora, compresa la stessa Torcello. È anche probabile che lo spopolamento fosse legato a problemi ambientali: variazioni del livello delle acque, cambiamenti negli apporti sedimentari, nuove sistemazioni idrauliche, cosicché Costanziaco come Ammiana videro diminuire sempre più non solo il numero degli abitanti, ma anche quello delle costruzioni: era d'uso, infatti, che i vecchi proprietari, ormai stabilitisi in città, demolissero i loro fondi per ricavarne materiali da costruzione. Ultimi ad essere abbandonati furono i monasteri e le chiese, poi anch'essi caddero in rovina e vennero dimenticati.

Subì la medesima sorte di Costanziaco anche Ammiana, pur essendo in origine più estesa: costruita su quattro grandi isole (Ammiana, Ammianello, Castrazio, Santa Cristina) unite con ponti, vantava una fiorente comunità, almeno a giudicare dal numero delle sue chiese, ben otto (un documento del 1151 ne elenca i nomi: San Lorenzo di Ammiana, Santa Maria di Murano, Santo Stefano di Murano, Lio Piccolo, San Massimo di Costanziaco, San Sergio e Bacco di Costanziaco, San Martino di Burano, San Pietro di Mazzorbo). Anche di esse le tracce sono scarse, e anch'esse servirono per altre costruzioni: ad esempio, nel XV secolo, dalla demolizione di chiese e monasteri dell'isola di Ammiana venne recuperato il materiale per edificare il monastero dell'isola di San Giacomo in Paluo, nei pressi di Murano.

Nell'Alto Medioevo, la zona lagunare che si estende tra il litorale di Lio Piccolo e Torcello era dunque ricca di isole popolate e fiorenti, un piccolo arcipelago solcato da canali, unito da ponti, dotato di abitazioni e centri religiosi ed economici. Scrive uno storico del tempo, riferendosi a Costanziaco: «Era Constantiaco un'isoletta, hoggidì abbissata, dagli Autori chiamata Prima contrada di Torcello, da cui giaceva in poca distanza, che ebbe la denominazione da Costantino. Tutto che profondata conserva ad ogni modo le fabbriche in stato tale che gli uomini, con pericolo di sommergersi, hanno finiultimamente ritrovato strade, e case, per le quali hanno camminato, e ravvisati gli edifici. E di qui le monache di San Maffio di Murano furono trasportate pria che l'isola fosse sommersa». Tassini fa un preciso riferimento a quest'isola ed al monastero di benedettine fondato da un gruppo di monache intraprendenti, le stesse a cui si fa risalire la corte e il sotoportego delle Muneghe, di cui si è parlato in un'altra parte del libro.

La critica storica non è tuttavia concorde su alcuni dati, a partire dall'esatta ubicazione di Ammiana, che sappiamo essere stata fondata nel V secolo dagli Altinati. Nell'VIII secolo divenne rifugio per i profughi di Eraclea e Jesolo, divisi da una lotta intestina che sarebbe costata alla prima la sede del governo ducale. Numerose sono le altre indicazioni sull'esistenza di Ammiana, in particolare sulla sua fervida vita religiosa e monastica, ma si tratta sempre di documenti di epoca storica, di scritti e di annotazioni conservati gelosamente nelle biblioteche di curie e conventi, o recuperati e catalogati dalle istituzioni culturali che si occupano della storia di Venezia e della sua laguna. Non sono quasi mai oggetti, resti, tracce materiali che si presentano davanti ai nostri occhi. Non sono visibili come il Colosseo o l'Acropoli, perché non fanno più parte del paesaggio lagunare. Da molto tempo.

Mille anni dopo, mentre gli unici padroni della zona sembrano essere aironi, garzette e cormorani immobili, con le ali aperte ad asciugare al sole, nell'acqua torbida della laguna gli archeologi e i subacquei cercano le prove tangibili di Ammiana e Costanziaco.

Bibliografia

AA.VV., *Calli, campielli e canali*, Venezia, Elvetia, 1989.
AA.VV., *Venezia*, Bologna, Il Mulino, 1997.
AA.VV., *Voci dalla laguna. Storie, leggende e testimonianze venete*, Rosso Veneziano, 2001.
G. ARDAGNA, *La scoperta della lista P2 nella stampa italiana*, Napoli, 2004.
J. BERENDT, *Dove cadono gli angeli*, Milano, Rizzoli, 2005.
G. BERTOLOZZO, *L'erba ha voglia di vita*, Venezia, Associazione Bertolozzo, 2003.
G. BETTIN, *Dove volano i leoni: fine secolo a Venezia*, Milano, Garzanti, 1991.
M. BRUSEGAN, *Storia insolita di Venezia: origini, segreti, gloria e disfatta della Serenissima*, Roma, Newton & Compton, 2003.
ID., *Guida insolita ai misteri, ai segreti, alle leggende e alle curiosità delle Chiese di Venezia*, Roma, Newton & Compton, 2004.
ID., *I palazzi di Venezia: la storia della città raccontata attraverso i suoi splendidi e inconfondibili edifici*, Roma, Newton & Compton, 2005.
R. CAIMANI, *Storie di marrani a Venezia*, Milano, Rusconi, 1991.
G. CASANOVA, *Memorie scritte da lui medesimo*, Milano, Garzanti, 2005.
L. CAPUIS, *I Veneti. Società e culture di un popolo dell'età preromana*, Milano, Longanesi, 1993.
F. CASSON, *La fabbrica dei veleni*, Milano, Sperling & Kupfer, 2007.
C. DELL'ORSO, *Nero veneziano: crimini ed efferatezze in 21 casi degni di nota*, Treviso, Elzeviro, 2004.
U. FUGAGNOLLO, *Venezia così*, Milano, Mursia, 1979.
E. GRANDESSO, *Fantasmi di Venezia: 17 leggende del brivido in laguna*, Venezia, Elvetia, 2000.
M. MARTIN, *Keys of This Blood*, New York, Touchstone Paperback, 1991.
D. G. MARTINI - D. GORI, *La Liguria e la sua anima*, Savona, Sabatelli Editori, 1965.
R. D. MATILLÒ, *L'avventura delle finanze vaticane*, Napoli, Pironti, 1988.
D. MAZZETTO, *Vecchie storie veneziane*, Venezia, Corbo & Fiore, 2000.
F. MULTINELLI, *Memorie storiche*, Venezia, Grimaldo, 1854.
A. PIERONI, *Il figlio segreto del Duce. La storia di Benito Albino Mussolini e di sua madre, Ida Dalser*, Milano, Garzanti, 2006.
L. PIETRAGNOLI, *Delitti e misteri: ovvero la cronaca nera del secondo Novecento*, Venezia, Supernova, 2002.

P. PIFFARERI - P. ZANOTTO, *I nizioletti raccontano, I, II, III*, Venezia, Grafiche Veneziane, 1994-2002.
F. PINOTTI, *Poteri forti*, Milano, Rizzoli, 2005.
L. M. ROCHA, *La morte del papa Albino Luciani: papa Giovanni Paolo I*, Roma, Cavallo di Ferro, 2002.
F. ROMANO, *Laura Malipiero strega. Storie di malie e sortilegi nel Seicento*, Roma, Meltemi, 1996.
C. RUGGERI, *Storia della Crocefissione di Mattio Lovat da se stesso eseguita*, Venezia, Tipografia Fracasso, 1814.
F. TAMASSIA MAZZAROTTO, *Le feste veneziane*, Firenze, Sansoni, 1961.
G. TASSINI, *Alcuni palazzi ed antichi edifici di Venezia storicamente illustrati*, Venezia, Fontana, 1879.
ID., *Curiosità veneziane*, Venezia, Filippi Editore, 1964.
ID., *Condanne capitali*, Venezia, Filippi Editore, 1966.
A. TORNELLI, *Grande dizionario illustrato dei Papi*, Oxford University Press, John N. D. Kelly - Casale Monferrato, ed. Piemme, 1989.
A. TOSO FEI, *Leggende veneziane e storie di fantasmi*, Treviso, Elzeviro, 2002.
ID., *Veneziaenigma*, Treviso, Elzeviro, 2004.
S. VASSALLI, *Marco e Mattio*, Torino, Einaudi, 1992.
Venezia Supernova, in «Nexus», 1998-2002.
E. VITTORIA, *Le strane pietre di Venezia e curiosità*, Venezia, EVI, 1969.
ID., *Curiosando Venezia ovvero curiosità storiche veneziane*, Venezia, EVI, 1969.
D. YALLOP, *In God's Name*, Napoli, Pironti, 1992.
M. ZENI, *L'ultimo filò*, Trento, Editore Effe e Erre, 2000.
ID., *La moglie di Mussolini*, Trento, Editore Effe e Erre, 2005.

Indice dei nomi

Alessandro Magno, 173, 174, 307
Ariano, santo, 86, 87

Badoer, Badoero, 56, 57
Badoer, Marco, 59
Barattiere, Nicolò, 33
Barbo, famiglia, 62, 92, 93
Barbo, Elisabetta, 81
Barbo, Lorenzo, 92, 93
Barbo, Nicolò, 62
Barbo, Pantaleone, 61
Bartolomeo, frate, 61
Bepi del giasso, 229-31
Bergamasco, Beltrame, 60
Bernardina da Montenegro, 63-65
Bertolozzo, Gabriele, 283, 284, 288, 292-95
Boccanegra, Guglielmo, 40
Bona Tartara, 62, 63
Bonfadio, Jacopo, 75
Bonomin, Francesco, 99, 100
Borgeswky, conte, 130
Bragadin, Battista, 81
Bragadin, Francesca, 117
Bragadin, Marcantonio, 199
Bragadin, Matteo, 162-64
Braganza, Giovanni, 72
Bruno, Giordano, 117, 144, 146, 159-61
Buono, Taddeo, 88
Buono da Malamocco, 172
Bussone, Francesco (conte di Carmagnola), 63, 66

Cagliostro, 144, 146, 162, 166-68
Calendario, Filippo, 60
Cappello, Lucrezia, 239, 240
Carella, Enrico, 274, 275, 277, 278
Carella, Renato, 276, 277
Cargnio, Biagio, 78
Carlo Magno, 193
Carmagnola, conte di, *vedi* Bussone, Francesco
Casanova, Giacomo, 165-67, 199
Casson, Felice, 271-77, 282-86, 288, 289, 294
Cavazza, Nicolò, 80
Cimetta, Linda, 85, 86, 137, 138-41, 250
Correr, famiglia, 74
Correr, Bernardino, 74
Cotin, Giovanni Pietro, 126-28

Da Carrara, Francesco, detto Novello, 88, 96
Da Campo, Paolo, 177
Dalle Masegne, Paolo, 235-37
D'Aragona, Nicolò, 86, 112
Dalser, Ida, 254-56
Dandolo, Andrea, 301
Dandolo, Enrico, 175, 200, 201, 212, 253
Dandolo, Giovanni, 59, 151
Dandolo, Lorenzo, 61
Dandolo, Marco, 48
Dario, Giovanni, 232, 234
Della Vecchia, Maria Felice, 177

Djugatchsvili, Josif Vissarionovic, detto Stalin, 229, 231
D'Orazio, G. Battista, 117

Elisabetta di Baviera, detta Sissi, 128
Emo, famiglia, 106-108
Emo, Angelo, 105, 108
Emo, Marina, 105, 106
Erizzo, Anna, 77

Fabrizio, Francesco, 29, 74
Faciol, Pietro, 92
Falier, Anna, 117
Falier, Bertuccio, 60
Falier, Marin, 26, 57-61, 199-201
Falier Vitale, 44, 172
Fantini, Stefano, 124, 125
Faragone, Nicola, *vedi* D'Aragona, Nicolò
Foscari, famiglia, 205
Foscari, Elisabetta, 205
Foscari, Francesco, 201
Foscari, Vittore, 74
Francesco da Carrara, 61, 88
Fusinato, Arnaldo, 82

Gabriel Carmelo, Giuseppina, 85
Gardini, Raul, 232, 234
Garibaldi, Giuseppe, 238, 239
Ghiurekian, Ignazio, 230
Giacomello di Bologna, 71
Giassa, Stefano, 59
Gioppo, Tullio, 245
Giorgione, 86
Gisello, *vedi* Giassa, Stefano
Gradenigo, Luigia, 58
Gradenigo, Pietro, 26, 56
Grataria, Bartolomeo, 61, 62
Grimaldi, Luca, 39
Guglielmo da Monopoli, 71
Guidetti, Giovanni Battista, 110, 112
Guoro, Alvise, 92

Israello, Bertuccio, 59

Kamorowsky, Paolo, conte, 132

Leopardi, Alessandro, 217, 218
Lippomano, Girolamo, 80
Lovat, Mattio, 125-27
Luciani, Albino, papa, 264-68
Luzzo, Lorenzo, 86

Malipiero Isabella, 98, 99
Malipiero Laura, 98, 99, 105
Manin, Daniele, 82, 117, 224
Maraviglia, Alessandra, 76
Marcello, Girolamo, 184
Marchetti, Massimiliano, 274-78
Marco, santo, 97, 172, 173, 198, 199, 253
Marmagna, Nicoleto, 72
Mata Hari, 82
Mazzolin, Luciano, 299, 300
Mocenigo, Giovanni, 159, 160
Mocenigo, Tommaso, 201
Morosini, Francesco, 31
Mussolini, Arnaldo, 257, 258
Mussolini, Benito, 254-59
Mussolini, Benito Albino, 305

Nadalin da Trento, 96-98
Nasone, Giovanni, 95, 96
Naumow, Nicola, 132, 133
Nicola da Parma, 152
Novello, *vedi* Da Carrara, Francesco

Olivier, Francesco, 157
O'Rurke, Maria Nicolaievna, 130

Panizzi, Francesco, 118, 119
Partecipazio, famiglia, 192
Partecipazio, Giovanni, 192, 193
Partecipazio, Maria, 192-94
Pellico, Silvio, 84, 117
Pellissier, Guglielmo, 80
Pini, Andrea Filippo, 89
Pizzigani, Cesco, 202

INDICE DEI NOMI

Porta, Veneranda, 25, 123-25
Prilukoff, Donato Dimitrievich, 131-33
Puttinato, Teresa, 82

Querini, Marco, 56, 57
Querini, Niccolò, 58
Querini, Pietro, 56
Quintavalle, Francesco, 85

Ramberti, Pietro, 95, 96
Rioba, Antonio, 41, 212, 213
Roncalia, Rolandino, 71
Ruggeri, Cesare, 125, 126
Rustico da Torcello, 172

Sandon, Teresa, 85
Sansovino, Jacopo, 86, 202
Sciarra, Marco, 70, 71
Sissi, *vedi* Elisabetta di Baviera
Stahl, Paolo, 131

Stahl, Vladimir, 130, 131
Steno, Michele, 58, 59, 89

Tasca, Pietro, 25, 92, 175
Tiepolo, Bajamonte, 26, 56-58
Tiepolo, Lorenzo, 40
Tiepolo, Giovanni, 182
Tiziano, 86
Toma, Bartolomeo, 137-41
Trevisan, Bonaccorso, 152
Trevisan, Nicolò, 66

Valoer, Alvise, *vedi* Guoro, Alvise
Venier, Sebastiano, 31

Unabomber, 278-81

Zen, Renier, 40
Ziani, Sebastiano, 32
Zolli, Giuseppe, 239

Indice

p. 7   *Introduzione*

MEMORIE

11   Il mistero delle origini dei Veneti
22   I *nizioleti*
31   Le pietre parlano
42   Misteri in maschera
46   Il gioco d'azzardo e il Ridotto

CRIMINI E MISFATTI NELLA STORIA

53   I misteriosi Signori della Notte e l'*Avogaria del Comun*
55   Il mortaio capace di fermare un'armata
57   La testa bendata di un doge
61   Rapporti di vicinato
62   La serva Bona Tartara
63   Tradimento?
68   Attraverso di occhi del *códega*
71   Il reato inenarrabile
76   Il mistero di una nave affondata
77   Lo *sguazeto* del *luganegher*
78   La città delle spie
83   L'isola dei morti e dintorni
87   Monache, frati e monasteri
91   «*Recordeve del povaro fornareto!*»
93   Bernardina l'uxoricida

p. 95 La storia di Pietro Ramberti e Giovanni Nasone
    96 Nadalin da Trento, *garbelador* e *ligador*
    98 Laura Malipiero: strega o guaritrice?
   109 Il pievano di San Basso
   110 Dieci piccoli veneziani
   112 L'avvocato ladro
   114 Piombi, Pozzi e Ponte dei Sospiri: essere prigionieri a Venezia
   118 La febbre del gioco d'azzardo
   120 Casanova, ovvero il mistero della seduzione
   123 L'atroce misfatto di Stefano e Veneranda
   125 L'autocrocifissione di Mattio Lovat
   126 Un delitto razziale
   128 Sissi a Venezia
   129 L'affare dei russi, uno scandalo nella Belle Epoque
   133 Cronache del terzo millennio
   137 La donna nel baule

MAGHI, STREGHE E ALCHIMISTI A VENEZIA

   145 Venezia magica
   146 Venezia, i Templari e il Graal
   155 Ma chi sono i marrani?
   159 Giordano Bruno e la maledizione di Ca' Mocenigo
   162 Casanova e Cagliostro: un magico incontro a Venezia

I MISTERI DELLA FEDE

   171 San Marco: l'enigma delle reliquie e altri misteri
   174 I segreti della basilica
   176 Un chiodo misterioso
   177 Il corsaro
   178 Niente peste
   179 La chiesa di Santa Maria della Consolazione
   181 Santa Maria della Salute
   184 Seduto nella tomba
   185 Un crollo misterioso

INDICE

STORIE STRAORDINARIE: LE LEGGENDE DELLA LAGUNA E LE OMBRE DEI CAMPIELLI

p.		
p.	189	Il pescatore e la sirena
	192	Il *bócolo* di San Marco
	194	Il cavaliere misterioso
	195	L'anello del pescatore
	199	Un luogo speciale
	201	Il campanaro d San Marco
	202	Cuore di mamma
	204	La Malcontenta e la sua Dama Bianca
	205	La scimmia dell'avvocato
	209	Un delitto passionale
	210	Quel cammello di pietra...
	213	Campiello del Remer
	217	Un nitrito rabbioso
	218	Il pozzo alle Mercerie e la Bianca Signora
	221	Torcello e il Ponte del Diavolo
	224	La Madonna nera di Murano
	227	Elefanticidi!
	228	Un mistero svelato a Ponte della Latte
	229	*Bepi del giasso*, campanaro di San Lazzaro
	231	Ca' Dario, la casa maledetta!
	235	La Madonna dell'Orto e la statua di Giuda
	237	Il fantasma del garibaldino
	239	L'infelice Lucrezia
	240	Quel capolavoro nato dalla laguna
	242	Una madre salvata dalla figlia
	245	Pietre dal nulla
	245	Il ponte di una notte
	248	Un vampiro a Venezia?
	249	Spiriti a Venezia

I GRANDI MISTERI DI OGGI

	253	Ida, la segregata di San Clemente
	259	È un mistero la morte di papa Giovanni Paolo I?

p.	268	Le ceneri della Fenice
	278	Unabomber
	282	Porto Marghera, una storia esemplare
	295	L'ultimo mistero: il destino di Venezia
	300	Le isole che non ci sono
	305	*Bibliografia*
	307	*Indice dei nomi*

Gianni Nosenghi
101 cose da fare a Venezia almeno una volta nella vita

Volume in brossura di 336 pagine. € 13,90

Pensando a Venezia non si può fare a meno di evocare quelle immagini che fanno della città sulla laguna una delle mete preferite dai turisti di tutto il mondo: le gite in gondola, piazza San Marco, il Carnevale, il Ponte di Rialto... Eppure, vagando tra i sestieri, si ha l'impressione che ci sia dell'altro, un clima particolare e caratteristico tutto da assaporare. A chi desidera calarsi anima e corpo nella magica atmosfera della città sono dedicati questi 101 consigli, che vi guideranno nell'intrico romantico di calli e campielli alla scoperta dei luoghi più remoti e misteriosi, vi permetteranno di rivivere alcuni momenti della nostra storia attraverso spezzoni e riferimenti a famosi film, a pagine illustri della letteratura mondiale, di sbirciare attraverso il buco di una serratura o una fessura il magico mondo dei giardini segreti o le più nascoste botteghe, depositarie di segreti e secolari pratiche che tante bellezze hanno creato. Un itinerario insolito che attraversa memorie e tradizioni, curiosità e storia, raccontate dalle voci immortali della pittura del Canaletto o del Guardi, dalla poesia di Byron o di Shakespeare, dai volti scanzonati dei gondolieri... Una Venezia che si offre generosa come un'"ombra" delle sue osterie, fastosa come i palazzi che si affacciano sul Canal Grande, intrigante come i volti celati dalle maschere, immortale e incredibilmente varia e affascinante, assolutamente da non perdere.

NEWTON COMPTON EDITORI

Alberto Toso Fei
101 tesori nascosti di Venezia da vedere almeno una volta nella vita

Alberto Toso Fei, 46 anni, discendente di un'antica famiglia di vetrai di Murano, è un appassionato di storia e un esperto di misteri. Scrive libri sulla storia segreta delle città più belle d'Italia, tra curiosità ed enigmi, aneddotica e leggenda, recuperando il patrimonio della tradizione orale: i più recenti sono *I segreti del Canal Grande*, *Misteri di Venezia* e *Misteri di Roma*. Sulle due città ha realizzato anche due libri-gioco che vanno sotto il titolo di *The Ruyi*, all'interno di un progetto che ha vinto il premio nazionale per l'innovazione dei servizi nel turismo, consegnato dal Presidente della Repubblica Giorgio Napolitano. È fondatore e direttore artistico del Festival del Mistero, interamente dedicato agli enigmi del passato e ai luoghi leggendari. Il suo sito internet è www.albertotosofei.it.

Volume in brossura di 288 pagine. € 14,90

Guardare la Serenissima e il suo mito con occhi diversi: ecco l'obiettivo di questa passeggiata alla scoperta di centouno tesori gelosamente custoditi da Venezia, come se la città intera fosse uno scrigno prezioso, disposto a schiudersi davanti a chiunque abbia voglia di uscire dai circuiti tradizionali. Un viaggio a caccia di perle disseminate tra calli e campielli: il trono dell'apostolo Pietro, su cui si possono leggere i versetti del Corano; il primo ghetto d'Europa, che cela le sue preziose sinagoghe dietro le anonime facciate delle abitazioni; la chiesa di San Giacomo di Rialto, la più piccola e antica di Venezia, e il campanile di San Marco che sembra lì da sempre e invece ha solo cent'anni; il cuore di Antonio Canova conservato nella tomba che lui stesso aveva progettato per il grande Tiziano, oppure l'osteria – ancora esistente – dove Giacomo Casanova ebbe una delle sue avventure più scabrose. E ancora, avvenimenti epocali rimasti scolpiti su pale d'altare e opere d'arte di straordinaria levatura – come l'Uomo vitruviano, disegnato da Leonardo… Centouno piccoli gioielli che consegnano al lettore una città inaspettata, fatta di luoghi segreti, bellezze nascoste, curiosità, oggetti ammantati di leggenda, per divertirsi a scoprire, accompagnati da un cicerone eccezionale, una Venezia diversa, sempre affascinante, da vedere almeno una volta nella vita.

NEWTON COMPTON EDITORI

Marcello Brusegan - Maurizio Vittoria - Alessandro Scarsella
Guida insolita ai misteri, ai segreti, alla leggende e alle curiosità di Venezia

Marcello Brusegan, nato a Venezia, bibliotecario, si occupa da sempre di storia delle tradizioni veneziane. Molti suoi articoli, saggi e prefazioni sono stati pubblicati dalle maggiori riviste specializzate e in numerose opere collettive.

Maurizio Vittoria, veneziano, lavora presso un'importante biblioteca. Appassionato studioso di storia locale, ha curato varie opere di divulgazione dedicate a Venezia.

Alessandro Scarsella, autore di saggi e studi di storia e teoria della letteratura, dagli umanisti all'età contemporanea, ha compiuto ricerche sul mito di Venezia nell'immaginario collettivo.

Volume in brossura di 384 pagine. € 9,90

Le gondole, le maschere, i colombi, le osterie, il ponte dei sospiri, piazza San Marco... Venezia non è soltanto questo: il mito della città lagunare si rigenera incessantemente, forte di un fascino e di un mistero senza eguali, che nei secoli ha stimolato la fantasia di visitatori e abitanti. Questa guida si propone di tracciare dei percorsi alternativi, di cogliere aspetti inediti e inconsueti della città e di raccontare aneddoti e curiosità. Anche chi crede di conoscere bene Venezia rimarrà sorpreso: luoghi, personaggi e situazioni vengono ricostruiti con rigore e brio, cercando di individuare sempre con precisione tanto la collocazione storica quanto le ragioni della sopravvivenza di usi e costumi. E naturalmente non mancano le informazioni pratiche ad accompagnarvi passo dopo passo in questo splendido viaggio. Scoprirete lo spirito più intimo e segreto della città marciana, ritrovandone l'autenticità e la bellezza oltre le immagini da cartolina.

NEWTON COMPTON EDITORI